“十三五”职业教育部委级规划教材

QIYE GUANLI SHIWU

企业管理实务

袁淑清　包忠明◎主　编

中国纺织出版社

内 容 提 要

本书内容包括企业管理认知、企业战略管理、企业生产管理、企业质量管理、企业营销管理、企业物流管理、企业人力资源管理、企业组织管理、企业财务管理、企业创新管理十个项目，项目中设置“案例导入”“实例分析”“课堂小思考”“课堂案例讨论”“理论思考”“实训任务”“相关链接”等栏目，凸显了项目化、工作化、实战化的特点，符合高职高专人才培养目标的要求，能够为高职高专财经管理类专业学生学习企业管理理论、掌握企业管理技能、适应企业管理要求提供全面而系统的企业管理基础知识。

本书可作为高职高专财经管理类专业的教学用书，同时也可作为企业管理者学习或培训的参考教材。

图书在版编目（CIP）数据

企业管理实务 / 袁淑清，包忠明主编．-- 北京：中国纺织出版社，2016. 9（2022. 7 重印）

“十三五”职业教育部委级规划教材

ISBN 978-7-5180-2771-2

Ⅰ. ① 企… Ⅱ. ① 袁… ②包…Ⅲ. ① 企业管理 - 高等职业教育 - 教材 Ⅳ. ① F270

中国版本图书馆 CIP 数据核字（2016）第 155340 号

策划编辑：顾文卓　　　　责任印制：储志伟

中国纺织出版社出版发行

地址：北京市朝阳区百子湾东里 A407 号楼　邮政编码：100124

销售电话：010-67004422　传真：010-87155801

http：//www.c-textilep.com

E-mail：faxing@c-textilep.com

中国纺织出版社天猫旗舰店

官方微博 http：//weibo.com/2119887771

北京虎彩文化传播有限公司印刷　各地新华书店经销

2016 年 9 月第 1 版　2022 年 7月 第 2 次印刷

开本：787 × 1092　1/16　印张：17.5

字数：296 千字　定价：39. 80 元

王若军：北京经济管理职业学院院长、教授

乌丹星：国家开放大学社会工作学院执行院长、教授

吴中元：天津工业大学科研处处长、教授

夏火松：武汉纺织大学管理学院院长、教授、博导

张健东：大连工业大学管理学院院长、教授、硕导

张科静：东华大学旭日工商管理学院副院长、教授、硕导

张芝萍：浙江纺织服装职业技术学院商学院院长、教授

赵开华：北京吉利学院副校长、教授

赵志泉：中原工学院经济管理学院院长、教授、硕导

朱春红：天津工业大学经济学院院长、教授、硕导

前言

企业管理是财经管理类专业的必修课程，在课程体系中具有重要的地位。它是一门实践性、理论性、科学性和艺术性兼容的应用性科学。通过对该课程的学习，可以使学生学会企业管理的基本理论和方法，培养学生企业管理工作岗位的综合技能。

《企业管理实务》采取校企合作的研讨模式，由学校和企业共同对教材的编写理念、编写内容和编写方法等进行了认真研讨。在充分调研和征求企业管理者意见的基础上，坚持以高职教育培养目标为依据，以培养企业管理能力为根本的指导思想，遵循理论与实践相结合的课程设计原则，以“掌握概念、强化应用、培养技能”为重点，力图做到“精选内容、降低理论、加强基础、突出应用”，形成以实践教学提升教学质量的教改理念，使教材在编写思路和内容安排上与同类教材相比有所创新和突破。

教材以企业管理典型的工作任务为主线构建编写内容，围绕企业管理的工作过程，突出对学生的企业管理能力的培养，通过内容的整合，使教材凸显了项目化、工作化、实战化的特点，大大增强了学生的实践操作能力。教材的内容主要包括企业管理认知、企业战略管理、企业生产管理、企业质量管理、企业营销管理、企业物流管理、企业人力资源管理、企业组织管理、企业财务管理、企业创新管理十个项目，涵盖了企业管理工作中涉及的主要知识技能，使教材内容具有较强的针对性。

教材采取案例导入、任务引领的编写形式，将知识点和技能点“案例化”“问题化”“工作化”；项目中设置“实例分析”“课堂小思考”“课堂案例讨论”“理论思考”“实训任务”等栏目，突出了技能方法的训练；项目后编排了“相关链接”作为知识的延伸，符合高职高专人才培养目标的要求。

本教材由常州纺织服装职业技术学院袁淑清、包忠明教授共同编写，项目一、二、四、五、七、八、十由袁淑清编写，项目三、六、九由包忠明编写。袁淑清负责全书的统稿、审稿工作。部分企业管理人员参与了书稿的修改讨论并提出了修改意见。

在本书的编写过程中，采纳了多家企业的管理者的建议，参阅了多本相关教材和互联网资讯，在此表示诚挚的谢意。由于编者时间和水平的限制，书中会有一些不足之处，恳请使用本教材的读者多提宝贵意见。

编者

2015 年 12 月

目录

项目一　企业管理认知

项目任务　明确企业管理基础工作

知识目标

1. 熟悉企业类型
2. 理解企业的基本职能
3. 掌握企业管理者的技能
4. 理解企业管理职能

能力目标

1. 能够初步参与企业管理基础工作
2. 能够按照企业管理者的技能要求提升管理能力

案例导入

如何进行企业管理

在一次企业管理经验交流会上，有两个厂的厂长分别论述了对如何进行企业有效管理这一问题的看法。

甲厂长认为，企业首要的资产是员工，只有员工都把企业当成自己的家，都把个人的命运与企业的命运紧密联系在一起，才能充分发挥他们的智慧和力量为企业服务。因此，管理者有什么问题，都应该与员工们商量解决；平时要注重对员工需求的分析，有针对性地给员工们提供学习、娱乐的机会和条件；每月的黑板报上应公布出当月过生日的员工的姓名，并祝他们生日快乐；如果哪位员工生儿育女了，厂里应派车接送，厂长应亲自送上贺礼。在甲厂长厂里，员工们把企业当作自己的家，全心全意地为企业服务，工厂日益兴旺发达。

乙厂长则认为，只有实行严格的管理，才能保证实现企业目标所必须开展的各项活动顺利进行。因此，企业要制定严格的规章制度和岗位责任制，建立严密的控制体系；注重上岗培训；实行计件工资制等。在乙厂长厂里，员工们非常注意遵守规章制度，努力工作以完成任务，工厂发展迅速。

思考题：

这两个厂长谁的观点更有道理，为什么？

企业管理基础工作是指为了实现企业经营目标与管理职能所必须进行的先行性的、经常性的、规范性的且必不可少的工作，它是实现管理科学化的重要保障。企业管理基础工作质量的高低，能综合地反映一个企业整体素质的高低，在企业的长远发展中具有重要意义。

任务1：认知企业

企业是指在市场经济条件下，以营利为目的，直接组合和运用生产要素，从事商品生产、商品流通或服务性活动，为满足社会需要依法进行自主经营、自负盈亏、独立核算的法人实体和市场竞争主体。

一、企业的构成要素

1. 人员

人员主要包括生产经营人员和管理者。人员是推动企业运营的主体，人员是企业所有资源中最宝贵的资源。

2. 资金

资金是指支撑企业建立与运营的各类资金。资金的数量和周转速度是企业生存和发展的保证。如何筹集资金、用好资金，是每个企业面临的一个重要课题。

3. 物资设备

物资设备是指企业的厂房、设备以及各种物质材料。它是企业从事生产经营活动的客观条件和物质基础，物质设备的数量、质量和技术状况对企业的生产经营和运转有很大的影响。

4. 时间

时间是指企业可以用来支配的时间。它是企业经营中极为宝贵的稀缺资源。在激烈的市场竞争中，时间就是金钱。

5. 信息

信息是指一切有关企业生产经营和管理的信息。信息是企业运营的神经，信息的全面性、及时性、准确性、实用性和经济性直接影响着企业的正常运转。

上述五个要素，共同构成了企业的有机体，缺一不可。

二、企业的基本特征

1. 组织性

企业是由人组成的有机系统，它有明确的目标，有系统化的组织体系，有自我生存发展的能力，是一个生态有机体。

2. 经济性

企业作为一种社会组织，从事一定的经济活动，发挥特定的经济功能，即主要提供产品或服务以满足社会的需要。

3. 商品性

企业作为经济组织，不同于自给自足的自然经济组织，它是商品经济组织。其经济活动是围绕市场进行的。不仅企业的产出和投入是商品，而且企业自身也是商品，企业产权可以有偿转让。

4. 营利性

企业作为商品经济组织，是以赢取利润为目的，它利用生产、经营某种商品的手段，通过资本经营，追求资本增值和利润最大化。

5. 独立性

企业是独立的法人，它自主经营、独立核算、自负盈亏，具有法人地位与权力。

三、企业的类型

1. 按照企业财产的组织形式分类，企业可分为个人独资企业、合伙企业和公司制企业

（1）个人独资企业

个人独资企业是指由一个自然人投资，财产为投资人个人所有，投资人以其个人财产对企业债务承担无限责任的经营实体。个人独资企业属于自然人企业。

该类型企业所有权和经营权归于一体，经营灵活，决策迅速；但由于财力有限，信用不足，难以从事有规模的经营活动，投资者对企业债务承担无限责任，经营风险较大。

（2）合伙企业

合伙企业是指由两个或两个以上自然人按照协议，共同出资、合伙经营、共享收益和共担风险的企业。合伙企业也不是法人，属于特殊的自然人企业。

该类型企业合伙人共同筹资，扩大了资金来源，能从事一些资产规模较大的生产

和经营活动；但企业经营决策需要经过全体合伙人达成一致，因而决策缓慢、协调困难，合伙企业实行无限连带责任，增加了投资风险。

（3）公司制企业

公司制企业是指由众多投资者建立的在法律上具有独立人格的经济组织，拥有自己的法人财产，享有民事权利，承担民事责任，是法人企业。公司制企业是现代企业形式，成立公司的基础是公司章程，它是公司成员共同行为的标准，同意者即可加入公司，只有公司章程符合政府立法的规范才允许注册登记并成立公司。

该类型企业股东以投资额为限对公司负有有限责任，公司以全部法人财产对债务负有限责任，股东投资风险较小；但设立程序复杂，缺少灵活性。

我国《公司法》将公司分为有限责任公司和股份有限公司。

有限责任公司是指由两个以上的股东共同出资，股东以其出资额为限对公司承担有限责任，公司以其全部资产对其债务承担责任的企业法人。有限责任公司是公司的一种重要组织形式，也是存在数量较多的一种公司类型。有限责任公司具有如下特征。

①股东人数为 50 人以下。

②股东出资达到最低限额为 3 万元；但一个法人股东的有限公司，注册资本最低限额为人民币 10 万元。

③股东共同制定公司章程。

④有公司名称，建立有限责任公司要求的组织结构，有公司住所。

⑤有限责任公司不得向社会公开募集资金。

⑥公司的股份可以转让，但转让时要遵守法律条件，以维护股东和公司的利益。

股份有限公司是指注册资本由等额股份构成，股东以其认购的股份为限对公司的债务承担责任，公司以其全部资产对公司债务承担责任的企业法人。股份有限公司是典型的现代企业制度形态。股份有限公司具有如下特征。

①设立股份有限公司，应当有 2 人以上、200 人以下为发起人，其中必须有半数以上的发起人在中国境内有住所。

②股份有限公司可以采取发起设立或者募集设立的方式。

③股份有限公司注册资本金的最低限额为人民币 500 万元。

④股份有限公司的财务会计报告应当在召开股东大会年会的 20 日前置备于本公司，供股东查阅，公开发行股票的有限公司必须公告期公司财务报告。

⑤股份有限公司的股份表现形式是股票，股票可以在法定的范围内自由转让。

2. 按照企业的组织结构形式分类，企业可分为单一企业、多元企业、经济联合体、

企业集团和连锁企业

（1）单一企业

单一企业是指一家工厂或一家商店就是一个企业。其经营项目比较专业化，或具有相同的生产过程。其独立地承担法人财产责任和经营责任，自主经营，自负盈亏。

（2）多元企业

多元企业是指两个以上的工厂组成的企业。是按照专业化、联合化与经济合理原则，由若干个工厂组成的企业法人。例如，装配厂与所需零件生产厂组成的联合企业。

（3）经济联合体

经济联合体是指由一些企业组成的、松散但相对稳定的经济联合组织。参加联合的各方不改变各自的领导体制与隶属关系，本着自愿、互利、效益的原则，在生产、科研、技术、设备、劳力、物质及销售等方面进行联合。各方仍然独立核算，并按照等价有偿的原则，在各方之间进行产品配套、物质协作与技术转让等生产经营活动，以提高联合各方的经济效益。

【实例 1–1】　紧密型经济联合体

1986 年 8 月 27 日，由上海、江苏、浙江三省市 10 家纺织厂参加组建的上海康达纺织联合公司成立，这是上海第一个统一经营、独立核算、共负盈亏、跨地区的紧密型经济联合体。2006 年，中国轻工业联合会等组织发起成立了中国家居产业联盟，这是一个由家居行业企业和相关行业协会、中介组织、媒体为基础自愿组成的有信用支撑的、紧密型的战略合作经济联合体，该联盟在中国家居产业内得到了积极回应。

（4）企业集团

企业集团是指以资产为纽带建立起来的，由若干独立企业法人组成的企业群体组织，是独立核算企业的较紧密联系的复合组织。其核心是技术、经济和资金实力雄厚的集团公司，通过控股、参股来影响一批企业的经营方向和经营活动。

（5）连锁企业

连锁企业是指由一个资本或核心企业统一经营和管理众多的企业或店铺的企业群体。连锁企业具有企业集团性质，但由于有其特殊性，因此单独加以说明。连锁店广泛地应用于商业服务等领域，已成为现代零售业的主流。要发挥其连锁效应，必须具备如下基础：理念连锁、企业形象识别系统连锁、商品组合服务连锁、经营管理连锁。

3. 按照企业经济类型分类，企业可分为国有企业、集体企业、私营企业和混合所有制企业

（1）国有企业

国有企业是指资本全部或主要由国家投入，其全部资本或主要股份归国家所有。国有企业规模较大，技术设备较先进，技术力量强，是我国国民经济的主导力量。

（2）集体企业

集体企业是指生产资料归群众集体所有的一种企业形式，是社会主义公有制的重要组成部分。

（3）私营企业

私营企业是指企业的资产属于私人所有，在我国这类企业由公民个人出资兴办并由其所有和支配，而且其生产经营方式是以雇佣劳动为基础，是我国社会主义经济的重要组成部分。

（4）混合所有制企业

混合所有制企业是指由公有资本（国有资本和集体资本）与非公有制资本（民营资本和外国资本）共同参股组建而成的新型企业形式。混合所有制企业的出现是伴随着改革开放的深入，现代企业制度的确立以及股份制企业的涌现而出现的新兴的企业组建模式。

4. 按照企业的行业性质分类，企业可分为工业生产企业、商品经营企业和服务企业

（1）工业生产企业

工业生产企业包括生产加工企业、工程与服务企业和工商一体化企业。

①生产加工企业是指生产各种产品，或进行产品加工的企业。绝大多数的工业企业都属于这一类。

②工程与服务企业是指从事各种建筑、安装、施工、运输、储存及其他工业服务的企业。

③工商一体化企业是指集生产与销售于一体的企业。许多现代公司都属于这一类。

（2）商品经营企业

商品经营企业包括批发企业和零售企业。

①批发企业是指将生产企业的产品转售给零售企业用于再销售，或供给生产企业用作生产资料的企业，这种交易多为大宗交易。

②零售企业

零售企业是指通过商品销售直接满足消费者需要的商业企业，其特点是零星销售，交易频繁。

（3）服务企业

服务企业包括餐饮服务企业、金融保险企业和咨询中介企业。

①餐饮服务企业包括专门从事食品加工与烹制的餐饮企业，提供各种洗浴、美发、娱乐的服务企业，以及集餐饮、住宿及其他服务于一体的现代饭店企业。

②金融保险企业是指为社会提供金融保险服务的银行、保险公司等企业。

③咨询中介企业是指专门提供各种智力产品和其他中介服务的企业，例如会计师事务所、各种中介公司等。

◇课堂小思考：分析按照企业财产的组织形式分类的三种类型企业的区别。

四、企业的基本职能

企业基本职能是指企业的存在与运行在社会发展中所处的地位与角色和对社会所发挥的有利作用。它是企业存在的依据，是决定企业生存与发展的根本因素。

企业的基本职能是从事生产、流通和服务等经济活动，向社会提供产品与服务，以满足社会需要。工业企业与商业企业的基本职能是不相同的。

1. 工业企业的基本职能

工业企业是最早出现的企业，它是指为满足社会需要并获得赢利从事工业性生产经营活动或工业性劳务活动、自主经营、自负盈亏、独立核算并且有法人资格的经济组织。工业企业的基本职能是通过工业性生产活动，即利用科学技术与设备，改变原材料的形状与性能，为社会生产所需要的产品。具体特征如下：

（1）工业企业是以营利为目的的经济组织

工业企业作为经济组织，必须追求经济效益并获取赢利，赢利是企业生产经营活动取得成果的体现，也是企业生存和发展的基础，它有别于政权组织的公安、检察、法院，有别于机关，还有别于事业单位的学校、医院等。

（2）工业企业是从事工业生产经营活动或提供工业性劳务的经济组织

工业企业在生产经营方向、经营方式等方面有别于农业、商业、建筑业、运输业、金融业、邮电业等企业。

（3）工业企业是自主经营、自负盈亏、独立核算的商品生产者和经营者

工业企业作为经济组织，必须拥有一定的人力、物力、财力资源，还必须拥有充分的独立经营自主权，包括资产的处置权和产品的生产销售权等。在计划经济体制下，企业只是国家行政部门的附属物，不是真正意义上的企业。在市场经济条件下，企业必须是商品的生产者和经营者，是市场交换的主体。

（4）工业企业是具有法人资格的经济实体

工业企业作为依法成立的具有法人资格的经济实体，必须完备三个法律程序：

①必须正式在国家工商管理部门注册备案。

②必须有特定的名称、固定的经营场所、一定的资金、一定的组织机构和企业章程。

③能独立对外行使法定权利和承担法律义务。就是说工业企业作为法人单位，其合法权益受到法律保护，并能直接承担经营活动中的法律责任。

2. 商业企业的基本职能

商业企业是指从事商业性服务的经济实体，它以营利为目的，直接或间接向社会供应货物或劳务，以满足顾客的需要。商业企业的基本职能是通过商品实体转移或价值交换，提供社会所需产品或服务。具体特征如下：

（1）商业企业以商品的购、销、运、存为基本业务

商业企业主要通过对商品的购进、销售以及必需的运输和储存业务，完成商品由生产领域到消费领域转移的过程，满足消费的需要。商品的购进、运输、储存、销售也是流通过程中的四个基本环节。它们在流通过程中各自处于不同的地位，起着不同的作用。合理组织商品流通的四个基本环节，是实现流通的基本要求，是提高流通经济效益的重要途径，也是商业企业的基本职能。

（2）商业企业对经营的商品只进行浅度加工

通常情况下，商业企业的主要职能是组织商品的流通，实现商品的使用价值和价值。与生产企业不同，它们对经营的商品基本上不进行加工或只进行浅度加工。大部分商品，特别是生产资料中的机电产品和大部分消费品，经过流通过程，其使用价值和外部形态不发生变化。

（3）商业企业通过一系列流通活动完成商品的价值形态变化

商业企业通过购进、运输、储存、销售等一系列流通活动，将商品由生产企业转移到消费者或用户手中，完成商品的空间位移和价值形态变化。商品的使用价值保持不变，商品的价值在购进和销售中也保持不变。在这一过程中，商业企业要投入一定的物化劳动和活劳动，从而发生一定的流通费用。

（4）商业企业的利润主要来自生产企业的让渡利润

商业企业的利润由让渡利润、追加利润、级差利润、转移利润和管理利润构成，而让渡利润是基本形式和最主要的组成部分。

从形式上看，商业利润表现为商品销售价格高于购买价格的余额，它似乎是在流

通领域内产生的。但事实上，资本在流通领域内是不能自行增值的。流通中单纯的加价绝对不是商业利润的真正源泉，而只能是商业企业获取商业利润的方式。由于商业企业专门为生产企业经营推销商品的业务，为生产企业节约了大量的商品流通费用，加速了资金的周转，因此，生产企业就必须把一部分利润让渡给商业企业，作为商业利润。这一让渡是由商品的价格差额来实现的。即生产企业按照生产价格把商品卖给流通企业，商业企业再按商品的批发价格或零售价格把商品出售给消费者，从而获得商业利润。

◇课堂小思考：工业企业与商业企业的基本职能有何不同？请举例说明。

任务2：企业管理者角色定位

企业管理者是指在企业中行使管理职能、指挥或协调他人完成具体任务的人。是企业中的一个角色。

一、企业管理者的分类

每个企业中都有不同的管理者，由于管理者所处的管理岗位不同，可以分为：高层管理人员、中层管理人员、基层管理人员。一般而言，高层管理者重在规划决策及战略管理，中层管理者着重于部门内的管理，而基层管理者重在具体实施执行。所以，在履行相应职责的能力上，高层管理者要求具备战略性能力，中层管理者要求具备贯彻执行与组织协调能力，基层管理者则要求有较多的操作实施能力。

1. 高层管理人员

高层管理人员是对整个企业的管理负有全面责任的人，处于管理层的最高层。它们的主要职责是：制定组织的总目标、总战略、掌握组织的政策方针并评价整个组织的绩效；开拓进取、改变现状、为组织发展创造机会；合理配置资源，协调好各方面的利害关系。如公司的总经理或总裁。高层管理人员关心的是组织完整的长期的战略规划。

高层管理人员应具备的能力结构主要包括：战略规划和预见能力，保持安静平稳情绪的能力，洞察分析和果断决策的能力，克服困难和追求成功的能力，创新能力，领导能力，团队合作能力，组织能力，协调能力，应变能力，人际沟通能力。

2. 中层管理人员

中层管理人员处于管理层的中间部分，在整个管理活动中起着承上启下的作用。

它们的主要职责是：一般侧重各部门之间工作关系的协调、上下级之间的沟通、与外部的联络、经营计划的实施以及促使本部门成为一个完整的工作团体。与高层管理人员相比，中层管理人员特别注意日常的管理工作。如企业的地区或部门经理。中层管理人员偏重的是中期、内部的管理性计划。

中层管理人员的能力结构主要包括：执行能力，人际沟通说服能力，业务适应能力，组织协调能力，团队合作能力，判断洞察力，情绪控制力。

3. 基层管理人员

基层管理人员又称第一线管理者，处于管理的最低层。他们的主要职责是：让管理幅度内的作业人员把工作做好，给其分派具体工作任务。基层管理人员采用的是直接控制的方式，直接指挥和监督现场作业活动，保证各项任务的完成。个人完全对控制行为的结果负责。如企业中的作业长或工段长。基层管理人员侧重于短期的业务作业计划。

基层管理人员的能力结构主要包括：操作实施能力，理解把握能力，解决实际矛盾与问题的技能技巧，学习能力，团队合作能力，应变能力，管理意识。

作为管理者，不论处于组织的哪一个管理层次上，其履行的管理职能都包括计划、组织、领导和控制，但侧重点有所不同。如，基层管理者花在计划、组织和控制职能上的时间比高层管理者要少一些。

各层次的管理者侧重的管理职能如图 1–1 所示：

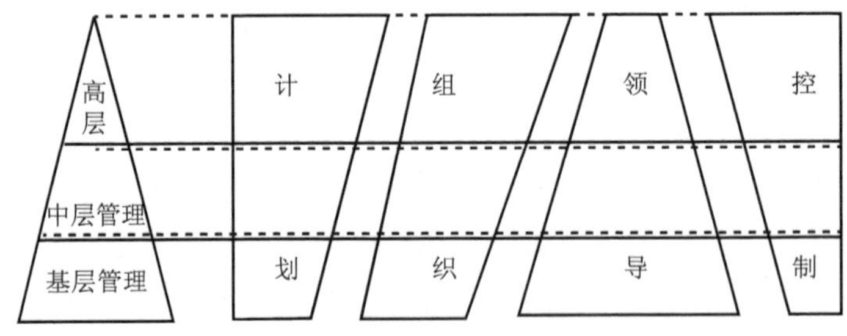

图 1–1　各层次管理者侧重的管理职能

二、企业管理者的角色

20 世纪 60 年代末期，加拿大管理学家亨利 · 明茨伯格在《管理工作的实质》一书中，提出了管理者角色理论。他认为，在一个组织中，无论管理者处于哪个层次，也无论处于哪个职能部门，都必须扮演特定的角色。

明茨伯格通过实证研究得出结论，将管理者所要履行的职责划分为十种角色。这十种角色可以进一步组合成三个方面：人际关系、信息传递和决策制定，具体内容如图 1–2 所示。管理者通过扮演各种角色来影响组织内外个人和群体的行为。

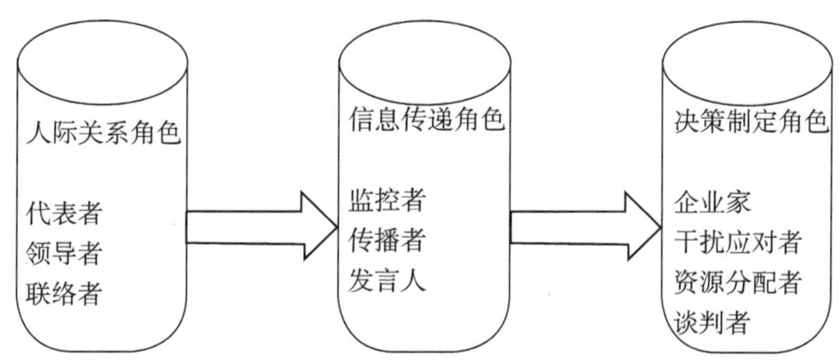

图 1–2　管理者在工作中的角色

1. 人际关系角色

管理者扮演人际关系角色的目的是为企业提供方向和监督。具体包含三种人际关系角色。

（1）代表者角色。作为企业的管理者，必须行使一些具有礼仪性质的职责。如接待来访者，参加社会活动，或宴请重要客户等，在这样做的时候，管理者就是行使着代表者的角色。

（2）领导者角色。由于管理者对所在企业的成败负重要责任，因此，管理者必须要和员工一起工作并通过员工的努力来确保组织目标的实现。如培训和激励员工等。

（3）联络者角色。管理者无论是在和企业内的个人或工作小组一起工作时，还是在与外部利益相关者建立良好关系时，都起着联络者的作用。管理者只有对重要的组织问题有敏锐的洞察力，才能在组织内外建立良好的关系和网络。

2. 信息传递角色

管理者扮演信息传递角色的目的是确保企业内一起工作的人享有足够的信息，从而能够顺利完成工作。具体包含三种信息传递角色。

（1）监控者角色。作为监控者，管理者需要分析企业内外的各种信息。可以通过接触下属来收集信息，并且从个人关系网中获取对方主动提供的信息。根据这种信息，管理者可以识别企业的潜在机会和威胁。

（2）传播者角色。作为传播者，管理者把他们作为信息监控者所获取的大量信息传达给企业成员，并影响他们的态度和行为。如就企业的前景和目标与员工进行沟通。

（3）发言人角色。管理者必须把有关企业的计划、政策、行动、结果等信息传递给企业以外的个人。如发起全国性的广告宣传活动，提高新产品的知名度。

3. 决策制定角色

管理者扮演决策制定角色的目的是处理获得的信息并得出结论。通过决策分配资源，以保证计划的实施。具体包括四种决策制定角色。

（1）企业家角色。管理者在其职权范围之内充当本企业变革的发起者和设计者。管理者应密切关注企业内外环境的变化和事态的发展，以便发现机会，并对所发现的机会进行投资。如利用企业资源开发创新产品和服务。

（2）干扰应对者角色。是指管理者必须善于处理冲突或解决问题，如平息客户的怒气，同不合作的供应商进行谈判，或者对员工之间的争端进行调解等。

（3）资源分配者角色。管理者在企业内部分配的资源有：分配自己的时间、安排下属的工作、对重要决定的实施进行事先批准。在这个角色里，重要决策在被执行之前，首先要获得管理者的批准，这能确保决策顺利进行。

（4）谈判者角色。企业要不停地进行各种重大的、非正式化的谈判，管理者会把大量时间花费在谈判上。管理者的谈判对象包括员工、供应商、客户和其他工作小组。谈判是管理者不可推卸的工作职责，而且是工作的主要部分。

综上所述，不论何种类型的企业和在企业的哪个层次上，管理者都扮演着相似的角色。但是，管理者角色的侧重点是随企业的等级层次变化的。如传播者、代表人、谈判者、联络者和发言人角色，对于高层管理者要比低层管理者更重要；相反，领导者角色对于低层管理者，要比中、高层管理者更重要。

【实例 1–2】　　什么是优秀管理者

刘全是深圳一家消费电子产品公司的策划部经理，农村出身的大学生，由于工作颇有成就，深得公司领导赏识，从一线摸爬滚打到现在这个位子。他对工作要求特别严格，经常废寝忘食地全身心投入到工作中，甚至没有时间去谈恋爱。他希望他的员工也像他一样，全心全意投入到公司事务上，一心为公，敬业奉献。他的口头禅就是“公司事再小也是大事，个人事再大也是小事”。

他要求下属员工上班时间不得闲聊、不得接打私人电话、不得做与岗位工作无关的事情，所有时间都得用在工作上。要求下属员工养成“早到晚归”的习惯，让下属员工每天陪自己加班到十一二点，即使下属员工真的无事可做，也不能随便回去。假如下属员工没有养成这种习惯，那么加薪晋职的机会就很渺茫，而且很可能被他冷藏，再无出头之日，要么就是莫名接到调职或解雇的通知。另外，无论什么节假日，他都会为下属员工重新规划，以满足他工作的需要，根本没有什么周末、国家法定节假日的概念。

在他的领导下，下属员工总有做不完的工作，即便有些工作没有任何意义。他的举措引起了下属员工的怨言，他们抱怨自己完全没有私人的空间，随时都被经理管理和监督，好像自己是被卖给了公司，身心受到严重的限制，他们快要疯掉了。一次其中一个下属在内部网站的BBS牵头讨论加班要给加班费、应该劳逸结合问题，他得知之后，没几天这位员工就在绩效考评中被“合理”地处理掉了。随后一个深夜召开的部门会议上，下属员工的情绪终于爆发了。显然，下属员工被尊重的需求没有得到满足，刘全的工作也因此陷入了被动，士气低落、效率下降、人员流失、管理混乱等问题都显现了出来，不久他被撤职调离。

◇课堂小思考：香露有限公司的罗兰负责办公室的文字处理工作。办公室里的职工为争一张办公桌发生了一场纠纷，罗兰进行了调节。请问罗兰扮演了什么角色?

三、企业管理者的技能

不管什么类型企业中的管理者，也不管他处于哪一管理层次，都需要有一定的管理技能。管理是否有效，在很大程度上取决于管理者是否真正具备了以下三类管理技能：

1. 技术技能

技术技能是指管理者从事自身管理范围内的工作所需的基本技术和具体方法。例如，企业的部门主任，要熟悉各种设备的性能、使用方法、操作程序，各种材料的用途等。管理者必须具备足够的技术技能，才能有效地指导员工完成组织任务。

技术技能对基层管理者来说尤为重要，因为他们的大部分时间都是指导、训练、帮助下属人员或回答下属人员的有关问题，因而必须熟悉下属人员所做的各种工作。只有具备技术技能，才能成为受下级成员尊重的有效管理者。

2. 人际技能

人际技能是指管理人员在工作群体中能够与人共事、理解他人和激励他人的能力。包括与员工交流，激励、领导、训练、授权和帮助员工以及与其他人打交道的技能。

人际技能要求管理者从理性和感性上认识员工，与员工建立一种个人对个人的关系；还要有感觉每个人的需要、感情、价值观和个性特点的能力。作为管理者，必须努力把员工看作独特的个体，加强对自己和别人的认识，找出引起问题的个人品质与言行，并找到解决这些问题的方法。人际关系技能的最终目的是要创造一种能使员工

感到安全、自在，能对管理者开诚布公，愿意为管理者努力工作的工作氛围。人际技能是一种重要技能，对各层次的管理者具有同等的重要性。

3. 概念技能

概念技能是指管理者分析、判断和处理解决问题的能力。具有概念技能的管理者会把自己的企业看成是一个统一的整体，并且能够熟悉各个部门之间的关系；能够正确地运用自己的各种技能来处理企业中出现的问题，将企业的问题细分化，各个击破，实现企业的目标。概念技能可以让管理者认识到企业中问题的存在，并且能正确地分析企业出现的问题，拟定正确的解决方案加以实施。概念技能对于高级的管理者最重要，中级的管理者次之。

综上所述，处于基层的管理者，主要需要的是技术技能与人际技能；处于中层的管理者，更多地需要人际技能和概念技能；处于高层的管理人员，尤其需要较强的概念技能。具体如图 1–3 所示。

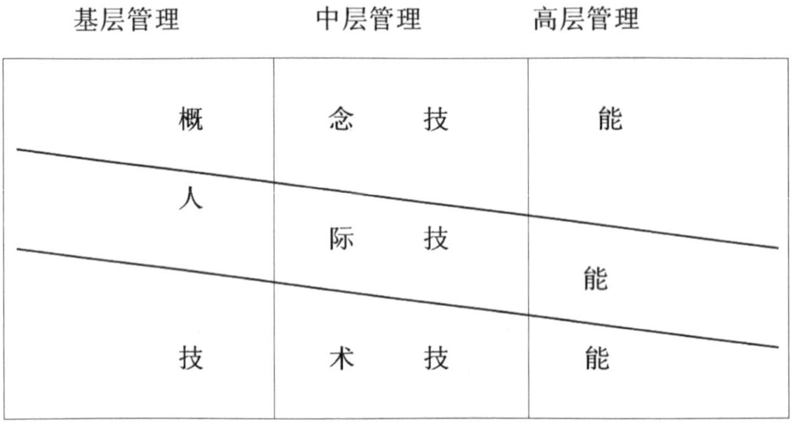

基层管理　　中层管理　　高层管理

概念技能

人际技能

技术技能

图 1–3　各层次管理者所需要的技能

【课堂案例讨论】　谁用了概念技能

甲教研室主任组织教师顺利完成教学任务；乙单位领导用人所长，调动下属积极性；丙单位领导从各部门利益出发，作出决策；丁单位领导作出照顾部分利益的决策。

讨论内容：

哪位管理者用了概念技能？

任务 3：确定企业管理职能

企业管理职能是指企业管理者为了实行有效管理所必须具备的基本功能。本书把企业管理的职能概括为五个方面：计划、组织、领导、控制、创新，如图 1–4 所示。

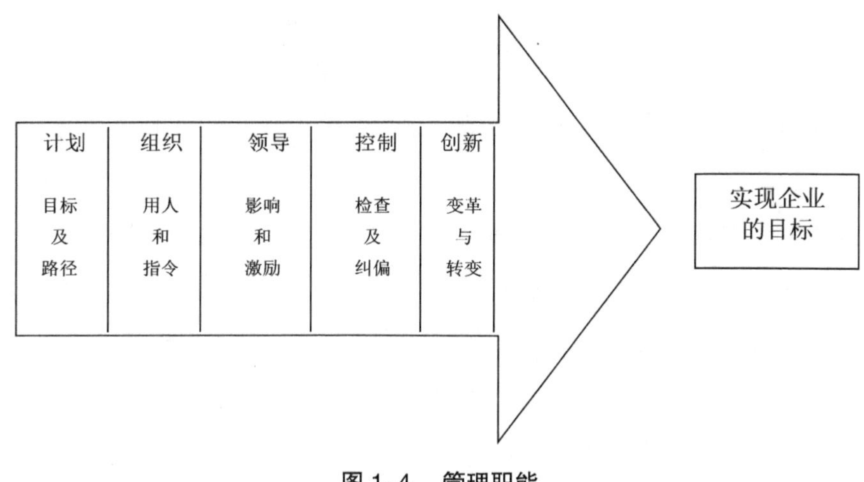

图 1–4　管理职能

1. 计划职能

计划是指对企业未来的活动进行规划和安排，在工作或行动之前，预先拟定出具体内容和步骤。包括确立短期和长期目标，以及选定实现目标的手段等。

计划职能的主要内容如下：一是分析和预测单位未来的情况变化；二是制定目标，包括确定任务、方针、政策等；三是拟定实现计划目标的方案，作出决策，对各种方案进行可行性研究，选定可靠的满意方案；四是编制综合计划和各专业活动的具体计划；五是检查总结计划的执行情况。

计划职能是企业管理活动的首要职能，它是一个管理活动的起点。计划既是决策所确定的企业在未来一定时期内的行动目标和方式在时间和空间的进一步展开，又是组织、领导、控制等管理活动的基础。因此，计划职能对于管理活动具有至关重要的作用。

2. 组织职能

组织是指为了保证企业实现目标，管理者对人们的活动进行合理的分工和协作，合理配备和使用资源，正确处理人际关系的管理活动。

组织职能的主要内容如下：一是按照目标要求建立合理的组织结构；二是按照业务性质分工、确定各部门的职责范围；三是给予各级管理人员相应的权力；四是明确上下级之间、个人之间的领导与协作关系，建立信息沟通渠道；五是配备、使用和培训工作人员；六是建立考核和奖惩制度，激励员工。

组织职能是管理的一项重要职能。管理者进行管理的指令要在组织各部门之间按特定的次序传递；管理的目标要通过合理的组织设计和有效的组织行为来实现。

3. 领导职能

领导是指管理者为了实现企业的目标而运用权力向其下属施加影响的一种管理行为。这种行为和影响是通过组织所赋予的权力对下属实施的监督和控制，但更主要的是通过个人依据企业环境，运用领导技能，采取正确的领导方式和领导行为，团结和带领企业人员高效率地实现企业目标。

领导职能的主要内容如下：一是指导人们的行为，指明达到目标的途径；二是协调人们之间的关系，统一思想和认识；三是激励每个成员自觉地为实现组织目标共同努力。领导者在行使领导职能时，除了运用自己的智慧、经验和科学的领导方法之外，还需要运用领导艺术，以充分发挥领导效能。领导是管理的一个职能，属于管理活动的范畴，它贯穿在整个管理活动中。

4. 控制职能

控制是指管理者为了保证实际工作与计划一致，为了有效实现目标而采取的管理活动。虽然在计划职能中要求尽可能全面、周密地反映客观情况，制定出切实可行的计划，但是在管理过程中还是会出现各种预料不到的情况，所以在执行计划的过程中，仍有可能产生不同程度的偏差。这就要求控制职能加以调节，以保证目标的实现。

控制职能的主要内容如下：一是制定控制标准；二是衡量计划执行情况，将实际成果同预定目标相比较以确定是否发生了偏差；二是采取纠正措施，将各种有效的控制方法应用于管理过程中。

控制是管理过程的关键职能，是通过信息反馈和绩效评估，对企业的活动进行监督、检查、纠正偏差的过程，是连续不断、反复进行的过程，贯穿于整个管理活动的始终。

5. 创新职能

创新是一项重要的管理职能，在一个科技迅猛发展，环境瞬息万变的社会，任何因循守旧、墨守成规、缺乏创新的企业都将在激烈的竞争中被淘汰。经济学家熊彼特认为，资本主义的发展主要依赖企业家的创新活动这一“内在因素”。这种创新包括引进新产品、采用新技术、开辟新市场、发掘原材料新来源等“技术创新”及改进企业组织等“制度创新”。

现代企业创新的内容更加广泛，除了技术创新与制度创新以外，还包括观念创新、管理创新等内容。所谓管理创新，对于一般的组织而言，可以理解为创造一种新的更加有效的资源整合模式，不断提高管理的效率与效益，以促成企业目标的高效实现。具体来说管理创新可以是创设一个新的组织机构，提出一种新的发展思路、管理模式与方法等等。

以上五项企业管理职能在企业管理实践中不是互相独立的，而是相互联系、相互制约、相互渗透的一个统一体，是一个完整的企业管理活动所包含的各项工作内容。作为一个企业的管理者不能机械地按照这五项职能来依次从事管理工作，卓越的企业管理是这五项职能在运作上的高度契合。成功的企业管理者应该用联系的、发展的、辩证的眼光看待这些职能。

【实例 1-3】　　奇瑞公司

1997~2004 年，在奇瑞公司的第一次创业中，奇瑞人一直在书写中国汽车行业的奇迹，年产销超过 10 万辆，并初步形成完整的产品线，具备整车、发动机、变速箱三大核心技术，进军中国汽车行业第一军团。2005~2010 年是奇瑞公司的第二次创业阶段，企业从“品质、科技、我的时尚”转向更具人文关怀的“更安全、更节能、更环保”的造车理念，优化管理使人力资源成为企业的核心竞争力，掌握世界汽车核心技术的主动权，研发并生产更具国际市场竞争力的产品，力争 2010 年实现年产销 100 万辆，向着成为世界一流汽车企业的明天迈进。奇瑞人仍将一如既往地大胆探索，积极整合国际、国内资源，进一步深化管理，朝着以人为本、永续经营的目标进发。奇瑞公司将以“更好的产品、更好的质量、更好的服务”来构建奇瑞汽车未来的市场架构，给客户和社会更多的回馈。

奇瑞公司是汽车界的奇迹，也是中国民族品牌的骄傲。奇瑞公司的发展说明，一个企业若能积极整合资源，不断深化管理，有序经营，为用户提供更好的产品、更高的质量、更多的服务，就能不断发展。

相关链接

虚拟企业

虚拟企业一词是由肯尼思·普瑞斯（Kenneth Preiss）、史蒂文·戈德曼（Steven. L.Goldman）、罗杰·N. 内格尔（Roger.N.Nagel）三人在 1991 年编写的一份重要报告《21 世纪的生产企业研究：工业决定未来》中首先提出的。这份报告受到美国国会的重视，为国防部所采纳。在这份报告中，虚拟企业一词被第一次提出来，当时该词的含义很简单，仅作为一种比较重要的企业系统化革新手段被加以阐述。此后，虚拟企业概念得到发展，也日益受到重视。

所谓的虚拟企业（Virtual Enterprise），是当市场出现新机遇时，具有不同资源与优势的企业为了共同开拓市场，共同对付其他的竞争者而组织的、建立在信息网络基础上的共享技术与信息，分担费用，联合开发的、互利的企业联盟体。虚拟企业的出现常常是参与联盟的企业追求一种完全靠自身能力达不到的超常目标，即这种目标要高于企业运用自身资源可以达到的限度。因此企业自发的要求突破自身的组织界限，必须与其他对此目标有共识的企业实现全方位的战略联盟，共建虚拟企业，才有可能实现这一目标。

关于虚拟企业的内涵，学者们从不同的角度进行了阐述，目前对虚拟企业的定义有三个角度：

1. 产品角度

1992年威廉·戴维陶（Willan H.Davidow）与麦克·马隆（Michael S.Malone）合著的《虚拟企业》（The virtual Corporation）一书中，认为虚拟企业是指具备生产虚拟产品的……经过彻底改造的企业。而虚拟产品是相对传统产品而言的，“生产及运输等合成为效益原则，费时短，且可以同时在许多地点提供顾客多样化的选择；给一般人的印象是速度，以致人们很容易忽略另一特点——提供顾客的满足感”。相对传统产品，戴维陶称它为“虚拟产品”。“具备生产虚拟产品的……经过彻底改造的企业”称为虚拟企业。显然，这类定义主要是从虚拟企业的运行的结果阐述虚拟企业定义的。

2. 信息网络角度

信息网络是虚拟企业运行的技术基础，计算机、网络技术专家从技术角度阐述虚拟企业。组织结构无形化、通过信息网络加以联结的企业组织，称为虚拟企业。网上商店、银行等是虚拟企业的典型形态。波士顿尔菲集团董事长科勒普罗斯曾说：“我们坚信，虚拟组织这个概念，更多是出于技术方面的热情，而不是产生于正确的思维方式”。

3. 运行方式角度

虚拟企业是组织类型之一，可以从组织运行方式角度阐述其定义。普瑞斯、戈德曼、内格尔在《以合作求竞争》一书中指出：“虚拟企业是由各种企业单位形成的一种集团，其中人员工作过程都来自于这些企业单位，他们彼此紧紧联系，相互影响和作用，为了共同利益而奋斗……，虚拟企业工作过程都仍然保持相互独立，互不影响。……现代虚拟组织关系是一种相对较新的组织形式，利用信息技术把人力、资产和思想动态地连接起来，是一种有机的企业网络组织。……虚拟企业是为了迎合明确的时间机遇或预期的时间机遇而产生的”。从运行的方式角度定义，虚拟企业就是功能特点专长化，存在形式离散化、运作方式合作化的企业。

另外，虚拟企业的指代对象至今为止仍然是很含混的。虚拟企业指的是通过虚拟关系运作在一起的企业集团，还是该企业集团中的某个企业？在实际运作中，它的指代对象具有二元性。称单个为虚拟企业，而单个实为整体的代称，称整体为虚拟企业时，总是以某单个观察对象的企业名称代称整体。我们称某个企业为虚拟，不排斥把参与运作的“企业集团”也称为虚拟企业，只是作此称呼时，仍以某个企业为观察对象。所以，我们所称的虚拟企业有时是参与运作的个体，有时是参与运作的整体。

理论思考

1. 公司制企业
2. 企业的基本职能
3. 中层管理人员
4. 干扰应对者角色
5. 概念技能
6. 创新职能

实训任务

组建模拟公司

实训目标

1. 培养初步运用管理系统的思想建立现代组织的能力。
2. 培养分析、归纳与讲演的能力。

实训内容与要求

根据所学知识与对某个企业实际调查访问所获得的信息资料，组建模拟公司。

1. 以自愿为原则，6~8 人为一组，组建“×× 大学生模拟公司”，自定公司名称。

2. 进行总经理竞聘，每个人以“我要做一个什么样的管理者”为题发表竞聘讲演（要有发言提纲）。

成果与检测

1. 投票选出公司总经理，完成模拟公司的初步组建。
2. 班级组织一次交流，每个公司推荐两名成员发表竞聘讲演。
3. 由教师与学生对各公司组建情况（含竞聘提纲）进行评估计分，确定成绩。

项目二　企业战略管理

项目任务　构建企业战略

知识目标：

1. 了解企业计划的编制过程
2. 掌握企业计划的编制方法
3. 了解企业计划书的基本框架
4. 熟悉企业目标管理体系
5. 掌握决策的方法
6. 理解企业战略管理的内涵

能力目标：

1. 能够编制企业计划
2. 能够进行企业目标分解
3. 能够初步构建企业战略

案例导入

阿里巴巴集团的发展战略

阿里巴巴集团是全球电子商务的领先者，是中国最大的电子商务公司。总部位于中国杭州，在中国大陆超过30个城市设有销售中心，并在香港、瑞士、美国、日本等设有办事处或分公司。自1999年成立以来，阿里巴巴集团茁壮成长，到2010年上半年已拥有多家子公司。阿里巴巴B2B公司是阿里巴巴集团的旗舰公司，是国内领先的B2B电子商务公司，服务于中国和全球的中小企业。1999年阿里巴巴诞生后，提出了Meet at Alibaba的战略。顺应中国成为“世界工厂”的发展潮流，阿里巴巴推出中国供应商、诚信通等贸易及信用信息服务，确立了“永远在线展览会”的第三方B2B电子商务平台发展战略，为国内中小企业拓展国内、国际市场立下了汗马功劳。

阿里巴巴十年的发展硕果累累：

1. 遥遥领先于竞争对手，成为世界 B2B 第三方电子商务平台的旗帜。

2. 成功登录资本市场，成为中国市值最高的互联网企业。

3. 成为世界上销售收入最大的第三方电子商务平台。

4. 拥有世界最多的 B2B 电子商务注册用户。

所有这些都证明了阿里巴巴过去发展战略的成功。其整体发展战略是从“Meet at Alibaba”走向“Work at Alibaba”。“Work at Alibaba”，即帮助中小型企业生存、成长、发展。比如，支付宝现在和银行合作，开始给中小企业安排贷款，就是试图解决中小企业的发展资金问题。

正确的战略是成功的一半，任何一个成功的企业都需要适合于自身发展的战略愿景和战略定位。良好的战略愿景为企业制定正确的企业战略、业务战略和战略保障体系提供指导方向。阿里巴巴的战略愿景可以从以下三方面理解：第一，要持续发展 102 年，打造跨越三个世纪的世界名企；第二，要成为全球十大网站之一；第三，让天下没有难做的生意，只要是商人，就使用阿里巴巴。这使得阿里巴巴从内心深处全方位思索如何实现目标，正是在这样的战略愿景的指导下，阿里巴巴制定了自己的企业发展战略。

思考题：

1. 阿里巴巴集团的发展战略是什么？实施企业战略管理应该分析哪些环境？
2. 阿里巴巴集团取得了哪些成果？
3. 为什么说正确的战略只是成功的一半？

在现代市场经济条件下，企业面对的环境日益复杂，企业的领导者必须具备长远发展的观点，具备运筹帷幄的能力，提高企业对市场的应变能力。企业通过制定战略，对企业外部环境和内部条件进行分析，明确企业在竞争中的地位，对于企业增强自身实力起着非常重要的作用。

任务 1：编制企业计划

企业计划是指管理者对企业要实现的目标，以及实现目标的方法、步骤、资源配置、时间安排等进行的预先筹划。计划是计划工作的成果，没有计划工作也就没有计划产生。

计划工作有广义和狭义之分。广义的计划工作，是指制订计划、执行计划和检查计划三个阶段的工作过程。狭义的计划工作，是指制订计划，即根据组织内外部的实际情况，权衡客观的需要和主观的可能，通过科学的预测，提出在未来一定时期内组织所需达到的具体目标及实现目标的方法。

一、企业计划的内容

企业计划工作包括调查研究、设置目标、预测未来、制订计划、贯彻落实、监督检查和修正等内容，而企业计划则是企业计划工作中计划制定的成果，贯彻实施和监督检查的对象。

企业计划工作的内容常用“5W+H”来表示：

What——做什么？目标与内容

Why——为什么做？原因

Who——谁去做？人员

Where——何地做？地点

When——何时做？时间

How——怎样做？方式、手段

这六个方面是企业计划必须包含的基本内容，缺乏其中的任何一项，计划都不全面或不完整。

二、企业计划的作用

企业计划的作用在于计划可以给出方向，使置身于复杂多变和充满不确定性环境的企业始终把其主要的注意力集中在既定目标上，使组织所有的行动保持同一方向。

1. 企业计划是现代企业进行分工协作的共同劳动的客观需要

社会化大生产要求任何企业都必须进行科学分工才能提高生产效率，同时为了保证企业形成有机整体，又必须要在分工的基础上互相协作。科学的分工、密切的合作都离不开计划。没有计划，各部门以及企业各成员的活动势必步调不一致。因此，企业计划是社会化大生产的客观需要。

2. 企业计划可以提供方向

企业计划是一种协调过程，它能够给管理者和非管理者指明方向。当所有有关人员都了解企业的目标，明确为达到目标他们必须做出什么贡献时，他们才能协调他们的活动，互相合作、结成团队。

3. 企业计划可以发现机会与威胁

企业计划工作要求做详细周密的环境调查研究，以帮助管理者预见变化，减少未来不确定性带来的风险，从而把握市场机会，化解市场威胁。

4. 企业计划是合理利用有限资源、减少浪费和提高效益的有效手段

实现企业目标，需要合理配置资源。在最经济的条件下实现目标是市场经济体制下一切企业都应遵循的原则。通过企业计划管理对企业的资源进行优化配置，可以节约资源、减少浪费。

5. 企业计划可以统一工作标准，以利于控制

计划是控制的基础，企业计划的编制为及时对照标准检查、评价完成情况提供了客观依据，从而为及时发现和纠正偏差提供可靠保证。

三、企业计划的特征

企业计划的特征可以概括为以下五个方面：

1. 目标性

在企业中每一个计划的制定，其最终目标都是为了促使企业总体目标和各个阶段目标的实现。具体地说，计划工作首先就是确立目标；然后，使今后的行动集中于目标，并预测和确定哪些行动有利于达到目标，从而指导以后的行动朝着目标的方向迈进。没有计划和目标的行动是盲目的行动。

2. 首位性

在管理的各项职能中，计划是其他职能执行的基础，具有首位性。计划、组织、人事、领导和控制等活动，都是为了支持实现企业的目标。管理过程中的其他职能都只有在计划工作确定了目标后才能进行。因此，计划职能在管理职能中居首要地位。此外，管理人员必须制订计划，以了解需要什么样的组织结构和什么样的人员，按照什么样的方法去领导下属和采取什么样的控制方法等。因此，要使所有的其他管理职能发挥效用，首先必须安排计划。

3. 普遍性

计划工作涉及企业管理区域内的每一个层级，每一个管理人员都需从事计划工作。由于各级管理人员的职责和权限不同，他们在工作中就有不同的计划。高层管理人员负责制订战略性计划，中层管理人员负责制订战术性计划或生产作业计划。因此，授予下级某些制订计划的权力，有助于调动积极性，为顺利完成计划、实现目标奠定坚实的基础。

4. 效率性

计划工作要以较小的投入获得较为满意的计划成果。计划的效率是指从组织目标

所作的贡献中扣除制定和执行计划所需的费用及其他因素后的总额。如果一个计划在实现的过程中付出了较高的代价。即使计划达到了目标，这个计划的效率也是很低的。如果一个计划按合理的代价实现了目标，那么这个计划就是有效率的。在衡量代价时，不仅要考虑时间、资金的投入，还要考虑个人和集体的满意程度。一项很好的计划，在实施过程中，由于方法不当，引起了人们的不满情绪，这样的计划效率也是很低的。

5. 创造性

企业计划工作需要管理者针对组织所面临的新环境来发现和解决新问题。面对出现的新发现和新机会，管理人员要敢于打破旧观念的束缚，及时提出适应本组织特点的一些新思路、新观点和新方法，使计划更加符合客观实际。所以说计划工作是一项创造性的管理工作。

四、企业计划的类型

1. 按计划的影响程度分类，企业计划分为战略计划和战术计划。

战略计划是关于企业活动总体目标和战略方案的计划。具有时间跨度长，涉及范围广；内容抽象、概括，不要求直接的可操作性；不具有既定的目标框架作为计划的着眼点和依据；计划的前提条件多是不确定的，制定者必须有较高的风险意识，能在不确定中选定企业未来的行动目标和经营方向等特点。战略计划以企业全局为对象，由企业高层管理人员根据总体发展的需要来制订。

战术计划是关于实现企业目标的具体实施方案和细节。具有时间跨度短，覆盖的范围窄；内容具体、明确，并通常要求具有可操作性；计划的任务主要是规定如何在已知条件下实现根据企业总体目标分解而提出的具体行动目标，计划制定的依据比较明确等特点。战术计划的风险程度较战略计划低。战术计划以某项职能或活动为对象，由中低层管理人员根据战略计划的要求来制订。

战略计划与战术计划的区别见表 2–1。

表 2–1 战略计划与战术计划比较

比较类别	战略计划	战术计划
时间跨度	长	短
涉及范围	宽广	较窄
内容操作性	抽象、概括、不要求直接操作性	具体、明确，通常具有可操作性
任务	设立组织总体目标	在既定目标框架下提出具体行动目标
风险程度	高	低
目的	确保“做正确的事”	追求“正确地做事”
回答的问题	做什么，为什么做	何人在何时、何地用何种办法做

2. 按计划的时间长短分类，企业计划分为长期计划、中期计划和短期计划

长期计划描绘了企业在五年以上的发展蓝图，它规定在这段较长时间内企业总体和各部分从事活动应该达到的状态和目标。

中期计划通常是指一年以上到五年以内的计划。

短期计划具体规定了组织在一年以内的计划。

上述三种计划中，长期计划是企业较长时期的发展方向、总目标。中期计划是根据长期计划制定的，它要比长期计划详细具体，是短期计划的依据。

3. 按计划的覆盖范围分类，企业计划分为综合性计划和专业性计划

综合性计划是对业务经营过程各方面所做的全面的规划和安排。

专业性计划是对某一专业领域职能工作所作的计划，它通常是对综合性计划某一方面内容的分解和落实。

综合性计划与专业性计划构成了一种整体与局部的关系，专业性计划应以综合性计划为指导，避免同综合性计划脱节。

4. 按计划的详尽程度分类，企业计划分为导向性计划和具体计划

导向性计划只规定基本原则与方向，指出行动重点但并不限定具体目标，也不规定明确的行动方案。

具体计划有明确规定的目标，不存在模棱两可和容易引起误解之处。

导向性计划和具体计划相比相对灵活，但缺少明确性。

5. 按组织层次不同，企业计划分为高层管理计划、中层管理计划与基层管理计划

高层管理计划一般属战略计划，着眼组织的长远安排，注重组织在环境中的定位。

中层管理计划是战术计划，协调组织内部各部门之间的关系及各部门的分目标。

基层管理计划着眼于每个岗位、每个员工、每个工作时间的工作安排和协调，基本是作业性内容。

五、企业计划的编制过程

企业计划工作就是一个由若干互相衔接的步骤所组成的连续的过程。这一过程可以大致分为如下八个步骤，如图 2-1 所示。

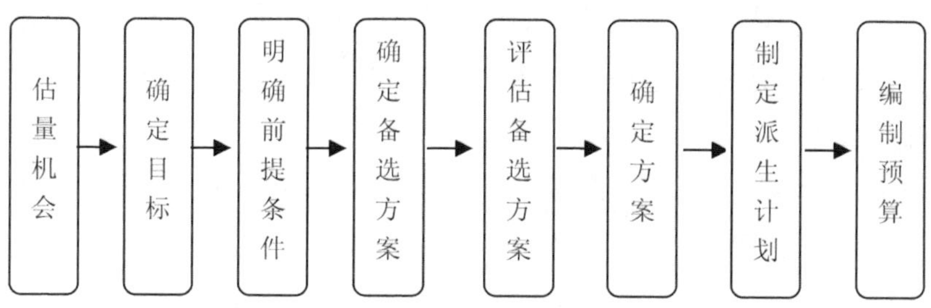

图 2-1　企业计划的编制过程

1. 估量机会

估量机会是在实际的计划工作之前就着手进行的，是对未来可能出现的机会的估计。在组织内外环境分析的基础上，判断组织的优、劣势，寻求组织可以发展的机会。估量机会是计划工作的一个真正起点。

2. 确定目标

企业计划工作的目标是指企业在一定时期内所要达到的效果。包括长期目标和短期目标。它是要建立企业的目标体系，即以高层目标（战略目标）分解为中间目标（战术目标），再分解为小组、个人的具体目标，而且要保持具体目标与总目标一致。在编制计划时，第二个步骤就是确定目标。确定目标是计划工作的基础。

3. 明确计划的前提条件

明确计划工作的前提，就是确定计划实施时的预期环境。对企业来说就是要做好市场预测。确定的计划前提实际上是指那些对计划来说是关键性的、有策略意义的因素，也就是对计划的落实具有最大影响的那些因素。如制定新产品开发计划，必须要确定新产品的市场前景、所需投资、设备技术要求和人员要求等。这就是计划的前提条件，它是整个计划工作的关键和核心。

4. 确定备选方案

一个计划往往有几个可供选择的方案。选择方案时，不只是找可供选择的方案，还要减少可供选择方案的数量，以便可以对最有希望的方案进行分析。

5. 评估备选方案

找出了各种可供选择的方案并明确了它们的优缺点后，下一步就是根据前提和目标，权衡它们的轻重，对方案进行评估。备选方案可能有几种情况：有的方案最有利可图，但需要投入的资金多且回收慢；有的方案看起来可能获利较少，但风险也小；还有的方案对长远规划有益等。在若干方案并存的情况下，就要根据组织的目标来选择一个最合适的方案。

6. 选择方案

在备选方案中，选择一个最符合目前企业资源能力又能获取最大效益的方案。选择方案过程是运用科学决策的过程。选择方案是做决策的关键。

7. 制定派生计划

派生计划是总计划下的分计划。作出决策之后，就要制定派生计划。总计划要靠派生计划来扶持。

8. 编制预算

在完成上述各个步骤之后，最后一项便是编制预算，即把计划转化为预算，使之数量化。预算实质上是资源的分配计划。它既可以成为汇总各种计划的工具，又是衡量计划工作完成进度的重要标准。

六、企业计划的编制方法

企业计划的编制不仅要按照一定的程序，而且还要采用科学的方法。企业计划的编制具有一定的科学性，针对所在企业，根据实际情况制定相应的计划，就必须掌握一定的计划编制方法。现代的计划方法为制定切实可行的计划提供了手段，具有许多优点。下面主要介绍滚动计划法、网络计划技术法、甘特图法和计划—规划—预算法。

1. 滚动计划法

滚动计划是一种定期修订未来计划的方法。这种方法是根据计划的执行情况和环境变化情况定期修订计划，并逐期向前推移，使短期计划、中期计划和长期计划有机结合起来，不断地随时间推移而更新。

具体做法是：在制定计划时，同时制定未来若干期间的计划，但计划的内容用“近细远粗”的办法确定，即近期计划尽可能详细，远期计划则较粗；在计划期的第一阶段结束时，根据该阶段计划的执行情况和内外环境的变化情况，对原计划进行修订，并将计划向前滚动一个阶段；以后根据同样的原则逐期滚动。如图 2–2 所示。

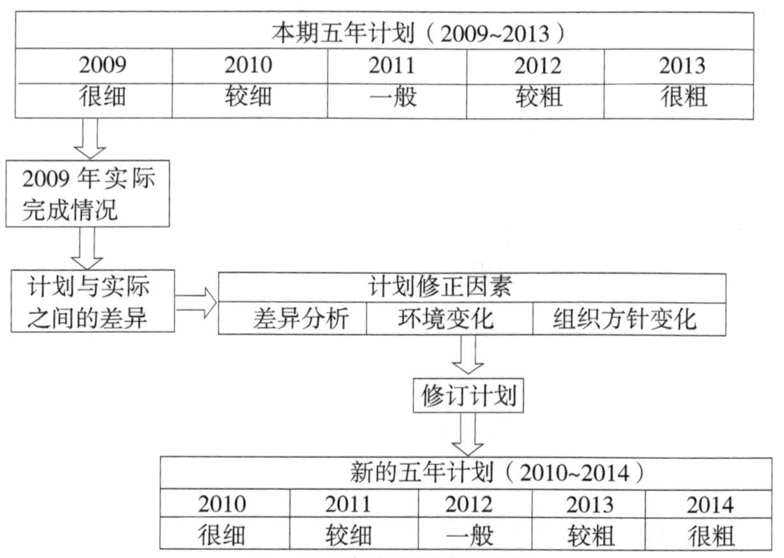

图 2–2　滚动计划法示意图

滚动计划方法虽然使得计划编制和实施工作的任务量加大，但同时也使得计划切合实际，特别是战略性计划更加切合实际。短期计划、中期计划和长期计划相互衔接，可根据环境的变化及时进行调节，使各期计划基本一致。大大增加了计划的弹性，提高了组织在剧烈变化的环境中的应变能力。

2. 网络计划技术法

网络计划技术法又叫关键路线图，在我国也称统筹法。是 20 世纪 50 年代在美国产生和发展起来的，它是利用网络理论，通过网络图的绘制和网络时间的计算制订计划，并对计划进行评价、审定的技术方法。

网络计划技术的基本原理是：首先应用网络图的形式来表达一项计划中各项工作（任务、活动、工序等）的先后顺序和相互关系；其次，通过计算找出计划中关键工序和关键路线，然后通过不断改善网络图选择最优方案，并在计划执行过程中进行有效的控制和监督，保证取得最佳的经济效益。

网络图是网络计划技术的基础。任何一项任务都可分解成许多步骤的工作，根据这些工作在时间上的衔接关系，用带箭头的线表示它们的先后顺序，画出一个由各项工作相互联系、并注明所需时间的箭线图，这个箭线图就称作网络图。图 2–3 便是一个简单的网络图形。

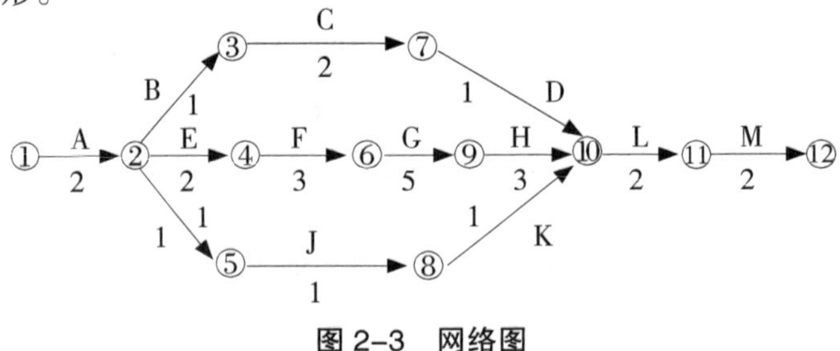

图 2–3　网络图

利用网络计划技术编制计划的步骤：

（1）分解任务

该步骤是把整个计划活动分成若干个具体工序，并确定各工序的时间，在此基础上分析并明确各工序时间的相互关系。

（2）绘制网络图

根据各工序之间的相互关系和一定规则，如两个事项之间只能用一个键线相连，绘制出所有工序的网络图。

（3）找出关键线路。

根据各工序所需作业时间计算网络图中各路线的路长，找出关键线路。

网络虽然需要大量繁琐的计算，但能清晰地表明整个工程各个项目的时间顺序和相互关系，表明完成任务的关键环节和路线，可使管理者统筹安排、重点管理，对工程的时间进度和资源利用进行优化，使事前评价达到目标的可能性。

3. 甘特图法

甘特图是在20世纪初由亨利·甘特发明的。它是一种线条图，横轴表示时间，纵轴表示要安排的活动，线条（或矩形框）表示进度。甘特图直观地表明任务计划定在什么时候进行和完成，并可对实际进展与计划要求作对比检查。这种方法虽然简单，但却是一种重要的作业计划与管理工具。它能使管理者很容易搞清一项任务或项目还剩下哪些工作要做，并评估出某项工作是提前了还是拖后了或者在按计划进行着，如图2–4所示。

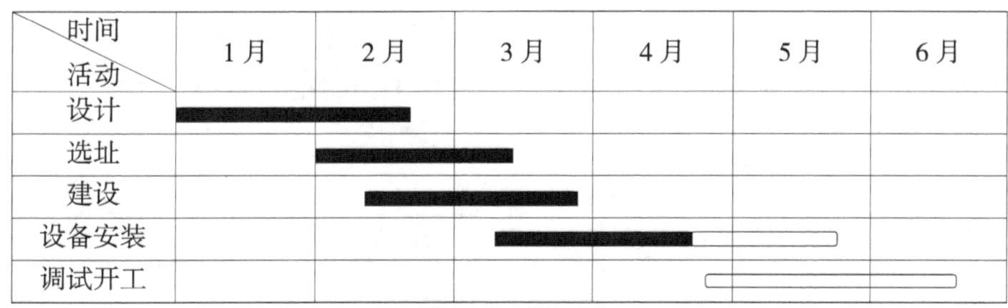

图2–4　甘特图

4. 计划—规划—预算法

计划—规划—预算法是一种从目标出发编制预算的方法。计划开始时，首先由最高主管部门提出组织总目标和战略，并确定实现目标的项目；其次，分别按每个项目的实施阶段时所需要的资源数量进行测算和规划，并排出项目的优先次序；然后，在编制预算时是从目标出发按优先次序和项目的实际需要分配资源，当资源有限时，不保证排在前面的项目的需要；最后，根据各部门在实施项目中的职责和承担的工作量将预算落实到部门。

◇课堂小训练：

小芳在早上7：30要出门参加会议，起床后要做完以下事情（见表2–2）。请问小芳最迟必须几点钟起床？请画出网络图，并确定关键路线。

表2–2

打扫房间	7分钟	刷牙	3分钟	烧水	15分钟
洗脸	5分钟	穿衣	5分钟	下面条	10分钟
整理床	5分钟	吃饭	20分钟		

七、企业计划书的基本框架

1. 企业计划书内容的框架模式

不同类型的计划，计划书的格式会有所不同，但是，一些基本的内容与项目是共同的。计划按照用途与思路的不同，大致可以划分为两种框架类型：基本框架模式与问题框架模式。

（1）企业计划书基本框架模式

一般的计划均采用这种模式，主要用于社会组织及其下属部门的年度及以下时间段的工作计划。其主要内容结构为：

①内外环境（背景）分析。

②确定工作目标（任务）。

③制订行动（工作）方案，包括工作内容、要求、途径、措施等。

④资源配置方案，包括执行人、资金预算、物资配备、完成时限等。

重要的工作计划书最开始的部分通常还要提出工作的指导思想。如图 2–5 所示。

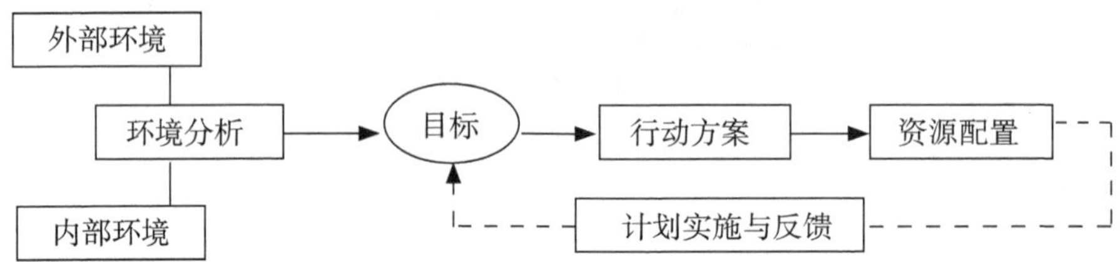

图 2–5　计划书基本框架模式

（2）企业计划书问题框架模式。

这是指为解决特定问题或开展某项工作而拟定专案计划所采用的模式，如图 2–6 所示。其主要内容结构为：

①对所要解决的问题或专项任务进行分析与界定。

②分析主客观环境，把握有利与不利条件。

③寻求与确定解决问题或完成任务的路与行动目标。

④制定解决问题或完成任务的方案与措施。

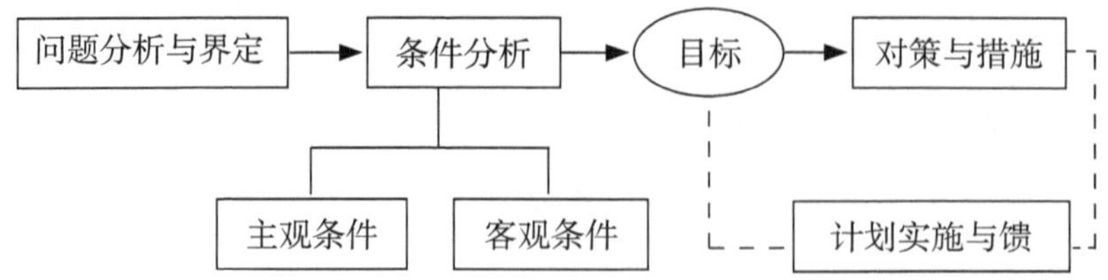

图 2–6　计划书问题框架模式

2. 企业计划书的基本项目

不同计划书的内容结构与具体格式各不相同，甚至有很大的差异。计划书的构成与计划过程的顺序应该是一致的。一般的，企业的计划书大致由以下 8 个部分，11 项内容构成，如表 2–3 所示。

表 2–3　计划书的构成

部分	内容	说明
1. 计划导入	（1）封面	计划书的脸面，应具有吸引力
	（2）前言	表明计划者的动机及计划者的态度
	（3）目录	计划书的目录
2. 计划概要	（4）计划概要	概述计划书的整体思路与内容
3. 计划背景	（5）现状分析	明确计划的出发点，说明计划的必要性及其前提
4. 计划意图	（6）目的、目标设定	确定计划的目的、目标，说明计划的意义
5. 计划方针	（7）概念的形成	明确计划的方向、原则，规定计划的内容
6. 计划构想	（8）确定实施策略的结构	明确计划实施的结构及其组织保证，提高计划的效果
	（9）具体实施计划	计划的具体内容，将实现目标的方法具体化
7. 计划设计	（10）确定实施计划	实施计划所需时间、费用、人员及其他资源，预测计划可能获得的效果
8. 附录	（11）参考资料	附加的与计划相关的资料，增加计划的可信度

3. 编制企业计划的要领

（1）明确制订企业计划的目的与依据

一是要落实上级的总体战略，配合全局；二是要保证本部门工作任务的实现；三是有利于本部门的长期发展。

（2）抓住四个环节，按照科学程序运作

要遵循科学的计划程序制订计划，编制计划书，要特别注意抓住四个关键环节：首先一定要搞好内外环境的分析，这是做好计划的前提与基础；要运用创造性思维与创造技法，形成富有创意的构思，即“点子”，这是制订计划的灵魂；采用科学的决策方法，制订正确的决策，这是搞好计划的核心；巧妙运筹，周密安排，编制科学的计划文本，是做好计划工作的基础性保证。

（3）要着重关注中基层管理者所负责的计划类型

中基层管理者主要负责制订年度及以下时间段的业务（工作）计划和解决某个问题、开展某项工作的专案计划。主要包括：企业年度生产经营计划或工作计划、企业某一职能管理（营销、生产、技术、财务、开发等）计划、企业下属基层部门的生产作业计划，以及解决特定问题或开展某项专门工作的计划等。

◇课堂小思考：根据企业计划工作的内容 5W+H 进行职业规划。

任务2：制定企业目标

企业目标就是企业和个人活动所指向的终点或一定时期内所寻求的最终成果。目标为企业成员指明了方向，提供了衡量成就、评估绩效的标准，也是调动职工积极性的一种激励因素。因此目标是一种管理基础，特别是计划工作的基础。

一、目标的作用

1. 导向作用

目标的首要作用是为企业指明前进的方向。一个企业如果没有明确的目标，就没有前进的方向，就无法有效地协调资源。只有明确了企业的目标，才能确定为了实现目标必须开展什么工作，各项工作需要配置何种资源、各配置多少等。在决策过程中，管理者只有对企业目标有清晰的了解，才能判断该问题是否需要解决、应该解决到何种程度、应该选择怎样的方案，应该怎么做才是企业行动的正确方向。目标不清，就无法做出决策。

2. 激励作用

目标可以激发企业成员工作的积极性。特别是当企业的目标充分体现了企业成员的共同利益、并与每个成员的个人利益很好地结合在一起时，就会极大地激发企业成员的工作热情。为了调动企业成员的工作积极性，管理者常采用物质激励的方式。而事实上，能够真正调动员工内在工作热情的是具有吸引力的目标。如果管理者能够提出一个使全体员工为之振奋的目标，并树立其信心，不仅能够减少眼前物质刺激的压力，而且可以使员工在工作中努力克服可能遇到的各种困难，致力于最终目标的实现。

3. 凝聚作用

当企业目标与个人目标相一致时，对企业成员就产生一种凝聚力，使员工发挥出奉献精神和创造力。在企业目标的指引下，各部门之间、个人之间容易产生相互之间的了解、沟通与认同感，这些都是组织凝聚力产生的重要基础。

4. 标准作用

目标是考核主管人员和员工绩效的客观标准。工作绩效是以目标达到的程度为标准加以衡量的，没有目标就无法衡量工作是否取得了绩效及绩效的大小。对企业成员的绩效考核一般是根据其行为是否符合企业目标及其对目标的贡献估价来进行的，因此，企业目标也是进行绩效考核的基本依据。

5. 基础作用

管理工作的开展，如果没有目标作为基础，就会陷入混乱，无所适从或者低效率。

效率和效益相比，效益是第一位的。要改进和提高企业的效率，就必须搞清企业的目标是什么，并沿着这个方向努力，使有限的资源发挥最大的作用。

二、企业目标的特征

目标表示最后结果，而总目标需要由子目标来支持。任何一个企业的目标都是其经营思想的集中体现。企业目标的特征可以概括为以下六个方面：

1. 层次性

企业目标是一个分层次的体系。这个体系的顶端是企业的宗旨和使命，由使命派生出企业的总目标和战略，接下来还要把总目标和战略加以细化，从而形成某些重要领域的成果目标、部门目标和个人目标，由此而构成了目标的层次体系。在目标体系中，除了纵向目标的指导与保障关系外，各相同层次目标之间也必须具有协作的关系，只有这样，才能保证各个环节紧密衔接。

2. 多样性

所有企业的目标都是多重的，企业目标可分为主要目标和并行目标、次要目标。要完成这些目标，必须依据目标的重要程度，在完成最重要的目标的同时，兼顾其他目标。但目标的多样性并非越多越好，如果目标的数目过多，其中无论哪一个都没有受到足够的注意，则计划工作是无效的。因此，在考虑追求多个目标的同时，必须区分各目标的相对重要程度。

3. 时间性

目标都是有时间跨度的。根据其跨度的大小，分为短期目标、中期目标、长期目标。短期目标是中期和长期目标的基础，任何中、长期目标的实现必然是由近及远，中、长期目标和短期目标之间形成了一个整体关系。确定短期目标的过程实质上是确定中、长期目标实现的过程。为了使短期目标有助于中、长期目标的实现，必须拟定实现每个目标的计划，并把这些计划汇合成一个总计划，以此来检查它们的可行性。

4. 网络性

一个企业的目标通常是通过各种活动的相互联系、相互促进来实现的，所以目标和具体的计划通常构成为一个网络，即目标与目标之间左右关联、上下贯通，融汇成一个整体。要使一个网络具有效果，就必须使各个目标彼此协调和互相连接。管理者的任务之一就是确保目标网络中的目标之间要相互协调。

5. 可考核性

目标的可考核性是指到了规定的时限，目标完成的程度如何，可以明确地作出衡量和评价。目标要做到可考核，就要使所定的目标有明确具体的表述，不能模棱两可，并且目标要有完成的时限，最好有量化的考核指标。

6. 信息反馈性

信息反馈是把目标管理过程中，目标的设置、目标实施情况不断地反馈给目标设置和实施的参与者，让员工时时知道企业对自己的要求和贡献情况。建立了目标再加上反馈。就能更进一步提升员工工作的表现。

综上所述，设置企业目标，一般要求目标的数量不宜太多，并尽可能地说明必须完成什么和何时完成，还要适时地向员工反馈目标完成情况。

◇课堂小训练：

某班为一名同学举行一个生日宴会，请对表 2–4 的工作进行目标分解。

表 2–4

准备	做凉菜	采购物品	饮料
邀请来宾	做熟菜	CD/VCD 光碟	室内布置
晚宴	娱乐	灯光布置	蔬菜类
清洗	音响	海鲜类	生日蛋糕
食品	做菜	其他类	餐具

三、企业目标管理

企业目标管理是一个全面的管理系统。是一种通过科学地制定目标、实施目标、依据目标进行考核评价来实施企业管理任务的过程。它是用系统的方法，将许多关键管理活动结合起来，高效率地实现个人目标和总体目标。从形式上看，企业目标管理是一种程序和过程。

目标管理的中心思想就是让具体化展开的组织目标成为企业每个成员、每个层次、部门等行为的方向和激励，同时又使其成为评价企业每个成员、每个层次、部门等工作绩效的标准，从而使企业能够有效运作。

企业目标管理具有如下特点：

（1）强调自我参与

企业目标管理是让所有员工参与管理的一种方式。这主要体现在目标的制定上。这种管理方法是上下级一起协商制定企业目标，并共同研究实现目标可能的行动方案，让全体员工积极参与。

（2）强调自我控制

由于目标是上下级共同参与制定的，因此，在目标实施过程中，每个员工会积极地实现自己参与设定的目标，变监督型管理为自我控制型管理。

（3）注重成果第一

在企业目标管理中，由于有了一套完善的目标考核体系，能够按员工的实际贡献大小如实客观地评价一个人，从而做到赏罚分明，让下级心服口服，并且考核时只看目标完成的程度，而无关你的实际工作态度、工作表现。

（4）促使权力下放

促使权力下放，强调责权利三者的统一。要完成明确的任务，必须相应地拥有完成目标所需要的资源、权力和承担相应的责任。这样就促使上级下放权力。

四、企业目标管理的基本程序

企业目标管理过程从高层开始，首先确定企业目标，然后把目标转换成关键成果领域，接着调整企业结构，再采用参与制目标制定法，上级和下属一起制定部门的目标和个人目标，再由上级确定各级目标，形成目标手册，下属依据目标开展工作。每一阶段，上级对照目标检查绩效，期末总评实现奖励，并拟订下一轮目标。企业目标管理的基本程序一般可分为三个阶段：第一阶段是计划，第二阶段是执行，第三阶段是评定。如图 2–7 所示。

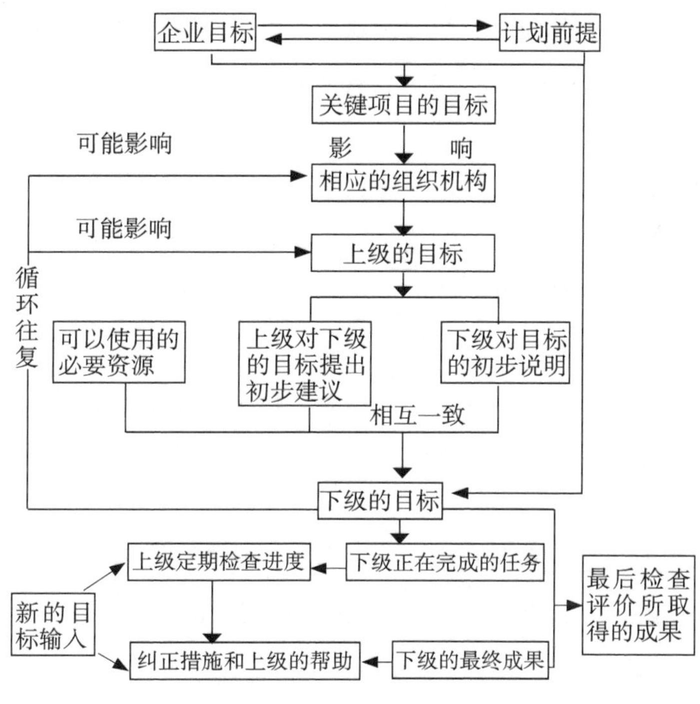

图 2–7　目标管理的基本程序

1. 计划阶段

计划阶段是企业目标管理实施的第一个阶段。由于企业目标体系是目标管理的依据，因而此阶段是目标管理有效实施的前提和保证。可细分为四个步骤：

（1）制定高层管理目标

企业目标管理的第一步是制定企业整体目标。此目标可以由上级提出，再同下级讨论；也可以由下级提出，再由上级批准。无论哪种方式，都必须是在充分讨论的基础上才能最后决定。高层管理者必须根据企业的使命和长远战略，估计客观环境带来的机遇和挑战，对企业能够完成的目标了如指掌。

（2）重新审议企业结构和职责分工

目标管理要求每一个分目标都有确定的责任主体。因此总目标制定后，要重新审查现有的企业组织结构，做出若干改变，以明确目标责任者和协调关系。

（3）确定下级和个人的分目标

在制定分目标时应注意：由责任人参与协商分解组织目标，以明确和认可个人的职责。目标应具体、可测量、有时间规定，便于考核；目标应方向正确，目标值恰当，既切合实际又有挑战性。

（4）协议授权

上下级就实现目标所需条件及目标实现后的奖惩达成协议，并授予下级相应的资源配置权力，实现权责力的统一。双方协商后，由下级写成书面协议。编制目标记录卡片，整个组织汇总所有资料后，绘制出目标图。

2. 执行阶段

（1）咨询指导

根据各级目标需要，加强目标实施过程中各环节的指导，帮助解决目标实施过程中存在的问题、并提供各方面的支持。

（2）调节平衡

在目标实施过程中，对人、财、物、信息、技术等作横向协调，合理使用，为目标管理活动的正常开展创造条件。目标与目标之间相互关联，彼此呼应，融为一体。

（3）反馈控制

建立信息反馈制度，企业管理者必须进行目标控制，随时了解目标实施情况，及时发现问题并协助解决。必要时，也可以根据环境的变化对目标进行一定的修正。

3. 评定阶段

（1）考评成果

预定期限达到后，对照目标项目及目标值及时检查评价。包括下级进行的自我评估和上级全面、公正的评定。

（2）奖惩兑现

按照协商好的目标成果及奖惩条件，对目标责任单位、部门及个人实施奖励和处罚，以达到激励先进、鞭策后进的目的，为组织发展服务。

（3）总结经验

对目标管理中的经验及教训进行总结，提出存在的问题，制定下一轮目标，开始新的循环。

企业目标管理制度通过员工参与制定目标，上下级沟通加强，注重员工自我控制，明确预期成果，有效调动了员工的积极性和潜力，成为一种有效的系统管理方法。

五、企业目标管理的评价

企业目标管理作为一种管理方法，与其他管理方法一样有其优点与不足，这是一个企业在运用目标管理方式之前应该认识清楚的。

1. 企业目标管理的优点

（1）管理水平提高

以最终结果为导向的目标管理，迫使各级管理人员去认真思考实现目标的方法和途径。可以避免工作的盲目性、随意性，避免形式主义和无效工作，保证管理的科学性与有效性。

（2）促使管理人员根据目标确定企业的任务和结构

目标作为一个体系，规定了各层次的分目标和任务，在允许的范围内，企业组织机构要按照实现目标的要求来设置和调整，各个职位也应当围绕所期望的成果来建立，这就会使组织结构更趋合理化。为了取得成果，各级管理人员必须根据他们期望的成果授予下属人员相应的权力，使其与企业的任务和岗位的责任相对应，增强了企业组织成员的团结合作精神和组织的凝聚力。

（3）各级管理人员责任明确

各级管理者成了专心致志于企业目标的人，参与企业目标的拟订、了解自己在计划中所拥有的权限和责任。最大限度地调动每个员工的进取心、责任感和积极性。

（4）控制活动更加有效

控制就是采取措施纠正计划在实施中出现的与目标的偏离，确保任务的完成。有了一套可考核的目标评价体系，监督就有了依据，控制就有了准绳，也就解决了控制活动最主要的问题。

2. 企业目标管理的不足

（1）目标制定较为困难

目标管理的有效实施要以目标的准确设定为前提。由于企业活动受外部影响很大，所以要把企业的目标具体化很困难。要保持目标的科学性和准确性，就要求制定目标的管理人员具有较高的素质：能够将一定时期的任务具体化为目标，有分解目标的能力和及时调整目标的能力。目标设定中虽然有员工参与，但管理者一定要做到心里有数，和员工一起建立科学有效的目标。

（2）目标制定与分解中的员工参与费时、费力

在目标的设定过程中要和员工进行双向沟通，对下属部门提出的目标要进行分析、修正，去除不利于完成组织目标的部门目标。目标管理比命令式的管理费时、费力，如果协调不好，会影响员工的积极性。

（3）目标成果的考核与奖惩难以完全一致

由于对目标的完成程度很难做出精确的判断，所以在考核中，高层管理者就要根据实际情况调节方案，或者有时为了回避矛盾将目标成果与奖惩相分离。

（4）企业员工素质的差异影响企业目标管理方法的实施

目标管理的应用要求企业内的员工具有一定的思想基础与业务水平。要形成自觉、愉悦的工作环境，员工乐于发挥潜力，承担责任，能够实现自我管理。因为在实践中员工的素质会有很大的差异，这就影响了目标管理方法的实施。因此，实施目标管理，要求组织做好基础工作，搞好员工培训，建全各种责任制等。

◇课堂小思考：目标是方向和责任，计划是方法和路线。目标是孤立存在的，与计划没有任何关系，你认为对吗？

任务3：选择企业经营决策方法

决策是指企业为了达到一定目标，从两个以上的可行方案中选择一个合理方案的分析判断过程。现代管理的重心在于经营，经营的重心在于决策。

一、企业经营决策的类型

根据企业经营决策解决问题的性质和内容不同，可分成许多类型。不同类型的决策，需要采用不同的决策方法。为了正确进行决策，必须对决策进行科学分类。

1. 按决策的重要程度分类

按决策的重要程度分类，决策分为战略决策、战术决策和业务决策。

（1）战略决策

战略决策是对涉及组织目标、战略规划的重大事项进行的决策活动，是对有关组织全局性的、长期性的、关系到组织生存与发展的根本问题进行的决策。如企业的方针、目标与计划，技术改造和引进，组织结构改革等，都属于战略决策。战略决策具

有全局性、长期性和战略性的特点。

（2）战术决策

战术决策又称管理决策。它是指为了实现战略目标，而作出的带有局部性的具体决策。如企业财务决策、销售计划的制订、产品开发方案的制订等，都属于战术决策。战术决策具有局部性、中期性的特点。

（3）业务决策

业务决策又称为日常管理决策。它是指为了执行战略决策和战术决策，对日常生产经营活动中有关提高效率和效益、合理组织业务活动等方面进行的决策。如一般设备的维护和保养、日常物资的采购和保养等都属于业务决策。业务决策是组织的所有决策中范围最小、影响最小的决策，是组织中所有决策的基础，也是组织运行的基础。

2. 按决策的可靠程度分类

按决策的可靠程度分类，决策分为确定型决策、风险型决策和不确定型决策。

（1）确定型决策

确定型决策是指各种可行方案的条件都是已知的，并能较准确地预测它们各自的后果，易于分析、比较和选择的决策。

（2）风险型决策

风险型决策是指各种可行方案的条件大部分是已知的，但每个方案的执行都可能出现几种结果，各种结果的出现有一定的概率，决策的决果只有按概率来确定，决策存在着风险。

（3）不确定型决策

不确定型决策是指每个方案的执行都可能出现不同的结果，但各种结果出现的概率是未知的，完全凭决策者的经验、感觉和估计作出的决策。

3. 按决策的重复程度分类

按决策的重复程度分类，决策分为程序化决策和非程序化决策。

（1）程序化决策

程序化决策又称为常规决策或重复决策，指的是经常重复发生，能按已规定的程序、处理方法和标准进行的决策，其决策步骤和方法可以程序化、标准化，重复使用。此种决策方法使管理工作趋于简化和便利，可以降低管理成本，简化管理过程，缩短决策时间，使方案的执行较容易。

（2）非程序化决策

非程序化决策又称为非常规决策、例外决策，指的是具有极大偶然性、随机性，又无先例可循且有大量不确定性的决策。这类决策往往是独一无二的，因此，在很大程度上依赖于决策者的知识、经验、洞察力及胆识来进行。例如：一个新产品的营销组合方案决策就是非程序化决策。因为，产品是新的，竞争者是不同的，市场环境也时过境迁，因此，以前的决策方案不能再用，必须制定新的方案。

4. 按决策的主体分类

按决策的主体分类，决策分为个体决策和群体决策。

（1）个体决策

个体决策是指个人依据自己的经验、判断力，信息的收集、分析和处理作出的决策。

（2）群体决策

群体决策是指由若干个决策者通过一定的程序与方法进行的决策。它和个体决策相比能更大范围地汇总信息，拟定更多的备选方案，能更好地沟通、更好地做出决策等。但同时也存在耗费时间、责任不明确等缺点。

5. 按决策的起点分类

按决策的起点分类，决策分为初始决策和追踪决策。

（1）初始决策

初始决策又称零起点决策。它是指在有关活动尚未进行，从而环境未受到影响的情况下而进行的决策。

（2）追踪决策

追踪决策又称非零起点决策。它是指随着初始决策的实施，组织环境发生变化的情况下而进行的决策。

二、企业经营决策的程序

决策是一项非常复杂、非常重要的管理工作。决策者要作出正确的决策，必须遵循正确的决策程序，按照科学化、合理化的要求进行有效的决策。一般来说，决策程序应包括以下内容。

1. 确定决策目标

决策的目标是决策分析的出发点和终结，只有明确了决策目标，才能有针对性地做好各个阶段的决策分析工作。

2. 搜集资料

决策分析所需的资料是进行决策分析的重要依据。决策目标确定之后，就要有针对性地收集有关数据资料和信息资料，并进行必要的检查、整理和加工。资料占有得越多，分析的结论也就更为精确。可见，搜集资料是做好决策分析的一项重要工作。

3. 确定决策标准

决策标准就是运用一套合适的标准来分析和评价每一个方案。按照确定的目标，把目标分解为若干层次的确定的价值指标，同时，指明实现这些指标的约束条件，这些指标实现的程度就是衡量达到决策目标的程度。在决策时，可按照确定的评判方法和标准，给每一个可行方案打分评比，并按每一个方案的得分高低排序，为决策工作的顺利进行奠定基础。

4. 拟订备选方案

拟订多个备选方案的过程非常重要，如果此过程存在缺陷，那么决策就很难优化。备选方案的产生，可大致分为以下步骤：首先，在研究环境变化和发现问题的基础上，根据组织的宗旨、使命和任务的目标，提出初步设想；然后对提出的各种设想加以集中、整理和归类，形成内容比较具体的若干个初步方案；接着对这些初步方案进行筛选、修改和补充以后，对留下的可行方案作进一步完善处理，并预计其执行的各种结果，形成一定数量的可替代的决策备选方案。

5. 分析方案

决策者对每一个备选方案都要加以分析和评价。可以进行重要性程度的评分加权，鉴定各种方案的优缺点和执行结果，并把它们与目标进行比较，还可以对一些各有利弊的备选方案进行优势互补，使最终的结果更加优化。

6. 选择和实施方案

选择方案就是对各种备选方案进行总体权衡后，由决策者选择一个最好的方案。决策制定的目的在于付诸实施。决策实施过程也是信息反馈过程，在实施过程中，要使主观意志与客观条件相统一，就必须在不断的信息反馈中主动寻找问题，补充、修正决策，以争取满意的决策效果。

科学经营决策的前提是确定决策目标。它作为评价和监测整个决策行动的准则，不断地影响、调整和控制着决策活动的过程，一旦决策目标错了，就会导致决策失败。

【实例 2-1】　　开发新产品与改进现有产品之争

袁之隆先生是南机公司的总裁。这是一家生产和销售农业机械的企业。1992 年产品销售额为 3000 万元，1993 年达到 3400 万元，1994 年预计销售可达 3700 万元。每当坐在办公桌前翻看那些数字、报表时，袁先生都会感到踌躇满志。

这天下午又是业务会议时间，袁先生召集了公司在各地的经销负责人，分析目前和今后的销售形势。在会议上，有些经销负责人指出，农业机械产品虽有市场潜力，但消费者的需求趋向已有所改变，公司应针对新的需求，增加新的产品种类，来适应这些消费者的新需求。

身为机械工程师的袁先生，对新产品研制、开发工作非常内行。因此，他听完了各经销负责人的意见之后，心里便很快算了一下，新产品的开发首先要增加研究与开发投资，然后需要花钱改造公司现有的自动化生产线，这两项工作耗时3~6个月。增加生产品种同时意味着必须储备更多的备用零件，并根据需要对工人进行新技术的培训，投资又进一步增加。

袁先生认为，从事经销工作的人总是喜欢以自己业务方便来考虑，不断提出各种新产品的要求，却全然不顾品种更新必须投入的成本情况，就像以往的会议一样。而事实上公司目前的这几种产品经营效果还很不错。结果，他决定仍不考虑新品种的建议，目前的策略仍是改进现有的品种，以进一步降低成本和销售价格。他相信，改进产品成本、提高产品质量并开出具吸引力的价格，将是提高公司产品竞争力最有效的法宝。因为，客户们实际考虑的还是产品的价值。尽管他已做出了决策，但他还是愿意听一听顾问专家的意见。

三、企业经营决策的方法

在决策中为了保证经营决策的正确性，必须利用科学的决策方法。决策有很多方法，概括起来分为两大类：一类是主观决策法，另一类是计量决策法。

1. 主观决策法

主观决策法是运用社会学、心理学、组织行为学、政治学和经济学等有关专业知识、经验和能力，在决策的各个阶段，根据已知情况和资料，提出决策意见，并作出相应的评价和选择，可以使决策更加完善。主观决策常用的方法有：

（1）专家意见法

这种方法是用会议或信函的形式，征求某些专家对某个问题的看法和意见，会议形式属于面对面的方式，较容易实现沟通和形成一致意见，但有可能受集体思维的影响使决策失去理想的理性状态；信函形式则是背对背的，被征询的专家彼此不相知，收到专家回答的意见后，综合归纳、整理，再分寄给各专家继续征求意见，如此反复数次，直至意见比较集中为止。专家人数一般以10~15人为宜，对重大问题的决策，专家人数可相应增加。

（2）头脑风暴法

又称畅谈会法。这种方法的特点是邀集专家，针对一定范围的问题，敞开思想，畅所欲言，同时有四条规矩：第一，鼓励每一个人独立思考、开阔思路，不要重复别人的意见；第二，意见和建议越多越好，不受限制，也不怕冲突；第三，对别人的意见不要反驳、不要批评，也不要作结论；第四，可以补充和发展相同的意见。这种方法旨在于鼓励创新并集思广益。

（3）创造工程方法

这种方法追求的是针对一定问题提出创新性的方法或方案。创造工程方法把创新过程看作是一种有秩序、有步骤的工程。它把创新过程分为三个阶段和十多个步骤。第一阶段确定问题，包括主动搜索、发现问题、认识环境、取得资料、确定问题等步骤；第二阶段创新思想阶段，通过主动多发性想象、自发聚合等步骤形成创造性设想；第三阶段提出设想和付诸实施，把设想形成方案，并接受实践验证。

（4）德尔菲法

德尔菲法依据系统的程序，采用匿名发表意见的方式，即专家之间不得互相讨论，不发生横向联系，只能与调查人员发生关系，通过多轮调查专家对问卷所提问题的看法，经过反复征询、归纳、修改，最后汇总专家基本一致的看法作为预测的结果。这种方法具有广泛的代表性，较为可靠。德尔菲法的实施过程大致包括以下五个步骤：第一，拟订决策提纲；第二，选定决策专家；第三，征询专家意见；第四，修改决策意见；第五，确定决策结果。

采用德尔菲法应注意以下几点：

①给专家提供已收集到的历史资料及有关的统计分析结果。

②所问的问题应是专家能答复的问题。

③不要求数字非常精确。

④过程尽可能简化。

⑤为了确保预测结果的广泛性和权威性，被调查专家一般不少于30人，且返回率不低于30%。

2. 计量决策法

计量决策法是建立在数学公式计算基础上的一种决策方法，是运用统计学、运筹学、电子计算机等科学技术，把决策的变量（影响因素）与目标用数学关系表示出来，求出方案的损益值，然后选择出满意的方案。

（1）确定型决策方法

是用来评价人们对未来的认识比较充分，能够比较准确地估计方案所涉及各个因素的未来情况，从而可以比较有把握地计算各方案在未来的经济效果，并据此作出选择的方法。属于确定型方法的模型很多，本书主要介绍一种常见的方法，即盈亏平衡点法。

盈亏平衡点法也称本量利法。它是通过分析成本、销售收入和销售量三者的关系，掌握盈亏变化的规律，指导企业选择能够以最小的投入获得最大产出的经营方案。

企业的利润是销售收入扣除生产成本，销售收入是产品销售量与销售价格的乘积，生产成本包括固定成本和变动成本。图 2–8 描述了企业利润、生产成本和销售收入之间的关系。

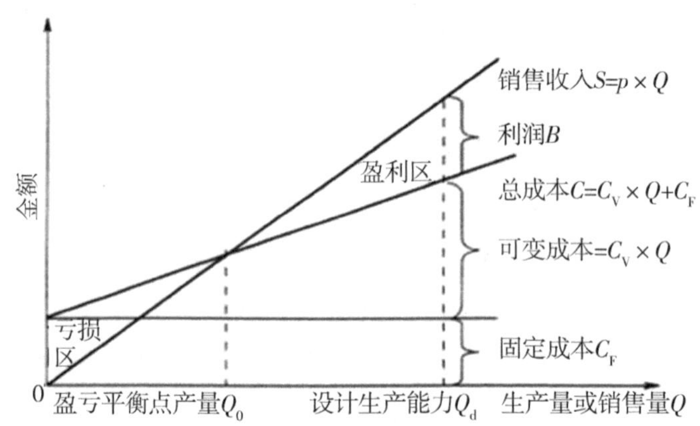

图 2–8　盈亏平衡分析图

企业获得利润的前提是生产过程中的各种消耗能够得到补偿，即销售收入至少要等于生产成本。因此，企业必须确定保本点销售量和保本点销售额。计算过程如下（假设产品的产量等于产品的销售量）：

销售收入 = 产量 × 单价

生产成本 = 固定成本 + 可变成本

保本点销售量 = 固定成本 /（单价 – 单位可变成本）

保本点销售额 = 单价 × 保本点销售量

◇课堂小训练：

某厂生产一种产品。其固定成本为 200000 元，单位产品可变成本为 10 元，产品售价为 15 元。求：该厂的盈亏平衡点销售量应为多少？如果要实现利润 20000 元时，其销售量应为多少？

（2）不确定型决策方法

是一种不稳定条件下的决策方法。决策者无法预先估计环境条件可能有哪些状态及其发生的概率，从而很难估计各个备选方案的执行结果。所以这类决策缺乏选择最佳策略的标准，往往取决于决策者的主观判断、性格、经验，甚至直觉。因此，最终的决策结果与所采取的决策准则有直接关系。决策准则有：乐观准则、悲观准则、折衷准则、后悔准则。下面举例说明各种决策准则在实际中的具体应用。

例：某企业生产一种新产品，据市场预测，产品需求量有四种情况：高需求、中需求、低需求、最低需求。对每种情况出现的概率无法预测。现有 A、B、C、D 四种方案，各方案的预期损益值如表 2–5 所示。

表 2–5　四种方案损益值表　　单位：万元

需求状态 方案	高需求	中需求	低需求	最低需求
A 方案	90	75	20	–15
B 方案	80	65	25	–10
C 方案	70	55	35	1
D 方案	60	45	40	2

①乐观准则。如果决策者比较乐观，认为未来会出现最好的需求状态，所以不论采用何种方案均可能取得该方案的最佳效果，那么决策时就可以首先找出各方案在各种需求状态下的最大收益值，即在最好需求状态下的收益值，然后进行比较，找出在最好需求状态下能够带来最大收益的方案作为决策实施方案。本例中找出 A 方案。

②悲观准则。首先找出各个方案的最小收益值，然后选择最小收益值中最大的那个方案为最优方案。本例中找出 D 方案。

③折衷准则。这种方法是在决策中，既不乐观，也不悲观，而是认为需求状态出现最好和最差的可能性都存在。因此，可以根据决策者的判断，给最好需求状态一个乐观系数，给最差需求状态一个悲观系数，两者之和为 1。用各方案在最好需求状态下的收益值与乐观系数相乘的积，加上各方案在最差需求状态下的收益值与悲观系数的乘积，就得出各方案的期望收益值，比较各方案的期望收益值，做出选择。本例假设乐观系数为 0.7，则期望值为：

A 方案：$90\times0.7+(-15)\times0.3=58.50$

B 方案：$80\times0.7+(-10)\times0.3=53$

C 方案：$70\times0.7+1\times0.3=48.70$

D 方案：$60\times0.7+2\times0.3=41.40$

选择 A 方案。

④后悔原则。某一种自然状态发生时，即可明确哪个方案是最优的，其收益值是最大的。如果决策人当初并未采用这一方案而采取其他方案，这时就会感到后悔，最

大收益值与所采用的方案收益值之差，叫后悔值。本例中括号中的数值就是后悔值，即后悔了多少收益，如表 2-6 所示。首先按横向找出每个方案的最大后悔值，分别为：20、15、20、30，然后，再在这些后悔值中选择最小的值为 15，最后选择 B 方案。

（3）风险型决策法。

此种方法有明确的目标，例如，获得最大利润；有可以选择的两个以上的可行方案；有两种以上的自然状态；不同方案在不同自然状态下的损益值可以计算出来；决策者能估算出不同自然状态出现的概率。因此决策者在决策时，无论采用哪一个方案，都要承担一定风险。

表 2-6　后悔值计算表　　　　**单位：万元**

需求状态 方案	高需求	中需求	低需求	最低需求
A 方案	90（0）	75（0）	20（20）	−15（17）
B 方案	80（10）	65（10）	25（15）	−10（12）
C 方案	70（20）	55（20）	35（5）	1（1）
D 方案	60（30）	45（30）	40（0）	2（0）

风险型决策常用的方法是决策树。决策树是以图解方式分别计算各个方案在不同自然状态下的损益值，通过综合损益值比较做出决策。

决策树是将可行方案、影响因素用一张树形图表示：以决策点为出发点，引出若干方案枝，每个方案枝都代表一个可行方案。在各方案枝末端有一个自然状态结点，从状态结点引出若干概率枝，每个概率枝表示一种自然状态，在各概率枝末梢注有损益值。

假设有 A1、A2 两个方案，投资额分别是 450 万元和 240 万元，经营年限均为 5 年。销路好的概率为 0.7，销路差的概率为 0.3。A1：损益值分别为 300 万元和负 60 万元；A2：损益值分别为 120 万元和 30 万元。决策过程绘制决策树（图 2-9）如下：

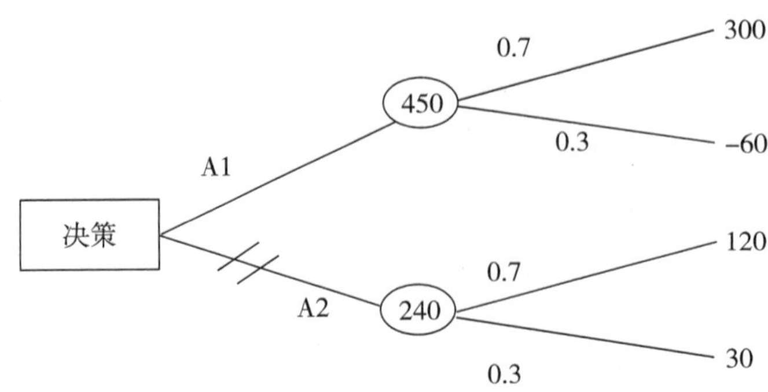

图 2-9　决策树

计算过程：

A1 的净收益值 =[300 × 0.7+（−60）× 0.3] × 5−450=510（万元）

A2 的净收益值 =（120 × 0.7+30 × 0.3）× 5−240=225（万元）

选择：因为 A1 大于 A2，所以选择 A1 方案。

剪枝：在 A2 方案枝上打杠，表明舍弃。

【课堂案例讨论】决策树在决策工作中的应用

某企业为了生产一种新产品，有 3 个方案可供决策者选择：一是改造原有生产线，二是从国外引进生产线，三是与国内其他企业协作生产。该种产品的市场需求状况大致有高、中、低 3 种可能，据估计，其发生的概率分别是 0.3、0.5、0.2。表 2−7 给出了各种市场需求状况下每一个方案的效益值。

表 2−7　某企业在采用不同方案生产某种新产品的效益值表

需求状态		高需求	中需求	低需求
状态概率		0.3	0.5	0.2
各方案的效益值（万元）	改造生产线	200	100	20
	引进生产线	220	120	60
	协作生产线	180	100	80

讨论内容：

用决策树决策该企业究竟应该选择哪一种方案。

任务 4：实施企业战略管理

企业战略管理是企业高层管理人员为了企业长期的生存、继续和发展，在充分分析企业内外部环境的基础上，确定和选择达到目标的有效战略，并将战略付诸实施、控制和评价的一个动态管理过程。在当今企业环境越来越复杂多变，竞争越来越激烈的时代，企业战略管理作为企业高层管理人员的活动内容，越来越显示出它在企业管理中的重要性。

一、企业战略的特征

企业战略实质上是一个企业在把握企业外部环境和内部资源的基础上，为求得企业生存而做出的一系列谋划。企业战略具有如下几个特征。

1. 长期性

企业战略应从企业的长期生存和发展为出发点，研究众多问题。企业战略的长期性，要求企业把战略的制定和实施的定位放在未来，而不是当前要处理的问题上。

2. 全局性

企业战略的突出特征是对全局的把握。只有从全局出发考虑战略问题，才能使企业各方面的问题在总方向指引下得到正确解决。

3. 竞争性

企业在激烈的市场竞争中，必须参与两极或多极对抗，而对抗的对手又都具有一定的实力。因此，企业战略的竞争性就具有非常显著的特征。

4. 创新性

企业为了生存和发展，就必须不断地强调开辟新的领域，摆脱陈旧的东西，只有创新贯穿于企业战略管理的全过程，企业才能在激烈的竞争中取胜。

5. 风险性

企业战略是对未来做的谋划，具有不确定性，这种不确定性包含着风险。企业战略的制定不能消除风险，只能够对风险程度进行判断，对风险后果作出评价，从而规避风险。

二、企业战略的类型

不同企业的战略在形式和内容上有很大区别，由于划分的角度和标准不同，企业战略的类型就不同。

1. 从企业实施战略主体的角度划分，企业战略可分为集团战略、经营战略和职能战略

（1）集团战略

是指拥有多个子公司的母公司的战略，集团战略的主要目标是通过建立和经营行业组合实现投资收益的最大化。

（2）经营战略

是指单一企业或者集团下边的子公司所采用的战略，经营战略的目的是通过集中一个具体的行业或者一个产品实现利润和市场占有率的最大化。

（3）职能战略

主要是指企业内部各个非实体组织，包括职能部门或者生产单位的战略，职能战略的主要目的是提高工作的有效性和效率。

2. 从企业战略实施的时间长短划分，企业战略可分为短期战略、中期战略和长期战略

（1）短期战略

一般是指时间跨度在一年以内的战略，有时也可以称为战略计划。

（2）中期战略

一般的时间跨度是在一年以上，五年以内的战略。

（3）长期战略

一般的时间跨度是在五年以上、十年之内。一般来说，企业规模越大，所需要制定战略的时间跨度就越长。

3. 从企业战略功能的角度划分，企业战略可分为增长型战略、稳定型战略和防御型战略

（1）增长型战略

包括五种可以帮助企业实现增长的战略选择，包括单一行业战略、主导行业战略、限制性相关多样化战略、非限制性相关多样化战略和不相关多样化战略。

（2）稳定型战略

包括无变化战略、收益型战略、按通涨率增长的战略。

（3）防御型战略

包括扭亏为盈战略，出售分部战略、俘虏战略、资产变现战略和倒闭的战略。

（4）混合型战略

是指在集团内部的各个子公司综合使用上述各种战略。

4. 从企业目标市场的性质划分，企业战略可分为国内市场开发战略和国际市场开发战略。

（1）国内市场开发战略

是指在国内由现有产品和新市场组合而产生的战略。

（2）国际市场开发战略

通常国际市场开发战略又可以划分为四种不同的类型：

①国内市场战略。即按照国内市场进行生产，然后向国际市场出口。

②多国内市场战略。即以若干个国家为目标市场，采用不同的营销组合去服务于各个国家的市场，从而可以获得很高的地方反应。

③全球化战略。即以一个营销组合服务全球市场，从而可以获得最大的规模经济效益。

④跨国战略。是上述两种战略的结合，说明采用这种企业战略必须同时追求规模效益和灵活的地方反应。

【实例 2-2】 中国平安保险集团股份有限公司的战略目标

中国平安保险集团股份有限公司是一家以保险业为主，融证券、信托、投资为一体的综合性金融服务集团，是我国第一家国有控股的股份制保险公司，也是中国第一家有外资参股的全国性保险公司。在世纪之初，平安保险又将争创“世界500强400优”视为自己的理想目标。平安吸收了中国优秀传统文化和西方现代管理思想的精华，形成了广为外界赞誉的企业文化。

平安的企业使命是：对客户负责，服务至上，诚信保障；对员工负责，生涯规划，安居乐业；对社会负责，回馈社会，建设国家。平安倡导以价值最大化为导向，以追求卓越为过程，做品德高尚和有价值的人，公司形成了“诚实、信任、进取、成就”的个人价值观，和“团结、活力、学习、创新”团队价值观，平安为员工描绘的远景和抱负是：成为中国企业改革的先锋和金融服务业学习的楷模，建设国际一流的综合金融服务集团。

三、企业战略管理的过程

企业战略管理是对一个企业的未来发展方向制定决策和实施这些决策的动态管理过程。一个规范的、全面的企业战略管理过程一般可分为六个阶段，即确定企业战略远景、企业外部环境分析、企业内部条件分析、确定企业战略目标、制定企业战略、企业战略实施及控制。这六个阶段概括起来要做三方面的工作：一是企业战略分析，二是企业战略制定，三是企业战略实施及控制。

1. 企业战略分析

企业战略分析是企业在制定战略之前，对企业所处的环境进行分析、评价，并预测这些环境未来发展的趋势，以及这些趋势可能对企业造成的影响及影响方向。企业战略分析包括企业外部环境分析和企业内部环境分析两部分。

（1）企业外部环境分析

企业外部环境由存在于组织外部、通常短期内不为企业高层管理人员所控制的变量所构成。企业外部环境分析包括以下几个方面的分析。

①政治法律环境分析。是指对一个国家或地区的政治制度、体制、方针政策、法律法规等方面进行的分析。这些因素常常制约、影响企业的经营行为，尤其是影响企业较长期的投资行为。

②经济环境分析。企业的经济环境分析主要是对社会经济结构、经济发展水平、经济体制和宏观经济政策等四个要素进行分析，运用各种指标，以准确地分析宏观经济环境对企业的影响，从而制订出正确的企业战略。

③社会文化因素分析。是指对一个国家或地区的社会性质、人们共享的价值观，人口状况、教育程度、风俗习惯，宗教信仰等各个方面进行的分析。从影响企业战略制订的角度来看，社会文化环境可分解为文化、人口两个方面。

④技术环境分析。是指对企业所处的社会环境中的科技要素及与该要素直接相关的各种社会现象的集合。粗略地划分企业的技术环境，大体包括四个基本要素：社会科技水平，社会科技力量，国家科技体制，国家科技政策和科技立法。在战略制定过程中必须考虑技术因素所带来的机会与威胁。技术进步既可催生新兴企业，也可促使现有企业衰亡。

（2）企业内部环境分析

企业内部环境由存在于组织内部、通常短期内不为企业高层管理人员所控制的变量所构成。企业内部环境分析包括以下几个方面的分析。

①企业既有使命、目标和策略的分析。分析评价企业目前的既有使命、目标和策略的运行效果，从中检验出其优缺点，为重新调整、制定战略提供依据。

②资源分析。确定各业务单位的业务组合后进行资源分配，以使战略能很好地与资源匹配，充分发挥战略的主导作用。包括财务资源、组织资源、人力资源等。

③能力分析。能力是指在企业经营运作的价值链中每一环节的运作优势。在众多的能力中，企业如在关键环节建立了自己独特的竞争优势，则能形成企业的核心竞争力。持久性核心竞争力是企业参与竞争并取得胜利的重要法宝。

2. 企业战略制定

在完成企业战略分析的基础上，开始制定企业战略。企业战略制定的第一步是企业战略方案的提出，这是一种头脑风暴，此时只提出，不评估。在各种方案形成后，才组织战略决策者进行评估。方案评估可从以下三方面进行评判：逻辑性、可接受性、可行性。战略的制定应遵循从总体战略、部门战略、功能战略到方法战略的顺序。在高一级战略制定成功后，顺着这个顺序逐级往下推进，将目标、战术落实细化。

一个理想的企业战略管理系统应当由一个战略管理小组来建立和管理。这个小组主要由处于三个管理层次上的战略决策者组成，即企业主管经理、事业部经理和职能部门经理。同时还应包括公司规划参谋人员和低层管理人员，因为他们为战略决策者提供数据资料，并具体负责战略的实施。

3. 企业战略实施及控制

一个企业的战略方案确定后，必须通过具体化的实际行动来实现战略及战略目标。

成功的战略制定是战略实施的先决条件，但成功的战略制定并不能保证成功的战略实施。在实际工作中，企业战略实施比战略制定要困难得多。究其原因，因为战略制定只需对几个人进行协调，而战略实施则要对众多人进行协调；战略制定主要是一种思维过程，而战略实施主要是一种行动过程，与企业运营管理相关，涉及多种管理及人为因素。为了推进战略的有效实施，组织的管理者应做好以下两个方面的工作：

（1）将企业战略方案分解

企业战略方案一般都比较笼统，为了方便执行，需将战略方案进行分解。形成具体的部门战略或职能战略。

（2）编制行动计划

企业战略只是制定了企业的发展方向和目标，为了使战略顺利执行，必须编制具体的行动计划。在行动计划中要明确每一个企业战略完成的时间、资源保证和负责人。

◇课堂小思考：彼得·德鲁克说“战略是一种统一的、综合的、一体化的计划，用来实现企业的基本目标”。你认为正确吗?

相关链接

红星机械公司目标管理的实施

为了实行科学管理，进一步提升企业竞争力，创建明星企业，提高经济效益，红星机械公司决定于2016年全面推行目标管理。

该厂把目标管理分为三个阶段进行：

第一阶段：目标制订阶段

1.总目标的制定。该公司通过对国内外市场机械需求的调查，结合长远规划的要求，并根据企业的具体生产能力，提出了2016年“以质量求生存，以名牌求发展”的战略方针，制定了全公司2016年的总目标——实现总产值6000万元、总利润700万元。

2.分解总目标，制定部门目标。全公司对总目标进行层层分解、层层落实。各部门的分目标由各部门商定，先确定项目，再制订各项目的指标标准。各部门的目标分为必考目标和参考目标两种。目标完成标准由各部门以目标卡的形式填报公司，通过协调和讨论，最后由公司批准。

3.目标分解和落实到班组与个人。部门的目标进一步分解和层层落实到每个人。

（1）部门内部小组（个人）目标管理，其形式和要求与部门目标制定相类似。

（2）部门目标的分解是采用流程图方式进行的：先把部门目标分解落实到职能组，职能组再分解落实给个人。

第二阶段：目标实施阶段

该公司在目标实施中，主要做了以下四项工作：

1. 充分授权，由员工实行自我检查、自我控制和自我管理。公司将执行权下放给各部门，每一个部门和每一个人都对照目标进行自我检查、自我控制和自我管理。

2. 加强沟通与协商。管理者在达标过程中将重点转向同员工的沟通与民主协商。在充分尊重员工的前提下，帮助员工解决遇到的实际困难，并以平等的身份提出建议。

3. 加强考核。管理者在目标管理的实施过程中进行考核，及时掌握情况，特别是提醒员工注意工作进度。实行每一季度考核一次的年终总评定的考核制度。

4. 做好统计报表，加强信息反馈工作。通过搞好生产进度统计、建立“工作质量联系单”来及时反映工作质量和服务协作方面的情况；通过“修正目标方案”来调整目标。

第三阶段：目标成果评价阶段

实行“三结合”的评价方式。即定量评价与定性评价相结合，自我评价和上级主管部门评价相结合，评级结果与奖惩相结合。

（1）每一部门必须把工作目标完成情况表报送公司主管部门，核实后给予恰当的评分。例如必考目标为 50 分，一般目标为 30 分；每一项指标超过指标 5% 加 1 分，以后每增加 5% 再加 1 分；一般指标有一项未完成而不影响其他部门目标完成的，扣 3 分，影响其他部门目标完成的扣 5 分。

（2）要结合主客观一些实际情况进行修正。

（3）评价与奖惩结合，加 1 分相当于增加该部门基本奖金的 1%，减 1 分则相当于扣除该部门奖金的 1%。如果有一项必考目标未完成则扣除至少 10% 的奖金。

理论思考

1. 企业外部环境分析与企业内部环境分析

2. 5W+H

3. 滚动计划法

4. 计划书的基本框架

5. 企业目标管理

实训任务

计划与评价

实训目标

1. 培养学生的创造性思维。

2. 培训学生制订计划的能力。

3. 培养学生分析评价的能力。

4. 培养学生的沟通能力。

实训内容与方法

1. 将全班分成 A、B 两组，并相对而坐，围成圆圈。

2. 教师每十分钟发放一个题目（也可以抽签）。

3. 第一节课由 A 组制订计划，B 组分析评价计划；第二节课 A、B 两组轮换角色。

4. 教师公布题目后，负责制订计划的一组用抢答的方式确定制订计划者，经过 5~10 分钟准备后提出一个简要的计划。

5. 制订计划的重点：注重创造性思维，注重方案运筹，形成基本合理、可行的方案。

6. 计划提出后，另一组成员对该计划进行评论，指出其合理之处以及存在的问题和不足；制订一方本组人员可对计划做进一步补充和解释说明。

7. 每一个计划的题目大约进行十分钟，总共利用大约两节课时间。

实训要求

1. 认真阅读有关计划方面的理论，教师可以给出一些案例资料供学生参考。

2. 可以把学生分成几个小组，一般 5~10 人为一组，到一些单位实地了解计划的制订过程和方法。

实训检测

1. 对于通过竞争制订计划的学生，计 1 分，计划制订较好者计 2 分。

2. 分析评价对方态度积极，观点正确，计 1 分，表现突出、反驳有力的计 2 分。

3. 其他参与发言的，一般计 1 分，较好的一般计 2 分。如果计划好，评价也好的总分计 3 分。

4. 课程结束后上交书面资料（即计划提纲）。

附：计划项目

1. 如果你是班长，怎样抓好班级建设，请草拟一份计划书。

2. 请为我班策划一次周末联欢活动，草拟计划书。

3. 计划在“3·15 消费者权益日”策划一次街头宣传活动，请你作一份策划书。

4. 如果你想承包一家校园超市，你该怎样经营策划。

5. 请你为校园“十大歌手大赛”做一份策划书。

6. 请你为高职学院学生会体育部将要进行的足球比赛作一份计划书。

7. 最近某班频繁发生违纪现象，请对此制订一个整顿纪律的工作方案。

8. 如果你所在的班级厌学，学习气氛不浓，请你制订一份激励全班同学努力学习的方案。

9. 学生会举行校内大规模校园文化活动，需要你去拉赞助，请制订一份工作方案。

项目三　企业生产管理

项目任务　企业生产运作管理

知识目标：

1. 了解生产过程的构成
2. 熟悉生产过程的空间组织和时间组织形式
3. 掌握生产计划的制订方法
4. 掌握生产管理的方法

能力目标：

1. 能够用生产管理方法管理现场
2. 能够在实践中贯彻先进生产理念

案例导入

海尔的现代生产运作管理方式

海尔借助全面的信息化管理手段，整合全球供应链资源，快速响应市场，海尔创造了中国制造企业的一个奇迹，其经验如下：

1.ERP 系统 +CRM 系统。海尔 ERP 系统和 CRM 系统的目的是一致的，都是为了快速响应市场和客户的需求。前台的 CRM 网站作为与客户快速沟通的桥梁，将客户的需求快速收集、反馈，实现与客户零距离；后台的 ERP 系统可以将客户需求快速触发到供应链系统、物流配送系统、财务结算系统、客户服务系统等流程系统，实现对客户需求的协同服务，大大缩短对客户需求的响应时间。

2.CIMS+JIT：海尔 e 制造。海尔的 e 制造是根据订单进行的大批量定制。实现 e 制造还需要柔性制造系统。在满足用户个性化需求的过程中，海尔采用计算机辅助设计与制造，建立计算机集成制造系统（CIMS）。在开发决策支持系统的基础上，通过人机对话实施计划与控制，从物料资源规划发展到制造资源规划和企业资源规划，还有集开发、生产和实物分销于一体的适时生产（JIT），供应链管理中的快速响应和柔性制造，以及通过网络协调设计与生产的并行工程等。这些新的生产方式把信息技术革命和管理进一步融为一体。

现在海尔在全集团范围内已经实施CIMS，生产线可以实现不同型号产品的混流生产。为了使生产线的生产模式更加灵活，海尔有针对性地开发了EOS商务系统、ERP系统、JIT三定配送系统等六大辅助系统。正是因为采用了柔性制造系统，海尔不但能够实现单台电脑客户定制，还能同时生产千余种配置的电脑，而且还可以实现36小时快速交货。

3. 零距离、零库存——零运营资本。海尔认为，企业之间的竞争已经从过去直接的市场竞争转向客户的竞争。传统管理下的企业根据生产计划进行采购，由于不知道市场在哪里，所以是为库存采购，企业里有许许多多"水库"。海尔现在实施信息化管理，通过三个JIT打通这些“水库”，把它变成一条流动的河，不断地流动。JIT采购就是按照计算机系统的采购计划，需要多少采购多少。JIT送料指各种零部件暂时存放在海尔立体库，然后由计算机进行配套，把配置好的零部件直接送到生产线。海尔在全国建有物流中心系统，无论在全国什么地方，海尔都可以快速送货，实现JIT配送。海尔用及时配送的时间来满足用户的要求，最终消灭库存的空间，向零运营成本目标迈进。

思考题：

1.为什么说海尔创造了中国制造企业的一个奇迹？

2.海尔在生产运作方面采取了哪些管理方式？

生产是社会再生产过程的首要环节，是企业的基本职能。作为现代企业显著特征之一的现代企业大生产，必须有严密的生产管理作为强有力的保证。

任务1：组织生产过程

生产管理的对象是生产过程。生产过程是指围绕完成产品生产的一系列有组织的生产活动的运行过程。生产管理的任务是通过合理组织生产过程实现企业的经营目标。

一、生产过程的构成

生产过程是指从准备生产开始，经过一系列的加工，到成品生产出来的全部过程。

根据生产过程中各个阶段对产品所起的作用不同，可将生产过程分为四个部分。

1. 生产准备过程

该过程是指产品在投入生产前所进行的各种生产技术准备工作，包括产品设计、工艺技术装备方面的准备、人力的准备、物料能源的准备、制造与运输的准备、标准化工作等。

2. 基本生产过程

该过程是指产品投入后，按生产要求进行加工的过程，也是改变劳动对象的形状、性质、质量、外表，达到工艺加工要求的过程。

3. 辅助生产过程

该过程是指为了保证基本生产过程正常进行所从事的各种辅助生产活动的过程。例如，企业所需的动力生产、工具制造、设备维修等。

4. 生产服务过程

该过程是指为基本生产和辅助生产服务的各种生产服务活动的过程。例如，原材料、半成品和工具的供应、运输、保管等。

二、合理组织生产过程的要求

合理组织生产过程，使生产过程始终处于最佳状态，是保证企业获得良好经济效益的重要前提之一。为此，必须按照一定的要求来合理组织生产过程。

1. 生产过程的连续性

生产过程的连续性是指产品和它的零部件在生产过程中各个环节上的运动，自始至终处于连续状态，不产生或少产生不必要的中断、停顿和等待现象。生产过程的连续性是提高生产效率、降低生产成本的基础，需要有相应的生产技术、生产的自动化等条件做保证。

2. 生产过程的平行性

生产过程的平行性是指加工对象在生产过程的各工艺阶段和各工序上的生产应平行交叉地进行。生产过程的平行性可充分利用时间和空间，缩短产品的生产周期，提高生产效率。生产的平行性取决于生产的连续性和生产的组织方式。

3. 生产过程的比例性

生产过程的比例性是指生产过程中基本生产过程和辅助生产过程之间，基本生产过程中各车间、各工段、各工序之间以及各种设备之间，在生产能力上保持适合产品制造数量和质量要求的比例关系。生产过程的比例性是保证生产平衡进行、保证生产连续性的基础，也是充分利用生产能力、减少人员和设备等的浪费、提高劳动生产率和设备利用率的前提条件，它取决于生产的设计及组织水平。

4. 生产过程的节奏性

生产过程的节奏性是指产品在生产过程各个阶段，从投料到最后完工入库，都能保持按计划有节奏地进行，要求在相同的时间间隔内生产大致相同数量或递增数量的产品，避免前松后紧，月初完不成任务，月末加班加点突击完成任务那种不正常现象的产生。

5. 生产过程的适应性

生产过程的适应性是指当产品改型换代或发生变化时，生产过程应具有较强的应变能力。也就是生产过程应具备在较短的时间内可以由一种产品的生产迅速转换为另一种产品生产的能力。这就要求生产加工的组织必须具有灵活性、可变性、多样性。这是变化的市场需求对企业生产过程柔性化的要求。

以上各项要求是相互关联、相互制约的。对不同的企业以及企业在不同的条件下，各有不同的指导意义，企业应根据自身的实际情况加以综合应用，合理地组织生产过程，以求得系统的整体效益。

三、生产过程的组织内容

生产过程组织是指为了提高生产效率，缩短生产周期，对生产过程的各个组成部分从时间和空间上进行合理安排，使它们能够相互衔接、密切配合的设计与组织工作的系统。生产过程组织包括空间组织和时间组织两项基本内容。

1. 生产过程的空间组织

生产过程的空间组织是指在一定的空间内，合理地设置企业内部各基本生产单位，例如，车间、工段、班组等，使生产活动能高效地顺利进行。生产过程的空间组织有三种形式。

（1）工艺专业化形式

工艺专业化形式是按工艺特征建立生产单位的模式。工艺专业化形式将同类型的机器设备和同工种的工人集中起来，建立生产单位，对不同的产品进行相同工艺的加工。工艺专业化形式的机器设备、工艺方法是相同的，而加工对象是不同品种的产品。工艺专业化形式一般适用于多品种、小批量的生产类型和同类设备较多的企业。工艺专业化形式如图 3-1 所示。

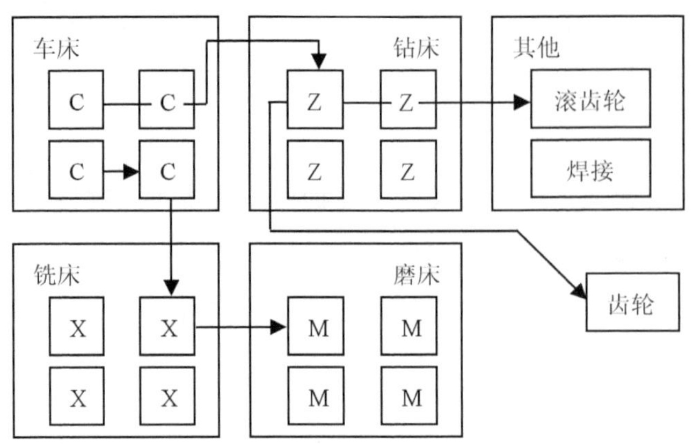

图 3-1　工艺专业化形式示意图

工艺专业化形式的优缺点见表 3-1。

表 3-1　工艺专业化形式的优缺点

优点	缺点
对产品品种变化的适应能力强	运输和搬运次数多，运输路线长
工艺及设备管理较简单	协作关系较复杂
生产系统可靠性较高	只能使用通用工艺设备
	在制品多，生产周期长

（2）对象专业化形式

对象专业化形式是指按照加工的产品为对象划分生产单位的模式。对象专业化形式将不同类型的机器设备和不同工种的工人集中起来，建立一个生产单位（车间、工段等），对相同的产品进行不同工艺的加工。对象专业化形式的加工对象是相同的，而机器设备、工艺方法是不同的，且工艺过程是封闭的。对象专业化形式一般适用于大量、大批的生产类型和标准化、自动化较高的企业，例如汽车装配、通用机械等。对象专业化形式如图 3-2 所示。

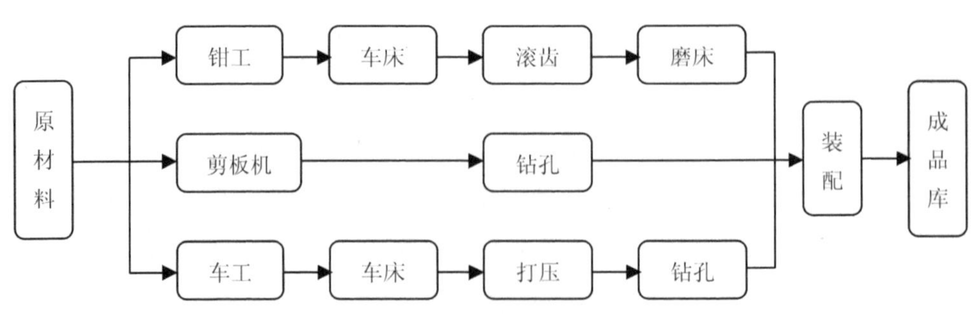

图 3-2　对象专业化布置示意图

对象专业化形式的优缺点见表 3-2。

表 3-2　对象专业化形式的优缺点

优点	缺点
运输和搬运次数少，运输路线短	对产品品种变化的适应能力弱
协作关系较简单	工艺及设备管理较复杂
可使用专用高效工艺设备	生产系统可靠性较差
在制品少，生产周期短	

（3）混合形式

混合形式是指把工艺专业化和对象专业化结合起来设置生产单位。具体有两种方法：

①在对象专业化的基础上，适当采用工艺专业化形式。

②在工艺专业化的基础上，适当采用对象专业化形式。

这种形式综合了工艺专业化和对象专业化的优点。

◇课堂小思考：根据图 3-1、图 3-2，比较工艺专业化形式与对象专业化形式的不同。

2. 生产过程的时间组织

生产过程的时间组织是研究产品生产过程各环节在时间上的衔接和结合的方式。产品生产过程各环节在时间上的衔接程度，主要表现在劳动对象在生产过程中的移动方式。一般有三种移动方式，即顺序移动、平行移动、平行顺序移动。

（1）顺序移动方式

顺序移动方式指一批零件在前一道工序全部加工完毕后，整批转移到下一道工序进行加工的移动方式。其工艺加工周期的计算公式为：

$$T_{顺}=Q\sum_{i=1}^{m}t_i$$

式中，$T_{顺}$表示顺序移动方式的加工周期；

Q 表示一批零件的数量；

t_i 表示第 i 道工序的单件工时；

m 表示加工工序数。

例 3-1：某零件加工有 4 道工序，批量为 4 件，各工序单件工时分别为 8 分钟、4 分钟、12 分钟、8 分钟。计算其在顺序移动方式下的整批零件加工周期。

顺序移动模式下整批零件加工周期为：

$$T_{顺}=4\times(8+4+12+8)=128（分钟）$$

根据例 3–1 绘制的顺序移动方式如图 3–3 所示，横轴表示零件的加工周期，纵轴表示零件的加工工序。

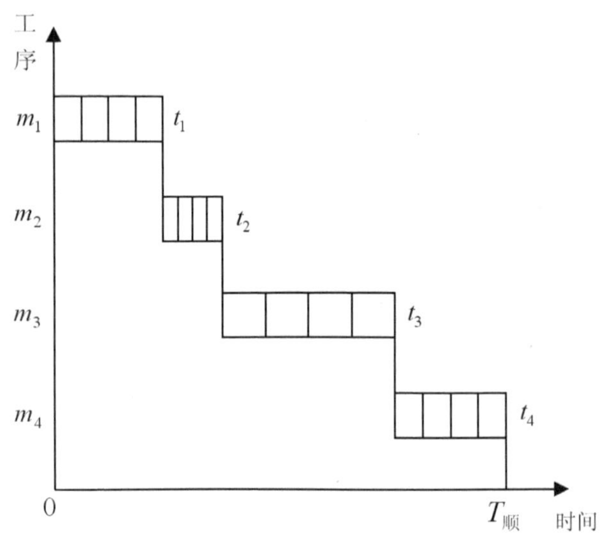

图 3–3　顺序移动方式示意图

在顺序移动形式下，零件按工艺顺序整批加工和移动，设备连续加工，因此运输工作量较小，效率较高。但由于零件单件加工时间不同，零件需要等待加工和运输，因而整批零件的加工周期很长。顺序移动形式一般适用于批量小、单件工序时间短的生产。

（2）平行移动方式

平行移动方式是指一批零件中的每个零件在每道工序完毕以后，立即转移到后道工序加工的移动方式。其工艺加工周期的计算公式为：

$$T_{平}=\sum_{i=1}^{m}t_i+(Q-1)t_l$$

式中，$T_{平}$表示平行移动方式的加工周期；

Q 表示一批零件的数量；

t_i 表示第 i 道工序的单件工时；

t_l 表示最长单件工时；

m 表示加工工序数。

例 3-2：根据例 3-1 数据计算其在平行移动方式下的整批零件加工周期。

平行移动方式整批零件加工周期为：

$$T_{平}=(8+4+12+8)+(4-1)\times 12=68\text{（分钟）}$$

根据例 3-2 绘制的平行移动方式如图 3-4 所示。

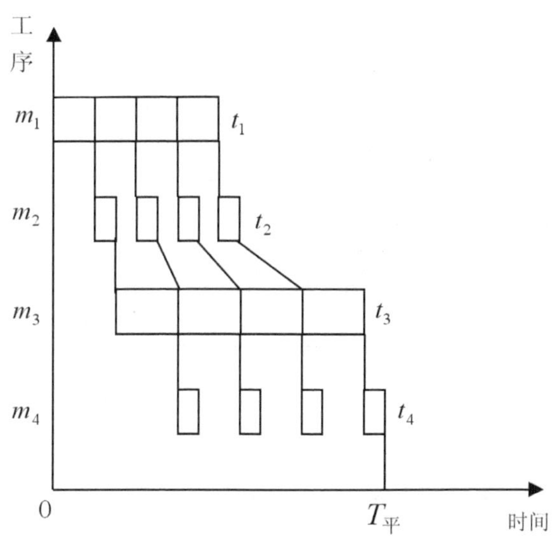

图 3-4 平行移动方式示意图

平行移动方式形成了各个零件在各道工序上平行移动进行加工的作业模式，不会出现零件成批等待加工和运输的现象，因此整批零件的加工周期最短。但当零件单件加工时间不相等时，设备和人力需要间歇停顿和等待；同时运输频繁加大了运输工作量。平行移动方式一般适用于批量大、单件工序时间长的生产。

（3）平行顺序移动方式

平行顺序移动方式是指每批零件在每道工序上连续加工没有停顿，且零件在各道工序的加工尽可能做到平行的模式。其工艺加工周期的计算公式为：

$$T_{平顺}=Q\sum_{i=1}^{m}t_i-(Q-1)\sum_{j=1}^{m-1}\min(t_j,t_{j+1})$$

式中，$T_{平顺}$表示平行顺序移动方式的加工周期；

Q 表示一批零件的数量；

t_i 表示第 i 道工序的单件工时；

min（t_j，t_{j+1}）表示相邻两道工序中较短的单件工时；

m 表示加工工序数。

例 3–3：根据例 3–1 的数据计算其在平行顺序移动模式下的整批零件加工周期。

平行顺序移动模式下整批零件加工周期为：

$$T_{平顺}=4\times(8+4+12+8)-(4-1)\times(4+4+8)=80（分钟）$$

根据例 3–3 绘制的平行顺序移动方式如图 3–5 所示。

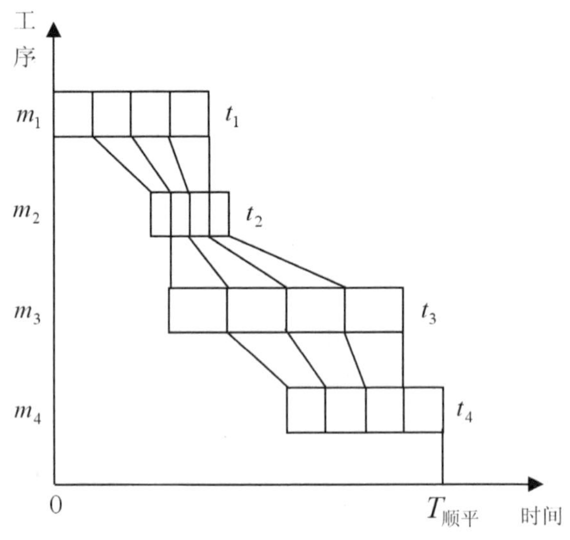

图 3–5 平行顺序移动方式示意图

在平行顺序移动方式下，一批零件在一道工序上尚未全部加工完毕，就将已经加工完毕的一部分零件转入下一道工序加工，以恰好能使下一道工序连续地全部加工完成该批零件。因此，平行顺序移动模式是顺序移动与平行移动两种模式的结合运用。

平行顺序移动方式的特点表现为：

①当 $t_j\leqslant t_j+1$ 时，零件工序按平行移动方式移动，即上一道工序加工完成每一个零件后，立即转到下一道工序去加工。

②当 $t_j>t_j+1$ 时，零件工序按顺序移动方式移动，即零件在上一道工序加工完成能保证下一道工序连续加工的足够数量，再转到下一道工序去加工。

平行顺序移动方式加工周期介于顺序移动与平行移动方式之间，加工周期相对较短。同时，该方式基本消除了加工间歇停顿现象，可以保证设备的充分负荷，能有效利用工时，但安排加工进度比较复杂。

平行顺序移动模式一般适用于批量大、单件工序时间较长的生产。

◇ 课堂小计算：某零件加工需 3 道工序，批量为 4 件，各工序单件工时按顺序分别为 10 分钟、15 分钟、5 分钟。分别计算顺序移动、平行移动、平行顺序移动方式整批零件的加工周期。

任务 2：生产计划与控制管理

生产计划与控制是生产系统运行的重要组成部分，其任务是把事先确定的生产目标和任务通过生产计划的方式进行全面安排，根据计划对生产过程进行动态控制，保证生产系统有效产出。

一、生产计划

生产计划是指对企业在计划期内的生产目标、应完成的产品生产任务和进度的筹划和安排。

1. 生产计划体系

企业的生产计划按其在企业经营活动中所处的地位和影响的时间长度，可以分为长期、中期和短期生产计划三个层次。这三个层次的生产计划相互联系、协调配合，构成了一个完整的生产计划体系，如图 3–6 所示。

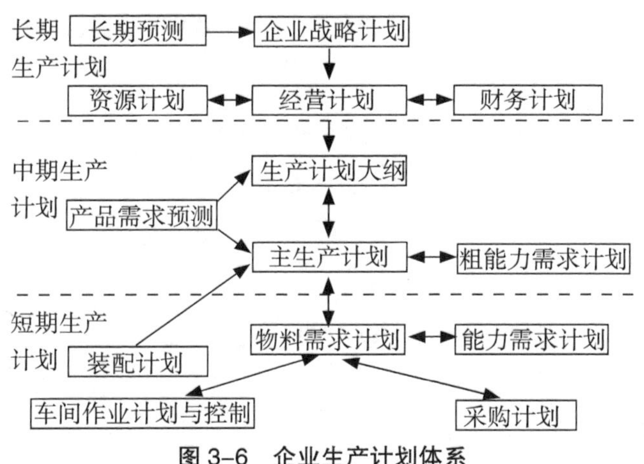

图 3–6　企业生产计划体系

（1）长期生产计划

长期生产计划是指规划五年以上企业发展方向的计划，它是整个企业的生产指导计划。长期生产计划的主要任务是进行产品决策、生产能力决策以及确立何种竞争优势的决策。

（2）中期生产计划

中期生产计划是指规划 2~3 年期企业生产的品种发展、质量提高和产量增长的计划。中期生产计划的主要任务是在正确预测市场需求的基础上，充分利用资源和生产能力，尽可能地均衡组织生产活动和合理地控制库存水平，满足市场需求并获得利润。

（3）短期生产计划

短期生产计划是指以一年或半年、季、月为期限，规定计划期内生产产品的品种、质量、产量、产值以及物料需求和生产能力的利用程度的计划。短期生产计划的主要任务是直接依据客户的订单，合理安排生产活动的每一个细节，使之紧密衔接，以确保按客户要求的质量、数量和交货期交货。

2. 生产计划指标

制定生产计划指标，是企业生产计划的重要内容之一。生产计划的主要指标包括产品品种、质量、产量与产值等。它们各有不同的经济内容，从不同的角度反映了企业计划期内生产活动的要求。

（1）产品品种指标

产品品种指标是指企业在计划期内计划生产的产品名称、型号、规格和品种数。产品品种指标反映了企业满足社会需求的程度，同时也反映了企业自身的生产技术水平和管理水平。常用的考核指标为：

品种计划完成率（%）= 报告期完成计划产量的品种数 / 报告期计划品种数 ×100%

例 3–4：某工业企业 2014 年生产情况如表 3–3 所示。

表 3–3 2014 年生产情况

产品品种名称	单位	产量		价格（元）
		计划	实际	
甲	台	900	850	4000
乙	台	1900	1900	6000
丙	台	502	500	5000
丁	台	——	200	3000

要求计算：全部品种数计划完成率。

全部品种数计划完成率 =1/3 × 100%=33.33%

（2）产品质量指标

产品质量指标是指在计划期内各种产品应该达到的质量标准。产品质量指标包括两大类：一类是反映产品内在质量的指标，主要是产品技术性能、使用寿命、等级率等；另一类是反映产品生产过程中工作质量的指标，主要是合格率、废品率、返修率等。产品质量是衡量产品使用价值的重要标志，也综合地反映了企业的技术水平和管理水平。常用的考核指标为：

等级品率 = 等级品数量 / 产品总数量 ×100%

合格品率 = 合格品数量 / 产品总数量 ×100%

不合格率 = 不合格数量 / 产品总数量 ×100%

废品率 = 废品数量 / 产品总数量 ×100%

返修率 = 返修品数量 / 总产品数量 ×100%

产品平均使用寿命 = 产品使用寿命 / 产品数量

例 3–5：根据表 3–3 资料，对该企业 2014 年总产量 3450 台进行产品质量检验，合格品 3320 台，其中一级品 2800 台，二级品 520 台；不合格品 130 台，其中，返修品 125 台，废品 5 台。计算该企业的等级品率、合格品率、不合格品率、废品率、返修率。

一级品率 =2800/3450×100%=81.15%

二级品率 =520/3450×100%=15.07%

合格品率 =3320/3450×100%=96.23%

不合格率 =130/3450×100%=3.77%

废品率 =5/3450×100%=0.14%

返修率 =125/3450×100%=3.62%

例 3–6：某电视机厂，生产 34 寸彩电，定期对产品质量进行抽查，抽查比率为 1%，抽查结果如表 3–4 所示。

表 3–4　产品抽查结果

时间	抽样数	样本号	寿命（小时）
1 季度	1	A	4700
2 季度	2	B	4800
		C	4900
3 季度	2	D	5000
		E	4800
4 季度	1	F	5100

要求：计算该电视机厂本年生产的 34 寸电视机的平均使用寿命。

电视机的平均使用寿命 =（4700+4800+4900+5000+4800+5100）/（1+2+2+1）

=4883.3 小时 / 台

（3）产品产量指标

产品产量指标是指企业在计划期内生产的可供销售的工业产品的实物数量和工业性劳务的数量。产品产量指标通常采用实物单位或假定实物单位来计量。产品产量指标是表示企业生产成果的重要指标，是企业进行供产销平衡和编制生产作业计划、组织日常生产的重要依据。常用的考核指标为：

产品计划完成率（%）= 报告期实际完成产量 / 报告期计划产量 ×100%

例 3–7：根据表 3–3 资料，计算该企业的产品计划完成率。

产品计划完成率（%）=（850+1900+500）/（900+1900+502）×100%=98.43%

（4）产品产值指标

产品产值指标是指以货币表示的企业在计划期内的生产成果，产品产值指标能综合地反映企业生产的总成果。产品产值指标有商品产值、总产值与净产值三种形式。商品产值是指企业在计划期内应当生产出的可供销售的产品和工业性劳务价值；总产值是指用货币表现的企业在计划期内应该完成的工作总量；净产值是指企业在计划期内新创造的价值。

上述四项指标关系十分密切。产品品种、质量、产量指标，是计算各项产值指标的基础，而各项产值指标又是企业生产成果的综合反映。企业在编制生产计划时，应首先落实产品的品种、质量和产量指标，然后再计算产值指标。

3. 生产计划编制程序

编制生产计划是一个重要的决策过程，必须严格遵循以下 5 个程序，如图 3–7 所示。

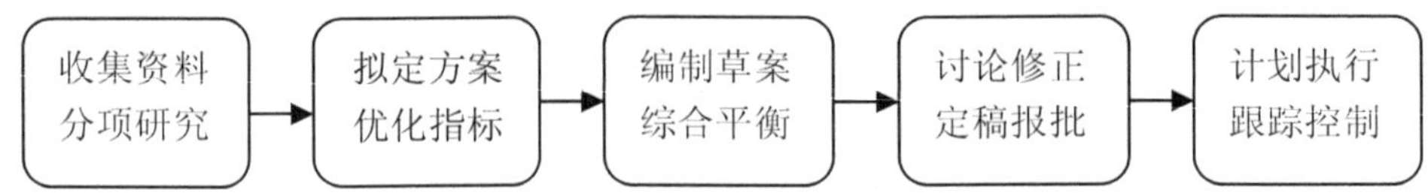

图 3–7　生产计划编制程序

（1）收集资料，分项研究

企业在制订生产计划之前，必须收集与生产决策相关的信息，并进行分项研究。主要包括企业的战略与经营目标，市场需求分析与预测，资源供给和能力分析。

（2）拟定方案，优化指标

初步提出生产任务，拟定生产任务方案。确定生产计划各项指标时要搞好统筹安排和合理优化工作，主要包括产品品种、质量、产量、产值等指标。

（3）编制草案，综合平衡

编制计划草案，做好生产计划的平衡工作。主要包括生产指标与生产能力的平衡，测算企业主要生产设备和生产面积对生产任务的保证程度，生产任务与劳动力、物资供应、能源、生产技术之间的平衡，生产指标与资金、成本、利润等指标之间的平衡。

（4）讨论修正，定稿报批。

通过综合平衡，对计划做适当调整，正确制定各项生产指标，编制正式的计划文本，报决策部门批准执行。

（5）计划实施，跟踪控制

在计划的实施过程中要加强跟踪控制，评估出现的偏差，对计划进行必要的调整，制订有效措施。

二、生产作业计划

企业生产计划制订后，为了便于组织执行，还需要编制生产作业计划。生产作业计划是指生产计划的具体执行计划，它把企业的年度、季度生产计划具体规定为各个车间、工段、班组、每个工作地和个人的以月、周、班以至小时计的计划。生产作业计划是衔接生产各环节，组织日常生产活动的基本依据，是生产运行管理的重要手段。

1. 编制生产作业计划所用资料

编制生产作业计划，主要应有以下各类资料：

（1）生产任务方面的资料

生产任务方面的资料包括：企业的年度、季度生产计划，各项订货合同，新产品试制计划等。

（2）生产技术方面的资料

生产技术方面的资料包括：产品图纸、工艺文件、产品技术检验规范、外协零件清单、按车间编制的零件明细表等。

（3）生产能力方面的资料

生产能力方面的资料包括：各工种生产工人情况、生产设备负荷情况、生产面积利用情况、工作定额和生产能力查定情况。

（4）生产准备工作方面的资料

生产准备工作方面的资料包括：工艺装备准备情况和原材料、外协件、配套库存及供应情况等。

（5）其他方面的资料

其他方面的资料包括：各种期量标准和生产资金定额，前期预计生产完成情况和在制品结存及分布情况等。

2. 作业计划标准

作业计划标准又称期量标准，是指为制造对象在生产期限和生产数量方面所规定的标准数据，它是编制生产作业计划的重要依据。制定合理的期量标准，对于准确确定产品的投入和产出时间，做好生产过程各环节的衔接，缩短产品生产周期，有重要的作用。不同生产类型的企业有不同的期量标准。

（1）大量生产类型期量标准的制定

大量生产类型的特点是企业生产的品种少、工序少、负荷稳定，一般都可以组织流水生产线。因此主要的期量标准有节拍、流水线标准工作指示图表、在制品定额等。

①节拍。节拍是组织大量流水线生产的依据，是大量流水生产期量标准中最基本的期量标准，其实质是反映流水线的生产速度。计算公式如下。

$$r=\frac{T_e}{N}=\frac{T_0\times\beta}{N}$$

式中：r 表示流水线的平均节拍；

N 表示计划期产品的产量；

Te 表示计划期流水线的有效工作时间；

T_0 表示计划期流水线的制度工作时间；

β 表示工作时间有效利用系数，该系数考虑工作班内设备的调整、检修以及工人的班内休息等因素，β 一般取 0.9~0.96。

例 3–8：某流水线计划年产量 A 零件 32000 件，该流水线每天工作两班，每班 8 小时，工作时间利用系数为 0.95。试计算流水线的平均节拍。

制度工作时间 =（365–104–10）×2×8×60（分）=240960（分钟）

r=240960×0.95/32000=7.15（分 / 件）

②流水线标准工作指示图表。流水线标准工作指示图表是根据已确定的流水线节拍和工序时间定额，在科学计算的基础上编制的。由于工序同期化程度不同，流水线的连续程度不同，可分为连续流水线和间断流水线。因此要分别制定标准工作指示图表。

A：连续流水线标准工作指示图表。连续流水线由于工序同期化程度高，各道工序生产率相等，工作地负荷率高，每个工作地的工作制度也是基本相同的，所以制定标准工作指示图表最为简单，主要是规定整个流水线的工作时间和间断时间，如图 3–8 所示。

B：间断流水线标准工作指示图表。间断流水线各工序的时间定额与流水线节拍不同步，所以各工序的生产效率也不协调，因此制定标准工作指示图表的内容比较复杂，一般包括确定看管周期、确定看管周期内各工作地的产量及工作地（设备）负荷、计算看管周期内各工作地工作时间长度、确定各工作地工人人数及劳动组织形式等，如图 3–9 所示。

流水线特点	小时									一班总计		
	1	2	3	4		5	6	7	8	间断次数	间断时间	工作时间
装配简单产品			■		工间休息			■		2	20	460
装配复杂产品			■					■		2	30	450
机加工（使用耐用期长的工具）			■	■				■	■	4	40	440
机加工（使用耐用期短的工具）		■	■	■			■	■	■	6	60	420
热处理等		■	■	■			■	■	■	6	60	420

图 3–8　某班组连续流水线标准工作指示图

间断流水线名称		工作班数		每日产量		节拍			运输批量			节奏		看管周期			
工序号	工序工时定额	工作地号码	工作地负荷率	工人号	工人转到工作地号	一个看管期内的工作指示图表 10	20	30	40	50	60	70	80	90	100	110	120	看管期产量
1	4	01	67%	1	04													20
2	5	02	83%	2														20
3	8	03	100%	3														15
		04	33%	1	01													5
4	3	05	50%	4	06													20
5	5	06	50%	4	05													20
6	5.5	07	92%	5														20

图 3–9　某工作地间断流水线标准工作指示图

③在制品定额。在制品定额是指在一定的生产技术组织条件下，为了保证生产连续而均衡进行所必需的最低限度的在制品数量。在制品过多，会增加生产面积和资金占用；在制品过少，会导致生产脱节，设备停歇。因此，必须把在制品确定在适当的水平。

（2）成批生产类型期量标准的制定

成批生产的特点是企业按一定时间间隔依次成批生产多种产品。因此，成批生产作业计划要解决的主要问题是如何妥善安排生产的成批轮番，保证有节奏地生产。其期量标准有批量和生产间隔期、生产提前期等。

①批量和生产间隔期。批量是指一次投入（出产）相同制品的数量；生产间隔期是指相邻两批同种制品投入（出产）的时间间隔。计算公式如下：

批量 = 生产间隔期 × 平均日产量

生产间隔期 = 批量 / 平均产量

②生产提前期。生产提前期是指产品（零件）在各工艺阶段投入和出产的日期比成品出产的日期应提前的时间，前者称为投入提前期，后者称为出产提前期。提前期是编制生产作业计划、保证按期交货、履行订货合同的重要期量标准。

（3）单件小批量生产类型期量标准的制定

单件小批量生产的特点是产品品种多、每种产品的生产数量很少，一般是根据用户要求按订货组织生产的。因此单件小批生产作业计划所要解决的主要问题是控制好产品的生产流程，按订货要求的交货期交货。期量标准有生产周期等。

生产周期是指产品或零件从原材料投入生产起一直到成品出产为止所经历的全部日历时间。它是确定产品在工艺阶段的投入期和出产期的主要依据。产品的生产周期由各个工艺阶段的生产周期组成。

3. 生产作业计划的编制方法

不同生产类型的企业选择不同的编制方法，主要有在制品定额法、提前期法、生产周期法等。

（1）在制品定额法

在制品定额法适用于大量大批生产类型。采用在制品定额法，就是运用预先制定的在制品定额，按照产品的反工艺顺序，从出产成品的最后车间开始，连续地计算各车间的出产量和投入量。计算公式如下：

某车间出产量 = 后车间投入量 + 本车间半成品外销量 +（半成品定额 – 期初半成品预计结存量）

某车间投入量 = 车间出产量 + 本车间预计废品量 +（在制品定额 – 期初在制品预计结存量）

例 3–9：某企业机加车间在制品定额为 1900 件，计划期初在制品预计结存 600 件，半成品定额为 900 件，计划期初半成品结存 1000 件，预计废品量为 100 件。已知后续装配车间投入量为 10400 件，试计算机加车间的出产量和投入量。

本车间出产量 =10400+0+（900–1000）=10300（件）

本车间投入量 =10300+100+（1900–600）=11700（件）

◇ 课堂小计算：某企业机加车间在制品定额为 500 件，计划期初在制品预计结存 60 件，半成品定额为 90 件，计划期初半成品结存 100 件，预计废品量为 10 件。已知后续装配车间投入量为 1000 件，试计算机加车间的出产量和投入量。

（2）提前期法

提前期法适用于成批生产类型。提前期法又称累计编号法，是指从计划期初或从开始生产起，按照成品出产的先后顺序，为每一件产品编上一个累计号码。在同一时间上，产品在某一生产环节上的累计号码，同成品出产累计号数相比，相差的号数就是提前量。采用提前期法的具体步骤是：

①计算产品在各车间计划期末应达到的累计出产和投入的号数。计算公式如下：

某车间出产累计号数 = 成品出产累计号数 + 出产提前期 × 成品平均日产量

某车间投入累计号数 = 成品出产累计号数 + 投入提前期 × 成品平均日产量

投入提前期 = 出产提前期 + 生产周期

②计算各车间在计划期内应完成的出产量和投入量。计算公式如下：

计划期出产（投入）量 = 计划期末出产（投入）累计号数 – 计划期初已出产（投入）累计号数

③批量修正。批量修正是指在严格按照批量进行生产的情况下，对所确定的计划期出产量和投入量按照各种零部件的批量进行修正，以确定计划期内应出产的成组或成套零部件的数量。

例 3–10：某企业运用提前期法来确定各车间的生产任务。5 月份装配车间（最后工序车间）应生产到 500 号，产品的平均日产量为 6 台。该产品在机械加工车间的出产提前期为 20 天，生产周期为 60 天。经过盘点，上月末机械加工车间已经完成产品出产累计号数为 120 号，已完成产品投入累计号数为 380 号，机械加工车间的生产批量为 60 套。计算机械加工车间 5 月份出产和投入的累计号数，出产量和投入量，应出产的零部件套数和批数。

出产累计号数 =500+20 × 6=620（号）

投入累计号数 =500+（20+60）×6=980（号）

计划期出产量 =620–120=500（套）

计划期投入量 =980–380=600（套）

如果按照严格批量进行生产，期末出产累计 620 号中有 20 套不构成一批，需要到下一计划期凑足整批时才能出产，因而需要在出产任务中扣除。这样，计划期机械加工车间应达到的出产累计号数为 600 号。

计划期出产零部件套数 =600–120=480（套）

计划期出产零部件批数 =480/60=8（组）

◇ 课堂小计算：1. 某企业运用提前期法来确定各车间的生产任务。6 月份装配车间（最后工序车间）应生产到 100 号，产品的平均日产量为 2 台。该产品在机加车间的出产提前期为 13 天，生产周期为 30 天。计算机加车间 6 月份出产和投入的累计号数。

2. 在上题中，经过盘点，上月末机加车间已经完成产品出产累计号数为 70 号，投入累计号数为 120 号，计算机加车间 6 月份的出产量和投入量。

（3）生产周期法

生产周期法适用于单件小批量生产类型。采用生产周期法，重点是保证订货产品在各车间、各工序的出产和投入时间能够相互衔接起来，按订单交货期及时交货。用生产周期法编制生产作业计划一般需要经过编制生产周期进度表、订货生产说明书和月度作业计划等步骤。

①编制生产周期进度表。生产周期进度表可以根据订单分项、分品种，按照生产时间进度来编制。生产周期进度表的格式见表 3–5。

表 3–5　产品生产周期进度表

产品	数量	完成期限	5月			6月			7月			8月		
			上	中	下	上	中	下	上	中	下	上	中	下
甲	20	7月下	▲	▲		★	★	★	★		●			
乙	15	8月下			▲		★	★	★	★	★	★		●
丙	5	8月中				▲		★	★	★		●	●	
丁	2	8月上					▲		★		●	●		

▲毛坯准备；★机加工；●装配

②编制订货生产说明书。订货生产说明书根据合同规定的交货期，每一项订货编制一份。在订货说明书中应规定产品及产品各配套零部件在各车间、各工序的投入与产出时间。订货说明书的格式见表 3–6。

表 3-6 订货生产说明书

订单编号	交货期限	成套零部件编号	工艺路线	投入期	出产期
001	7 月 31 日	A101	机加车间	7 月 3 日	7 月 12 日
			精磨车间	7 月 13 日	7 月 20 日
			装配车间	7 月 22 日	
		B101	机加车间	7 月 2 日	7 月 13 日
			精磨车间	7 月 15 日	7 月 23 日
			装配车间	7 月 25 日	

③编制月度作业计划。月度作业计划根据订货说明书来编制，将计划月度应该投入和产出的作业任务按车间归类，并将各批订货的作业任务汇总起来，形成计划月度各车间的投入和产出任务。

三 、生产作业控制

生产作业控制是指在生产计划执行中，对作业活动、产品生产的数量和进度等所做的控制。生产作业控制的主要任务是通过各种有效的协调措施和调控方法，预防或制止生产过程中发生的偏差，保证作业活动按计划顺利完成。生产作业计划控制的主要内容有：生产进度控制、在制品占用量控制、生产调度等。

1. 生产进度控制

生产进度控制是指对原材料投入到成品入库，从时间和数量上对作业进度进行控制。生产进度控制是生产作业控制的主要内容。生产进度控制包括投入进度控制、出产进度控制和工序进度控制。

（1）投入进度控制

投入进度控制是指按作业计划要求，控制产品开始投入日期，各种原材料、毛坯、零部件的投入提前期和投入数量。该控制方法属于预先性控制。

（2）出产进度控制

出产进度控制是指按作业计划要求，控制产品的出产日期、出产提前期、出产量、出产均衡性和成套性。目的在于保证生产各环节之间的衔接与均衡生产，按时按量完成生产任务。

（3）工序进度控制

工序进度控制是指按作业计划要求，控制产品在生产过程中经过的每道加工工序的进度。

2. 在制品占用量的控制

在制品占用量控制是指对生产过程中各个环节的在制品实物和账目进行控制。控制的重点在于既保证生产作业的需要，又减少在制品的积压。主要控制内容包括控制车间内各工序之间在制品的流转、控制跨车间协作工序之间的在制品流转、加强对在制品流转的检查控制。

【实例 3–1】 丰田公司的“看板管理”

丰田公司的“看板管理”是一种生产现场管理方法。它是利用卡片作为传递作业指示的控制工具，将生产过程中传统的送料制改为取料制，以“看板”作为“取货指令”“运输指令”“生产指令”进行现场生产控制。看板作为可见的工具，反映通过系统的物流，使企业中生产各工序、车间之间按照卡片作业指示，协调一致地进行连续生产；同时，促使企业的产、供、销各部门密切配合，有效和合理地组织输入和输出物流，满足市场销售需要，实现整个生产过程的准时化、同步化和库存储备最小化，即所谓零库存，保证企业获取良好的经济效益。

“看板管理”是由代表客户需求的订单开始，根据订单按产品结构自上而下进行分解，得出完成订单所需零部件的数量。生产控制人员检查现有零部件库存是否能满足订单的要求，如果不足，就由最后一道加工工序开始，反工艺顺序地逐级“拉动”前面的工序。在此过程中，看板起到指令的作用，通过看板的传递或运动来控制物流。

3. 生产调度

生产调度是指在生产作业的过程中，针对运行中出现的矛盾与问题，对生产活动与相关资料所进行的调节与协调。生产调度是生产作业控制的重要形式，是在生产作业控制过程中纠正偏差的重要手段。生产调度的主要内容包括：生产进度的调整与平衡，在制品占用量的调整与控制，生产技术准备的督促与协调，劳动力的合理调配，生产中物质供应的控制与调剂，生产设备运行的调整与控制，厂内运输的调配与协调。

任务 3：生产现场管理

生产现场是指从事产品生产和提供劳务服务的场所。生产现场管理是指应用科学的管理制度和方法，对生产现场的各种生产要素即人、机、料、方法、环境、资金、信息等的管理，使之有效地实现最优组合。常用的生产现场管理方式有如下几种。

一、5S 管理

5S 管理是指对生产现场各生产要素所处的状态不断地进行整理、整顿、清扫、清洁和素养的管理活动。整理（SEIRI）、整顿（SEITON）、清扫（SEISO）、清洁（SEIKETEU）和素养（SHISUKE），因 5 个日文词汇的罗马拼音第一个字母均为 S，故称之为5S。主要管理内容如下。

1. 整理

整理就是将现场所有物品进行分类整理，将不需要的搬出另存，现场只放置必需物品。

①把生产现场所有物品清查一遍，分析物品的功能，做出要与不要的区别。

②做出分类之后，坚决把不要的物品清理出现场，例如剩料、多余半成品、垃圾、报废的设备等，做到生产现场没有不用之物。

2. 整顿

整顿就是把留在现场的必需物品科学合理地布置和摆放。整顿是生产现场改善的关键，是5S的重点。

①物质放置要有固定的场所。不需要花费时间去寻找，随手就可以把物品拿到手。

②物品摆放的地点要科学合理。科学地设计摆放地点与作业点的距离，按使用频率高低的顺序摆放，常用的放近些，偶尔使用或不使用的则放远些。

③物品摆放要目视化。物品要按照一定的规则进行定量化摆放，过目知数，不同物品要用不同的色彩标记。

3. 清扫

清扫是指员工对生产现场的设备、工具、材料、场地等进行清理打扫，保持现场清洁整齐，并检测是否存在异常。

4. 清洁

清洁是指对经过整理、整顿、清扫之后的日常维持活动，形成制度化、规范化。它包括生产现场环境的整洁、整齐、美观，生产现场设备、工具、物品干净整齐，没有垃圾、噪声和污染，生产现场各类人员着装、仪表、仪容整洁。

5. 素养

素养是努力提高员工的素养，遵守规定的事项，自觉执行各项标准，并养成习惯。是5S的最终目标。

【实例3–2】　　蓝天有限公司的5S管理

蓝天有限公司为了进一步夯实内部管理基础、提升人员素养、塑造企业形象，决定从5S基础管理抓起。

1. 现场诊断

通过现场诊断发现，该公司经过多年的现场管理提升，管理基础扎实，某些项目处于国内领先地位。现场问题主要体现为三点：

（1）工艺技术方面较为薄弱。

现场是传统的流水线大批量生产，工序间存在严重的不平衡，现场堆积了大量半成品，生产效率与国际一流企业相比，存在较大差距。

（2）细节的忽略。

在现场随处可以见到物料、工具、车辆搁置，手套、零件在地面随处可见，员工熟视无睹。

（3）团队精神和跨部门协作的缺失。

部门之间的工作存在大量的互相推诿、扯皮现象，工作更缺乏主动性，而是被动的等、靠、要。

2. 解决方案

将 5S 与现场效率改善结合，推行效率浪费消除活动和建立自动供料系统，彻底解决生产现场拥挤混乱和效率低的问题；推行全员的 5S 培训，结合现场指导和督察考核，从根本上杜绝随手、随心、随意的不良习惯；成立跨部门的专案小组，对现存的跨部门问题登录和专项解决，在解决的过程中梳理矛盾关系，确定新的流程，防止问题重复发生。

经过一年多的全员努力，现场的脏乱差现象得到了彻底改观，营造了一个明朗温馨、活性有序的生产环境，增强了全体员工的向心力和归属感，从而满足了企业进一步发展的需求。

二、定置管理

定置管理是科学处理生产现场人、物、场所三者之间的关系，实现三者最佳结合状态的管理方法。它以物在场所的科学定置为前提，以完整的信息系统为媒介，以实现人和物的有效结合为目的，通过把生产中不需要的物品清除掉，把需要的物品放在规定位置上，使其随手可得，促进生产现场管理文明化、科学化，达到高效生产、安全生产。定置管理是 5S 活动的一项基本内容，是 5S 活动的深入和发展。

1. 人与物的结合

人与物的结合是开展定置管理中最关键的一个环节。在生产现场，人与物的结合有两种形式，即直接结合和间接结合。直接结合是指需要的东西能立即拿到手，不存在由于寻找物品而发生时间的耗费。例如，加工的原材料、半成品就在自己岗位周围，工检量具、贮存容器就在自己的工作台上或工作地周围，随手即得。间接结合是指人与物呈分离状态，为使其结合则需要信息媒介的指引。按照人与物有效结合的程度，可将人与物的结合归纳为 ABC 三种基本状态：

（1）A 状态

表现为人与物处于能够立即结合并发挥效能的状态。例如，操作者使用的各种工具，由于摆放地点合理而且固定，当操作者需要时能立即拿到。

（2）B 状态

表现为人与物处于寻找状态或尚不能很好发挥效能的状态。例如，一个操作者想加工一个零件，需要使用某种工具，但由于现场杂乱或忘记了这一工具放在何处，结果因寻找而浪费了时间。

（3）C 状态

表现为人与物没有联系的状态。这种物品与生产无关，不需要人去同该物结合。例如，生产现场中存在的已报废的设备、工具，生产中产生的垃圾、废品、切屑等。这些物品放在现场，必将占用作业面积，而且影响操作者的工作效率和安全。

因此，定置管理就是要通过相应的设计、改进和控制，消除 C 状态，改进 B 状态，使之都成为 A 状态，并长期保持下去。

2. 物与场所的结合

物与场所的结合，要根据物流活动的规律性，科学地确定物品在场所内的位置。就场所本身来看，也有三种状态：

（1）良好的状态

工作环境良好，场所中的作业面积、通风设备、恒温设备、光照、噪声、粉尘等状态都符合人的生理、生产、安全的要求。

（2）需要改善的状态

工作环境存在着一些缺陷之处，设备、工作地的布局不够合理，环境条件有一些方面不符合人的生理、安全、精神上的要求。

（3）需要彻底改造的状态

该种状态完全不符合现场人员在生理、安全、精神上的要求，其存在和延续对现场人员有严重危害。

因此，定置管理的任务是努力使物与场所保持良好状态，采取措施和对策，将需要改善的状态和需要彻底改造的状态转换为良好状态。

3. 信息媒介的运用

信息媒介是指在人与物、物与场的结合过程中，实施指导、控制和确认等作用的信息载体。它是实现定置目标的重要条件。由于生产中使用的物品品种多、规格杂，它们不可能都放置在操作者的手边，如何找到各种物品，需要有一定的信息来指引。

因此，在定置管理中，完善而准确的信息媒介是非常重要的，它影响到人、物、场所的有效结合程度。在人与物的结合过程中，需要有四个信息媒介物：

（1）位置台账

它表明“该物在何处”，通过查看位置台账，可以了解所需物品的存放场所。例如，有的企业位置台账是按四号定位（库、架、层、位）来编码的。

（2）定置图

它表明“该处在哪里”。在定置图上可以看到物品存放场所的具体位置。

（3）场所标志

它表明“这儿就是该处”。它是指物品存放场所的标志，通常用名称、图示、编号等表示。

（4）物品标识

它表明“此物即该物”。它是物品的自我标识，一般用各种标牌表示，标牌上有货物本身的名称及有关事项。

在寻找物品的过程中，人们通过第一个、第二个媒介物被引导到目的场所，再通过第三个、第四个媒介物来确认需要结合的物品。因此，前两种媒介物表示的信息被称为引导信息，后两种媒介信息被称为确认信息。人与物结合的这四个信息媒介物缺一不可。是否能按照定置管理的要求，认真地建立、健全连接信息系统，并形成通畅的信息流，有效地引导和控制物流，是推行定置管理成败的关键。

三、目视管理

目视管理又称看得见的管理，它是指利用形象直观、色彩适宜的各种视觉感知信息来组织生产现场活动，从而达到提高劳动生产率的一种管理手段，也是一种利用视觉来进行管理的科学方法。目视管理常用的工具有：警示灯、显示灯、图表、管理表、样本、看板、热压感温贴纸、标示牌、颜色带、油漆等。目视管理的主要内容如下。

1. 物品的目视管理

要落实定置管理的设计要求，相关要素要有完整准确的信息显示，例如标志线、标志牌和标志色。现场各种物品的码放运送要实现标准化。

2. 设备的目视管理

设备的重点部位要保证能够清楚显示、明确区分，例如需要进行维修保养、显示正常运转、反应异常、显示数据的计量仪器等。同时，位置摆放要便于操作与清扫。

3. 环境的目视管理

根据定置需要，运用色彩强化不同物品的使用功能，特别是危险品通常要用红色来加以突出。同时，要根据人的生理和心理因素来设计现场的色彩。例如，运用浅淡的蓝绿色调，实现视觉神经的松弛与心情愉悦。

4. 作业的目视管理

主要是使作业的运行状态与管理的手段直观化。包括生产任务与进度的公开化与图表化，作业信息媒介与管理手段要形象直观快捷，异常状态的明确显示，不同产品质量用不同色彩来表示等。

【课堂训练】 **运用颜色设计管理方案**

建华有限公司的秘书每天都呈递许多文件给王总裁，有些文件特别紧急，需要立即批阅；有的当天必须注意；有的可以在一周之内批阅；有的周末时必须批阅；有的总裁必须签字。

训练内容：

为了一目了然，请你替秘书设计一个运用颜色进行管理的方案。

相关链接

可视化管理中的颜色运用要点

颜色	运用要点
红色	◆用于有关防火、禁止、停止、高度危险的场所 ◆为凸显红色，底色一般采用白色
橙色	◆用于可能引起伤害，有危险性的部位 ◆为凸显橙色，底色一般为黑色
黄色	◆用于可能造成冲撞、坠落、摔倒等危险部位，例如注意标志、瓦斯标志、地面凸起物、凹坑边缘、楼梯步阶边缘、电线防护具、路障、有害物质具容器等 ◆为凸显黄色，底色一般为黑色或画成黄黑斑马线
绿色	◆用于标志没有危险的物品以及与防止危险有关的部位，例如紧急出入口、安全旗、急救箱、保护具箱等位置、方向标志或警告标志 ◆为凸显绿色，底色一般采用白色
蓝色	◆用于除了担当者之外，不允许他人随意操作的部位，例如修理中或停机部位的标志等 ◆为凸显蓝色，底色一般采用白色
白色	◆用于通路标志、方向指示以及有必要进行整顿、清洁的场所，例如通路区域线、方向线、标志线、废弃容器等 ◆一般作为红、黄、绿、蓝等颜色的底色
黑色	◆用于禁止性标识 ◆一般作为红、黄、绿、蓝等颜色的底色

理论思考

1. 生产过程的节奏性
2. 对象专业化形式
3. 产品质量指标
4. 节拍
5. 生产调度
6. 5S 管理

实训任务

企业生产过程调研

实训目标

1. 增强对生产过程的感性认识。
2. 培养组织生产过程的初步能力。

实训内容与方法

1. 以小组为单位，深入一家生产企业参观调研，了解企业生产有关情况。
2. 运用本项目所学的内容分析该企业生产过程的空间和时间组织形式。
3. 各组在全班进行交流。

实训要求

1. 了解该企业的生产过程。
2. 明确该企业生产过程的组织形式。
3. 从生产过程的空间和时间组织形式两方面进行分析。

实训检测

1. 各小组提供分析该企业生产过程的空间和时间组织形式的简要报告。
2. 教师对各组表现进行评估打分。

项目四　企业质量管理

项目任务　实施全面质量管理

知识目标：

1. 了解质量的内涵
2. 熟悉质量管理的发展阶段
3. 掌握全面质量管理的内容
4. 操作质量管理的方法
5. 了解 ISO 9000 质量管理系列标准
6. 掌握质量管理体系认证

能力目标：

1. 能够懂得在企业管理中运用 ISO 9000 质量管理系列标准
2. 能够按照全面质量管理的要求与方法进行企业管理

案例导入

GE 飞行器发动机公司的质量和控制

质量和安全一直是 GE 飞行器发动机公司最基本的要求和主要的竞争优势，近几年对质量的控制方法也有所改变。过去，GE 公司有一个专门的质量控制组织，它是一个独立的内部组织，对集团内其他组织的硬件产品和其他配件进行检查。当产品运到客户手中时，保证它是安全的并且符合各项性能的严格要求。但是质量成本和从订货到交货时间的限制成为公司沉重的负担。质量的本质是“第一次把事情做对”。为了保持竞争优势，GE 公司设计了积极的质量控制方案，在对传统的质量指标检验的同时，主要对速度或转速进行检测。为了不断减少偏差，客户、供应商、设计师、项目工程师、采购代理商和生产工人组成一个团队，共同分析设计提高质量和服务价值的新途径。

随着以提高质量为目标的控制系统的变化，GE 公司在变革企业文化，实施持续改进方面也花了不少精力：把“团队精神”和“活性化”作为质量管理的最重要因素，文化变革的结果是，质量控制不再是一个质量部门的工作，也成为每个供应商、管理者和组织内部员工的最基本的责任。

思考题：

1.GE 公司为了保证飞行器发动机的质量做了哪些工作？

2.GE 公司为什么要变革企业文化？文化变革的结果是什么？

质量是一个企业生存和发展的基础，是企业的生命。要想取得长远的发展必须积极、有效地开展质量管理活动，这是成功企业的共识，也是社会发展的需要。随着科技的进步和人们生活水平的不断提高，对产品和服务的要求也越来越高，这就要求企业不断提高产品和服务的质量水平。

任务 1：认知全面质量管理

产品质量是企业的生命，也是企业竞争取胜的关键。因此，积极推进全面质量管理，建立质量保证体系，不断提高质量管理水平，保证为市场提供品质优良的产品，便成为企业管理的一项重要任务。随着我国加入 WTO，企业面临着国外的严峻挑战，搞好质量管理是企业立足的明智之举。

一、质量

质量是指产品、过程或服务满足规定需求的特性的总和。质量又可以从狭义和广义两个方面理解。

1. 狭义的质量

狭义的质量是指产品质量。产品质量是指产品适合于规定用途，满足社会和人们一定需要的特征。这里的“产品”包括有形的产品和无形的产品（服务）。产品都具备一定质量方面的属性，而这些属性能够满足人们需要的程度就反映了产品质量的优劣。

产品质量包括内在的质量特征（产品的结构、性能、精度和纯度、物理性能、化学成分等）和外部质量特征（产品的外观、形状、色泽、手感、气味、光洁度等）。质量特征可概括为以下五个方面。

（1）产品性能

产品性能通常指产品在功能上满足顾客要求的能力，包括使用性能和外观性能。

（2）寿命

寿命是指产品能够正常使用的年限，包括使用寿命和储存寿命两种。使用寿命指产品在规定的使用条件下完成规定功能的工作总时间。储存寿命指在规定储存条件下，产品从开始储存到规定的失效的时间。

（3）可靠性

可信性是指产品使用过程中完成规定任务的能力，它是在产品使用过程中表现出来的质量特性。

（4）安全性

安全性是指产品在制造、流通和使用过程中保证人身安全与环境免遭危害的程度。目前，世界各国对产品安全性都给予了最大的关注。

（5）经济性

经济性是指产品寿命周期的总费用，包括生产、销售过程的费用和使用过程的费用。经济性是保证企业在竞争中得以生存的关键特性之一，是用户日益关心的一个质量指标。

2. 广义的质量

广义的质量又称全面质量，是指产品质量、工序质量和工作质量的总和。

（1）工序质量

工序质量是指工序能够稳定地生产合格产品的能力。

（2）工作质量

工作质量是指同产品质量直接有关的各项工作的好坏，例如，经营管理工作、技术工作和组织工作等。

工作质量虽然不像产品质量那样直观具体，但它却客观地存在于企业各项工作之中。因此，工作质量降低了，产品质量必然随之降低。

产品质量与工作质量既有区别，又有联系。产品质量是企业各方面工作的综合反映，产品质量的好坏取决于工作质量水平的高低，因此，工作质量是产品质量的保证和基础。提高产品质量不能单纯就产品质量抓产品质量，而必须从改进工作质量入手，在提高工作质量上下工夫，用高水平的工作质量来保证高水平的产品质量。

二、质量管理

质量管理是指企业为了保证和提高产品质量或工作质量所进行的调查、计划、组织、协调、控制、检查、处理及信息反馈等各项活动的总称。

1. 质量管理的内容

质量管理主要包括制定质量方针和质量目标以及质量策划、质量控制、质量保证和质量改进。

（1）质量方针

质量方针是指由企业的最高管理者正式颁布的该企业总的质量宗旨和质量方向。质量方针应简单、明确和易于理解。

（2）质量目标

质量目标是指企业在质量方面所追求的目的，是企业在质量方面所追求的企业质量方针的具体体现。目标既要先进，又要可行，以便实施和检查。

（3）质量策划

质量策划是指质量管理中致力于制定质量目标并规定必要的作业过程和相关资料以实现质量目标的一些列活动。

（4）质量控制

质量控制是指为了达到质量要求所采用的一系列作业技术措施。质量控制活动一般包括三个环节：一是对影响质量的各有关技术活动制定控制计划和标准；二是按计划和标准所规定的程序实施，并在实施中连续进行检验和评价；三是对不符合计划和标准的情况进行处理，并及时采取纠正措施。

（5）质量保证

质量保证是指为了保证产品或服务质量所必需的全部有计划的系统活动。质量保证一般是指对企业外部的保证，目的是确保用户或消费者对质量的信任。换句话说，质量保证就是企业对用户在产品质量方面所提供的担保，为了保证用户所购买的产品在寿命期内质量可靠，企业要保证提供优质产品、提供优质配件、提供优质服务。

（6）质量改进

质量改进是指企业为了更好地满足顾客不断变化的要求和期望，而改善产品特性和提高用于生产和交付产品的过程的有效性和效率的活动。

2. 质量管理的发展

质量管理的发展是同科学技术与生产力的发展密不可分的。由于人们的认识不断提高，现代技术、设备、方法为质量管理提供了物质保证，使质量管理从单纯质量检验、统计质量控制走到现在的全面质量管理阶段。

（1）单纯质量检验阶段

20 世纪初，企业把检验与生产分开，设立专门的机构，负责对所生产的产品进行检验。质量管理就是事后把关，在已经生产出的产品中挑选出不合格产品，但不合格产品造成的损失已经无法挽回。因此，这个阶段的质量管理不能解决预防不合格品产生的问题，它的作用是消极的。

【实例 4–1】 泰罗的“科学管理”

20 世纪之前，工人是产品生产和检验的主体，即工人对自己的产品进行自检，也被称为“操作者的管理”。1918 年以前，美国出现了以泰罗的“科学管理”为代表的“管理运动”，强调工长在保证质量方面的作用，在工厂设立了专司检验职能的工长，这是质量检验职能的一次重大转移，真正使质检成为独立的管理职能，这个阶段也被称为“工长的质量管理”。至 1938 年，由于企业规模的扩大，带来生产规模和生产批量的不断扩大，这种质量检验的职能由工长转移给了专职的质量检验人员。这一时期大多数企业都设置了专职的检验部门，并直接由工厂主要领导对质量检验工作负总责，因此被称为“检验员的质量管理”。

（2）统计质量控制阶段

20 世纪 40 年代，使用控制图对生产过程进行观察，当有不合格产品产生的可能时，控制图会及时提供信息，找出生产不正常的原因，并采取相应的措施，预防不合格品的发生。这个阶段的另一个特点是对产品的验收采用了科学的抽样检验方法，它既可以减少检验费用，又解决了破坏性检验的情况下对产品质量的判断问题。

（3）全面质量管理阶段

全面质量管理是从 20 世纪 60 年代开始的，至今还在不断地完善。人们对于产品的质量不仅要求其一般的使用性能，还要求其安全性、经济性、可靠性等；企业管理中的系统思想被广泛使用，新思想、新方法不断出现；消费者权益引起人们越来越多的关注和重视；企业为了提高自身竞争力，向顾客承诺产品质量保证。以上这些因素最终促使全面质量管理理论的诞生。

全面质量管理是把以往的质量管理工作向前向后延伸，向前延伸至市场调研、产品研发、质量设计、原料采购等，向后延伸至质量保证、售后服务和建立质量体系。

◇课堂小思考：你认为上述三个阶段的根本区别在哪里？

三、全面质量管理

1. 全面质量管理的概念

全面质量管理（TQM）是指一个组织以质量为中心，以全员参与为基础，目的在于通过让顾客满意和本组织所有成员及社会受益而达到长期成功的管理途径。

全面质量管理的创始人菲根堡姆认为，全面质量管理就是为了能够在最经济的水平上，并考虑到在充分满足顾客要求的条件下进行市场研究、设计、制造和售后服务，把企业各部门的研制质量、维持质量和提高质量的活动构成为一体的一种有效体系。

我国专家认为，全面质量管理就是企业全体职工及有关部门同心协力，把专业技术、经营管理、数理统计和思想教育结合起来，使产品质量产生、形成和实现全过程中的所有保证和提高产品质量的活动构成一个有效的体系，从而充分地利用人力、物力、财力、信息等资源，以最经济的手段生产出顾客满意的产品。

全面质量管理是一种科学的现代质量管理方法，它的核心是强调人的工作质量，保证和提高产品质量，达到提高企业和社会经济效益的目标。在我国，推行全面质量管理主要采取如下措施：首先，认真贯彻执行“质量第一”的方针，根据用户满意程度制定质量标准；其次，充分调动企业各部门和全体职工关心产品质量的积极性，做到人人参与质量管理活动；再次，切实有效地运用现代科学管理技术，做好产品设计、制造、销售服务和市场研究等方面的工作，加强预防性和预见性，控制影响产品质量的各项因素，达到企业最佳的经济效益。

2. 全面质量管理的特点

全面质量管理的特点主要体现在以下四个方面：

（1）质量管理的全面性

质量管理的全面性主要体现四个方面：管理的对象是全面的，全面质量管理的过程是全面的，参加质量管理的人员是全面的，管理质量的方法是全面的。

（2）质量管理的预防性

要做到预防为主，必须把工作的重点由“事后把关”转换为“事先控制”，从管“产品质量”转换到管“工序质量”上来，建立一套科学的质量保证体系。在设计时，要保证产品的性能、寿命、可靠性、安全性和经济性的质量要求；在制造时，把各种影响制造质量的因素控制起来，做到防患于未然，使产品质量的形成过程始终处于受控状态。

（3）质量管理的服务性

对用户，包括产品销售后的直接用户，要做到“产品出门，服务上门”，要由原来的“三包”变为“三保”；用户还包括生产过程本身工序之间的服务，下道工序是上道工序的用户，工序间流转的在制品应视为相互间提供的产品和服务，这要作为企业的一种责任制度。

（4）质量管理的科学性

科学性就是一切要靠数据或事实说话，积极采用多种管理技术、专业技术和其他一切适用的科学方法（如概率论与数理统计、科学的思想教育工作等），并强调所采用的方法的多样性和运用的综合性。

3. 全面质量管理的内容

全面质量管理基本工作的内容包括设计开发过程、制造过程、辅助过程和使用过程的质量管理。

（1）设计开发过程的质量管理

设计开发过程包括开发新产品和改造老产品所进行的试验、研制、产品设计、工艺设计、试制和鉴定等。设计的“先天不足”往往导致产品成为低水平产品。设计开发过程的质量管理是全面质量管理的起点，是保证产品质量的前提。其主要内容如下：

①建立、健全产品设计的工作程序。该程序规定了设计开发工作的步骤和质量要求，确保设计工作在科学规律的指导下进行。

②建立早期预警系统。该系统通过质量标准评价、产品性能评价、可靠性评价和市场评价等环节，使产品缺陷在早期暴露，及时改善。

③运用科学的设计方法。科学方法的应用，有助于保证产品的质量，降低成本，使设计方案逐步优化。

（2）生产制造过程的质量管理

生产制造过程就是产品生产加工或服务形成的过程，在整个生产过程中处于中心地位。产品质量能否达到预定的标准，能否长期稳定，取决于生产过程的质量管理，所以，加强生产制造过程的质量管理是保证和提高产品质量的中心环节。生产制造过程质量管理工作的内容如下：

①建立和健全岗位责任制，执行操作规程，遵守工艺规律。

②认真做好文明生产和均衡生产；灵活运用全面质量管理的数理统计方法，预防废品发生；制定和修改现有产品的技术标准。

③加强计量和检验工作。

④做好物资供应和设备维修工作，改进产品包装质量。

（3）辅助服务过程的质量管理

辅助服务过程的质量管理是指辅助生产及生产服务过程的质量管理工作，如物资、工具、工装供应的质量管理，设备维修和动力供应等工作的质量管理。其主要内容如下：

①物资供应的质量管理。除物资的入厂检验和库房管理外，还要对供货厂质量保

证能力进行调查和控制，必要时签订质量协议。

②设备的质量管理。要在做好设备管理的基础上，定期测算机械能力，并作相应调整，保证设备运行的完好率。对关键工序的设备，要设立“点检卡”，以控制其精度。

③工装、量仪的质量管理。对重要的工装设备应设立“周期检查卡”；量具仪表要建立量值传递和定期检定的制度。

（4）使用过程的质量管理

使用过程是真正考核产品质量、在用户手里反映产品使用价值、实现生产目的的过程，它是质量管理的归宿点，同时又是其出发点。使用服务过程质量管理的主要内容如下：

①开展对用户的技术服务工作。建设维护好售前的宣传推广，售中的技术指导，售后的服务体系。如提供适用的使用说明书，编写用户培训教材，帮助培训操作人员，设置维修站点，及时提供备品、备件等。

②认真处理客户投诉问题。对用户投诉要充分关注，要热情、耐心、细心处置，可采用投诉首问负责制，即第一个接到投诉的部门和人员有责任全程跟踪服务，直到客户有了满意的答复，还要追诉到企业内部，直到找到问题出现点为止。

③做好产品质量信息的反馈分析工作。通过走访用户、投寄调查表、整理维修资料等方式，搜集用户对产品质量的意见，发现问题和新的、潜在的质量要求，为改善设计、提高产品质量提供真实可靠的依据。

4. 全面质量管理的工作方法

（1）PDCA 循环管理法

全面质量管理最基本的工作方法是 PDCA 循环管理法。此方法是由美国质量管理专家戴明提出来的。PDCA 循环管理法是指整个质量管理工作按照计划（Plan）、执行（Do）、检查（Check）和处理（Action）的顺序进行，并且不断循环提高的一种科学的管理工作程序。如图 4-1 所示。

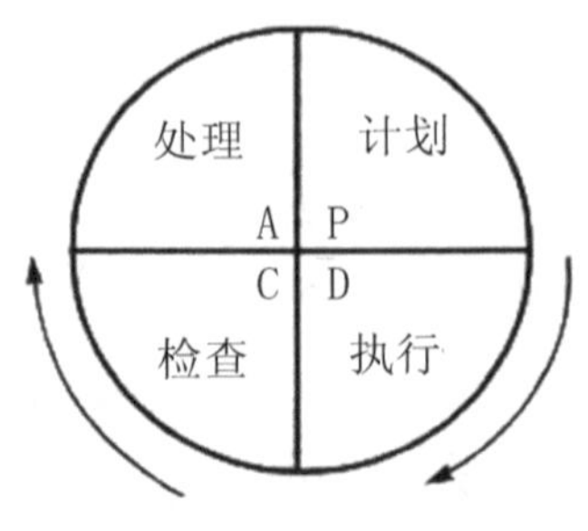

图 4-1 PDCA

（2）PDCA 循环的特点

① PDCA 循环工作程序的四个阶段，顺序进行，组成一个大圈。

②大循环套小循环，互相促进。PDCA 循环作为质量管理的一种科学方法，适用于质量管理的各方面。即整个企业为一个 PDCA 大循环，各个单位、每一个人又有自己小范围的循环。上一级的 PDCA 循环是下一级 .PDCA 循环的根据，下一级循环又是上一级循环的贯彻和具体化。通过不断地循环，把企业各项工作有机地联系起来，彼此协调、共同工作，如图 4–2 所示。

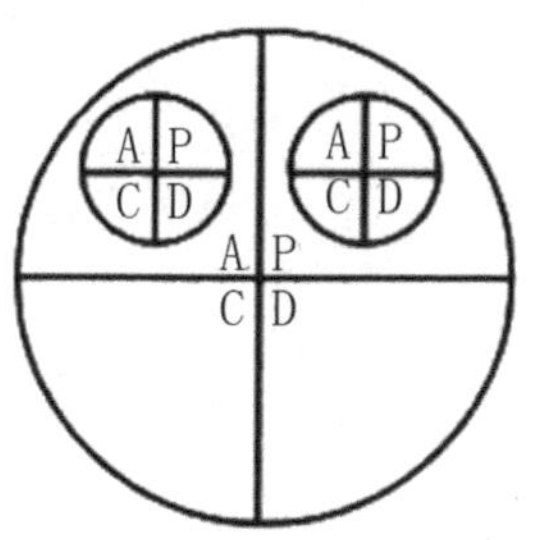

图 4–2　大循环套小循环

③螺旋上升。PDCA 四个阶段的循环是螺旋上升的，每循环一次，质量水平都提高一步，也有人将此特点称为爬楼梯式的循环，如图 4–3 所示。

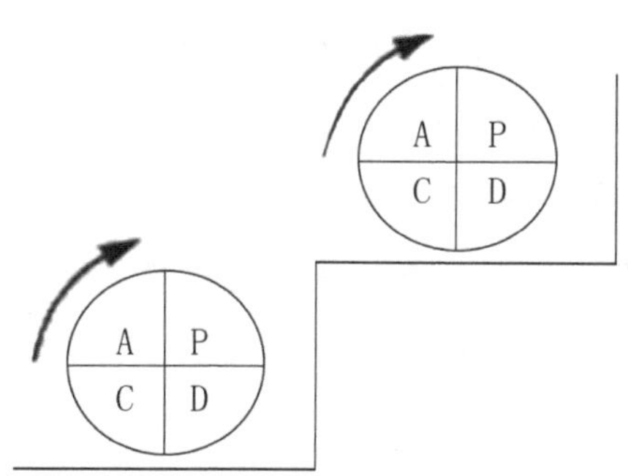

图 4–3　爬楼梯式循环

（3）PDCA 循环管理法的步骤

为了解决和改进质量问题，通常将 PDCA 循环的四个阶段具体分为八个步骤：

① P——计划阶段。分为四个步骤：步骤一，分析现状，找出存在的质量问题；步骤二，分析产生质量问题的原因；步骤三，找出影响大的原因；步骤四，针对质量影响大的原因制定改进质量的措施计划。

② D——执行阶段。包括步骤五，实施制定的质量计划和措施。

③ C——检查阶段。包括步骤六，把实施结果与预定的目标对比，分别找出成功、不足或失败的经验、教训等。

④ A——处理阶段。包括步骤七，总结经验、巩固成绩，将工作结果标准化；步骤八，提出尚未解决的问题

【实例 4–2】 肯德基的全面质量管理思想

肯德基是世界最大的炸鸡快餐连锁企业，在全球拥有上万家餐厅。肯德基创始于1930 年，创始人哈兰·桑德斯经过学习和研究，创造了由 11 种香料和特有烹饪技术合成的炸鸡秘方，在家乡美国肯德基州开了一家餐厅，其独特的口味深受顾客欢迎。1935 年，肯德基州为表彰他对肯德基州餐饮事业的贡献，特授他为肯德基上校。满头白发、山羊胡子的上校形象已成为肯德基最著名的国际品牌的象征。1987 年肯德基进入中国，在北京开设了第一家餐厅，现在除西藏自治区之外，肯德基已遍布中国 30 个省市的 170 多个城市，总数超过 1000 家。

作为全球著名企业，肯德基的立业宗旨用它自己的话来说就是：

肯德基的使命是成为世界上最受欢迎的餐饮品牌。肯德基的期望是给予每一位顾客绝佳风味的食品、愉悦的用餐体验和再次光临的价值。肯德基注重对员工的培训，期望给予员工充满关爱的家庭归属感，让所有员工都能成长发展，并对肯德基这个大家庭及其他成员的发展作出贡献。肯德基期望将此大家庭扩展到事业上的各种伙伴，包括加盟伙伴、供应伙伴等。肯德基也关爱社会，期望永远在市场中领先，期望拥有最好的人才及足够的财力做该做的事。肯德基期望保持最佳的获利状态，让投资者愿意支持肯德基的发展，并期望拥有世界一流的利润管理能力。

可见，肯德基的经营思想是地道的全面质量管理思想，它在中国的成功与其将全面质量管理应用到管理的所有方面有关。

任务 2：操作质量管理的方法

在质量管理中，常用一些方法来收集和整理数据，并对影响产品质量的原因进行分析。具体有以下几种方法。

一、分层法

分层法是指将收集来的数据，根据不同的标志进行分类、划分层次的方法。这种数据处理方法可以使杂乱无章的数据系统化、条理化，以便分清责任、找出原因、采取相应的措施解决质量问题。

常用的数据分层标志有数据发生的时间、操作人员、使用的设备、操作方法、原

材料、测量工具和测量方法、加工环境等。一般数据分层目的不同，所采用的分层标志也就不会相同。分层法是所有质量管理方法的基础，是对基础信息资料进行分析的最基本方法。

例如，某车间三个班组在同一组设备上，一天早、中、晚三个班次生产的产品的质量和数量，可采用分层法，如表 4–1 所示。

表 4–1 各班次产品的质量和数量

项目	班、组		
	早	中	晚
产量（个）	1 000	1 050	960
不合格率（个数）	1.3%（13）	0.76%（8）	1.46%（14）

通过上表我们可以发现，晚班的产量低，不合格率最高。经过进一步分析，发现这与晚班员工注意力不易集中、光线不好和无人管理有直接关系，可以采取调整休息时间、增加照明和增派晚班值班管理人员等措施解决问题。

二、排列图法

排列图法又称巴雷特图法，是找出影响产品质量主要因素的一种有效方法，它利用了“关键的少数和次要的多数”的原理，对影响产品的许多因素，按影响程度的主次排列，从中找出关键因素，以确定从哪里入手解决问题收效最大，排列图的形状如图 4–4 所示。

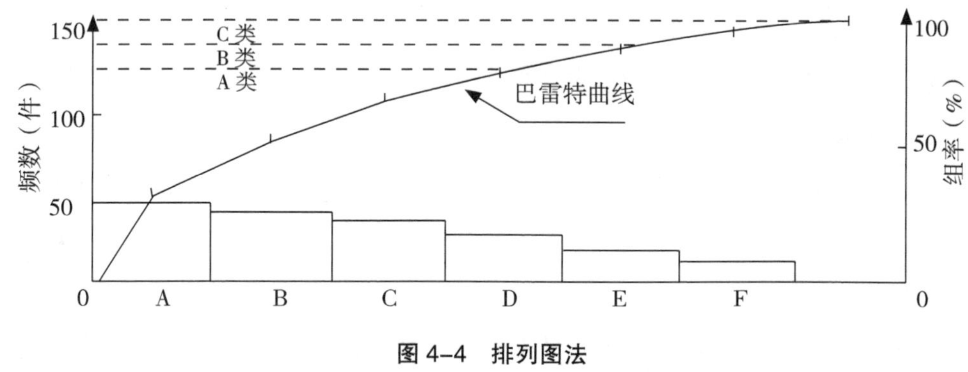

图 4–4 排列图法

排列图一般由两个纵坐标、一个横坐标、几个直方形和一条曲线所组成。左边的纵坐标表示频数（如件数、数额等），右边的纵坐标表示频率，横坐标表示影响质量的各个因素。直方图的高度表示某个因素影响的大小，曲线表示各影响因素大小的累计百分比。这条曲线就称巴雷特曲线。一般把巴雷特曲线分为三类：0~80%为 A 类，是主要因素；80% ~90%为 B 类，是次要因素；90% ~100%为 C 类，是一般因素。

例如，表 4–2 为某企业焊接缺陷统计表，据此表绘制出焊接缺陷排列图，如图 4–5 所示。

表 4–2　焊接缺陷统计

序号	项目	数量（个）	频率（%）	累计频率（%）
1	咬边裂缝	20	43.5	43.5
2	砂眼	16	34.8	78.3
3	弧坑缩孔	6	13.0	91.3
4	其他（焊接不全、局部敷焊）	4	8.7	100
合计		46	100	–

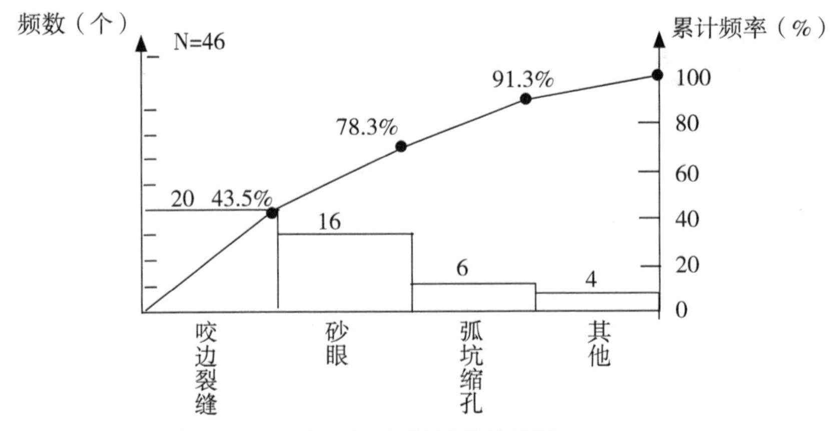

图 4–5　焊接缺陷排列图

排列图标明：焊接缺陷问题的主要因素是咬边裂缝和砂眼，一旦这些问题得到纠正，大部分质量问题即可消除。

排列图的应用十分广泛，是数理统计常用的工具之一。常见的应用场合如下所述：分析主要缺陷形式，分析产生不合格品的主要工序原因，分析产生不合格品的关键工序，分析各种不合格品的主次地位，分析经济损失的主次因素，对比采取措施前后的效果。

三、因果分析图

因果分析图又称鱼刺图，它是在排列图的基础上，为清晰而有效地整理和分析质量特性（果）波动和影响要素项目（因）之间的关系，从大到小，从粗到细，寻根溯源，直至找到问题症结所在的图示技法。

影响产品质量的主要因素一般包括人、机、料、法、环五个方面。每个方面可看成是一个大原因，每一个大原因下可包括许多个中原因，每一个中原因下又包括很多个小原因，每个小原因视需要还可进一步分解，构成了因果之间的逻辑关系。正因为影响质量特性的因素很多，关系又比较复杂，才要求有一种方法能同时整理出平行关系和因果关系，这种方法就是因果分析图法，如图 4–6 所示。

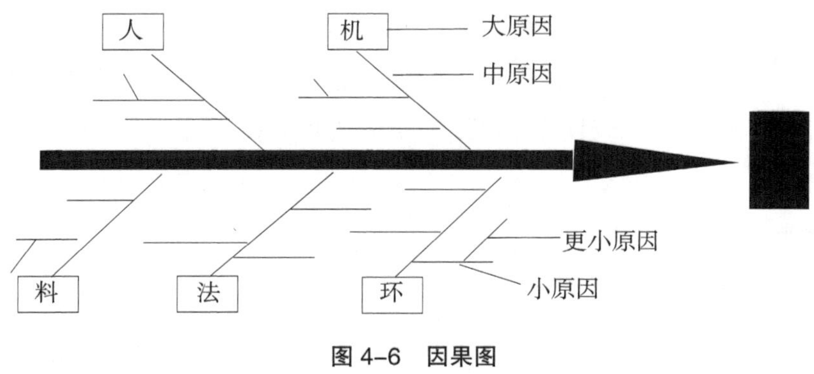

图 4–6　因果图

因果分析法的作图步骤如下：

①确定分析对象。

②发动群众、集思广益，分析产生质量问题的原因。

③整理原因，按原因的大小关系将其画在图上。

④采用排列图、分层法等方法，确定主要原因。

⑤记录制图的有关事项。

在制作因果分析图时应注意：因果分析图上的问题应是主要问题，问题要具体；要一个问题一张图；分析出的成因要简明扼要地绘在图上；原因分析要一直到具体解决办法产生为止。在主要原因处注上记号，以便分析后具体落实。解决措施实施后，用排列图检验原来的质量问题是否得到解决。图 4–7 所示的是实际工作中应用因果分析图的范例。

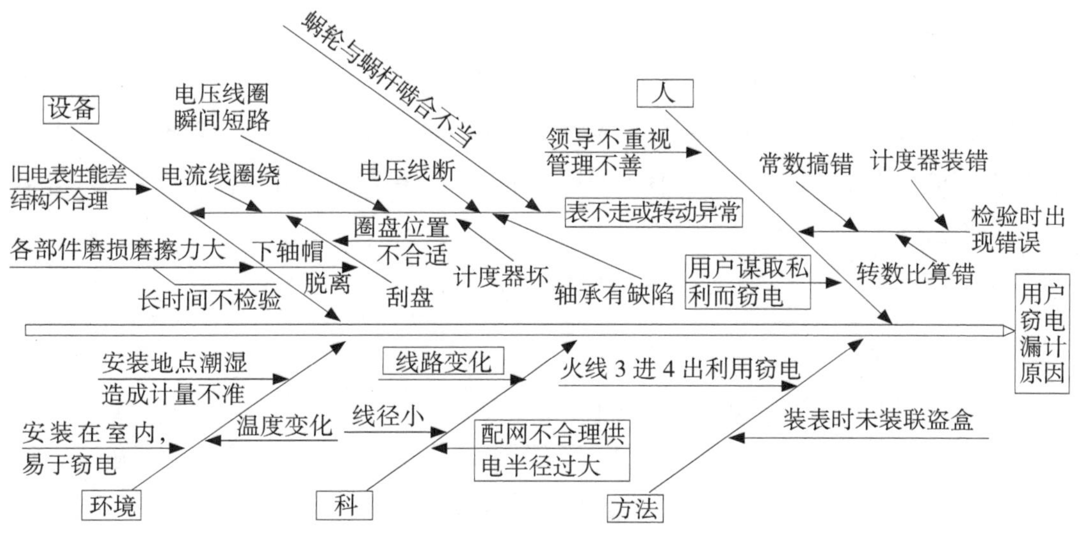

图 4–7　用户窃电、电能漏计因果图

四、散布图法

散布图法又称相关图法，是表示两个变量之间关系的图，用于分析两个测定值之间的相关关系。将两种有关数据列出，并用坐标点填在坐标图上，对数据的相关性进行直观的观察分析，可以得到定性的结论。几种常见的相关图形式如图 4-8 所示。

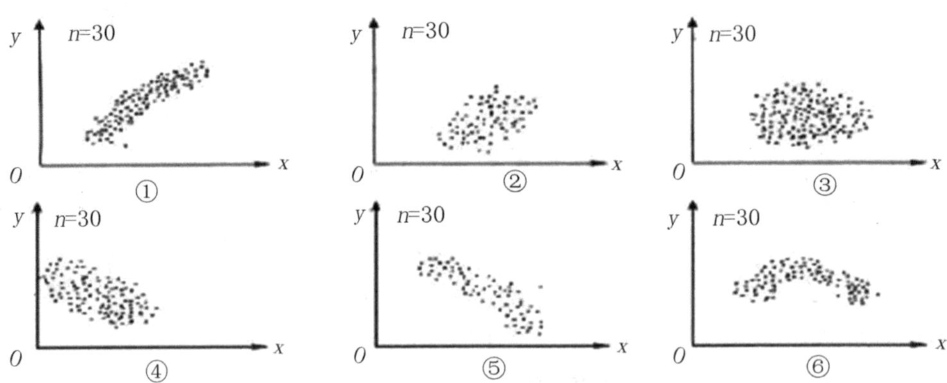

图 4-8　几种常见的相关图形式

①强正相关。y 随着 x 增大而增大，且点子分散程度小。

②弱正相关。y 随着 x 增大而增大，但点子分散程度大。

③不相关。x 与 y 无明显规律。

④强负相关。y 随着 x 增大而减小，且点子分散程度小。

⑤弱负相关。y 随着 x 增大而减小，但点子分散程度大。

⑥非线性相关。x 与 y 呈曲线变化关系。

五、直方图

直方图又称质量分布图，它是将产品质量分布情况用一系列直方矩形表示，根据直方矩形的分布形状、变动趋势以及直方矩形和公差界限的距离，判断生产过程和工序质量，进一步估算出哪一工序有可能产生多少不合格产品，并依此来调整工序。如图 4-9 所示。

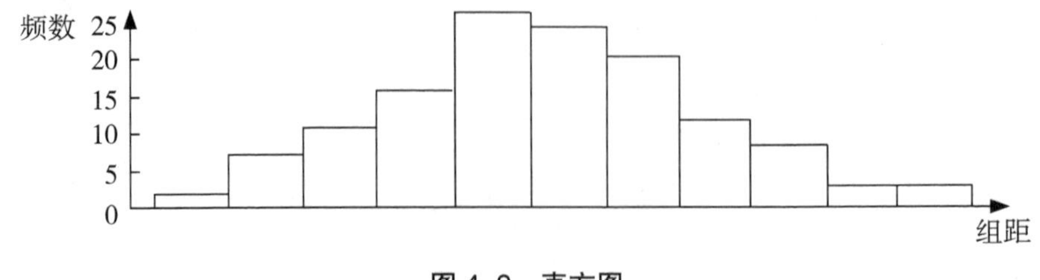

图 4-9　直方图

直方图是一种为了判断和预测产品生产过程的稳定状态与不合格品率的情况而采用的方法。要达到这个目的，就要对各类型的直方图进行观察和分析。直方图的不同形状如图 4–10 所示。

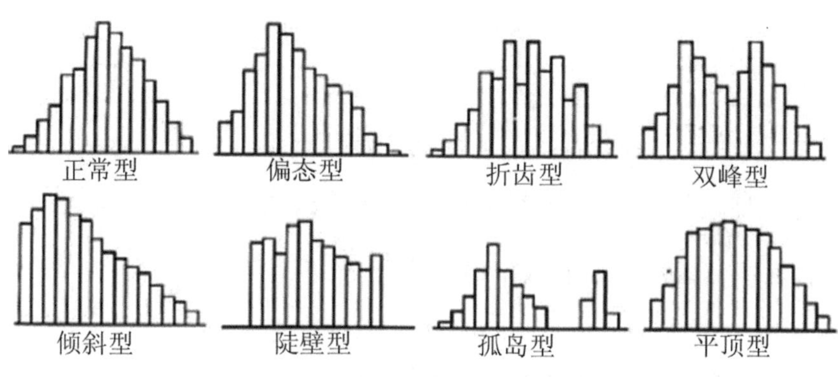

图 4–10 直方图的不同形状

六、控制图法

控制图又称管理图，它是用控制图形式，判断和预报生产过程中质量状况是否发生波动的一种常用的质量控制统计方法。它不仅对判别质量稳定性、评定工艺过程状态以及发现并消除工艺过程中的失控现象有着重要作用，而且可以为质量评比提供依据。

控制图的纵坐标表示质量特性值，横坐标表示样本的编号，样本按生产加工顺序进行编号，这与其他方法是完全不同的，样本的排序即是加工的过程。图 4–11 中，CL 为中心线，是标准特性值；UCL 是上控制线，LCL 是下控制线。把样品特性值绘到坐标系中，如果一组数据均在上下控制线内，且排序正常，则说明质量稳定；否则，就存在质量问题。

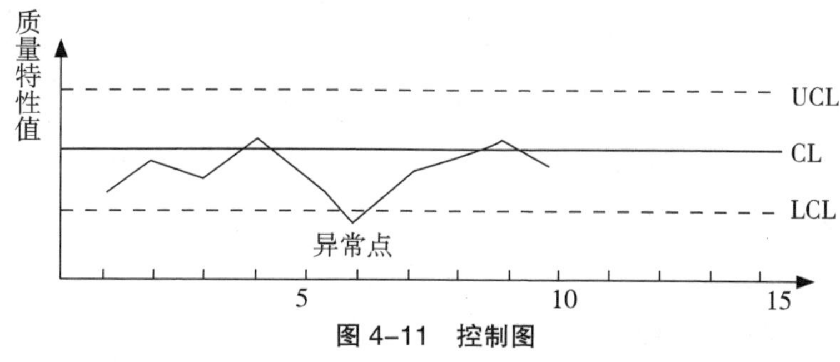

图 4–11 控制图

控制图主要用于工序质量诊断、工序质量控制、工序调查，还可用于正确制定工序质量标准和对工序成本及质量成本的预测。

◇**课堂小训练：**

某企业调查一个月生产的产品，不合格品如表 4-3 所示。

表 4-3 不合格品统计

序号	项目	数量（个）	频率（%）	累计频率（%）
1	咬边裂缝	20	43.5	43.5
2	砂眼	16	34.8	78.3
3	弧坑缩孔	6	13.0	91.3
4	其他（焊接不全、局部敷焊）	4	8.7	100
合计		46	100	–

请画出排列图，并找出影响质量的主要因素。

任务 3：颁布 ISO 9000 质量管理系列标准

ISO 9000 质量体系是国际标准化组织于 1987 年颁布的一套管理性质的国际标准，称为 ISO 9000 系列标准。它是在总结世界各国特别是发达国家的先进管理经验的基础上产生的，是一套综合性质的标准，既包括质量标准、质量要素及其保证体系标准，也包括产品形成的整个过程的控制体系等。

1. ISO 9000 族标准的产生

ISO 是一个国际标准化组织（International Qrganization for Standardization），其成员由来自世界上 100 多个国家和地区的标准化团体组成。1979 年 ISO 组织成立质量管理和质量保证技术委员会 TC176，专门负责制定质量管理和质量保证标准。

国际标准化组织在 1987 年正式颁布了 ISO 9000 系列标准的第一版。ISO 9000 标准很快在工业界得到广泛承认。目前已有 150 多个国家或地区在采用。随着国际贸易发展的需要，ISO 9000 系列标准于 1994 年进行了第一次修改，2000 年进行了第二次修改，并于 2000 年 11 月正式实施 2000 版 ISO 9000 族标准。ISO 9000 不是指一个标准，而是一族标准的统称。该系列标准于 1995 年引入我国，对进一步改革开放，适应国际经贸往来及经济技术合作，规范企业质量管理与质量保证行为，保证产品质量，规避质量风险都起到了积极的作用。

2. 2000 版 IS O9000 族标准的组成

ISO 9000：2000 族标准和文件由以下四部分构成：

第一部分：核心标准

①ISO 9000：2000 质量管理体系的基础术语。本标准规定了质量管理体系的基本

原理和术语，取代了 1994 版 ISO 8402 和 ISO 9000–1 两个标准。本标准提出了八项质量管理原则，即以顾客为关注焦点、领导作用、全员参与、过程方法、管理的系统方法、持续改进、基于事实的决策方法、与供方互利的关系，是 ISO 9000 族标准制定的指导思想和理论基础。

②ISO 9001：2000 质量管理体系的要求。本标准取代了 1994 版三个质量保证标准。新版的质量管理体系要求，采用“过程方式模型”，取代了 1994 版 ISO 9001 标准中的 20 个要素。为了适应不同类型组织的需要，新版名称中不再出现“质量保证”一词，这反映了标准规定的质量管理体系要求包括产品质量保证和顾客满意两层含义。

③ISO 9004：2000 质量管理体系业绩改进指南。本标准给出了质量管理的应用指南，描述了质量管理体系应包括的过程，强调通过改进过程提高组织业绩。本标准是 1994 版 ISO 9004–1 的替代标准。

④ISO 19011：2002 质量和（或）环境管理体系审核指南。本标准在术语和内容方面，兼有质量管理体系和环境管理体系两方面特点。本标准为审核基本原则、审核大纲的管理、环境和质量管理体系的实施以及环境和质量管理体系评审员资格要求提供了指南。

第二部分：其他标准（目前只有一项）

ISO 10012：2001 测量控制系统。

第三部分：技术报告若干份，现已列入计划的有：

①ISO/TR10006 质量管理项目管理指南。

②ISO/TR10007 质量管理技术状态管理指南。

③ISO/TR10013 质量管理体系文件指南。

④ISO/TR10014 质量经济性管理指南。

⑤ISO/TR10015 质量管理培训指南。

⑥ISO/TR10017 统计技术在 ISO 9001 中的应用指南。

第四部分：小册子若干份，现已列入计划的有：

①质量管理原理。

②选择和使用指南。

③ISO 9001 在小型企业中的应用指南。

3. ISO 9000 系列标准与全面质量管理的关系

ISO 9000 系列标准与 TQM 有着相同的理论基础——质量管理学。在此理论基础上，两者有很多共同点。

（1）原则与认识的共同点

ISO 9000 认为质量形成于产品生命周期的各个阶段，单独一个阶段是无法形成最终产品质量的。TQM 认为的“全过程”是把质量工作的重点由事后检验把关转移到预防和过程上去，不仅要抓设计开发、制造加工，而且把质量管理工作向后延伸，扩大到产品流通和消费环节，服务到用户。

（2）目的与做法角度的共同点

ISO 9000 的目的是通过贯彻标准，使企业的质量体系有效运行，使其具有持续提供符合要求的产品的能力，而且在质量保证活动中向顾客证实具有这种能力。为了实现这个目的，必须建立质量体系，通过顾客或第三方认证机构的审核、检查和企业内部的审核、检查，使质量体系不断纠正自己的不符合事项，始终保持有效并不断改进。TQM 的目的是使企业以质量为中心，通过让顾客满意、让企业本身的所有成员受益和让社会受益而达到长期成功的管理途径。在管理方法上使用 PDCA 循环。

（3）控制与实施角度的共同点

ISO 9000 认为质量形成于生产的全过程，因此想要保证产品质量，就必须使影响质量的全部因素，在生产全过程中，始终处于控制状态。它是通过一套文件化的体系——质量手册、质量体系程序、质量计划和质量记录来达到控制全过程的目的。因此，要求与质量体系有关的人员进行全员培训，采用先进的科学技术和设备，还必须在最高管理者的推动下全面实施标准的相关要求。TQM 是在数理统计分析的基础上，一切用数据说话，要求全员参加，实施全面质量管理。

由此可见，两者在原则与认识、目的与做法、控制与实施等方面是基本一致的。但也存在一些差异：

（1）参加人员范围的差异

ISO 9000 指的是与质量体系有关的人员参加，而 TQM 强调企业所有的人员参加。

（2）全面质量范围的差异

虽然都讲全面质量，但 TQM 所指的质量范围较 ISO 9000 窄。

（3）全过程控制方式的差异

ISO 9000 强调文件化，而 TQM 更重视方法和工具。

（4）强调内容的差异

TQM 强调顾客满意和社会的效益，而 ISO 9000 强调的是企业具有持续提供符合要求的产品的能力。

（5）国际通行认证的差异

根据 ISO 9000 能够进行国际通行的认证，而 TQM 则不能。

（6）规范化程度的差异

ISO 9000 是通用的标准，企业按规范化的要求去做，可比较、可检查、可操作，但是 TQM 只有书面和文章阐述的方法，没有规范化。

【实例 4–3】　海尔集团全球服务体系通过 ISO 9001：2000 质量管理体系

海尔集团是国内最早一批通过 ISO 9001 质量管理体系认证的企业之一，但为了进一步规范内部管理体系，海尔集团又针对服务体系单独进行了认证。从 1997 年提出的“只要用户一个电话剩下的事由我们来做”，到 2002 年提出的“一站式”通检服务，再到 2005 年的“海尔家电过生日，星级服务进社区”，海尔星级服务的每一次升级和创新都走在了同行业的前列。社区星级服务中心的推出，表面上看是网点布局、网点结构的调整，而本质上，体现的是与用户的零距离，目的是通过遍布各社区的各级星级服务中心，快速发现并满足用户的需求。今年，海尔又首家推出了“安全测电，家电健身”服务新举措，就是基于对用户居住环境的用电安全考虑的，通过排除用户家不安全的用电隐患，为用户营造一个安全的用电环境。海尔，已经从过去对产品的关注，上升到了对人文环境的关注。

在当今竞争激烈的家电市场，服务的标准化更显得尤为重要，其不但可以提高服务质量，增加企业的竞争力和生存能力，同时也是国内企业与国际接轨的必备条件之一。海尔顾客服务公司在秉承“企业生存的土壤是用户”的服务理念、关注用户需求的同时，一直在不断完善内部流程机制、规范管理体系，走与国际接轨的道路，最终凭借自身的努力通过了 ISO 9001：2000 质量管理体系认证。

作为中国家电行业的领头雁，海尔坚信，在实现全球家电、信息化真诚服务的同时，定能早日使海尔的服务标准成为国际级标准，使国内外消费者都成为最大的受益者。

任务 4：质量认证

各国的认证机构主要开展产品质量认证和质量管理体系认证两方面的认证业务。

1. 产品质量认证

产品质量认证是指依据产品保证和相应的技术要求，经认证机构确认并颁发认证证书或标志，标明某一产品符合相应标准和相应技术要求的活动。

产品质量认证包括合格认证和安全认证两种。依据标准中的性能要求进行认证叫合格认证，依据标准中的安全要求进行认证的叫安全认证。前者是自愿的，后者是强制的。认证的基本要素包括下列四项：

（1）型式试验

型式试验是指为了证明产品质量符合产品标准的全面要求而对产品进行的抽样检验，是构成许多类型认证的基础。

（2）质量体系检查

质量体系检查是指对产品生产企业的质量保证能力进行的检查和评定。

（3）监督检验

监督检验是指对获取认证后的产品进行的一项监督措施。它是从企业最终产品中或市场上抽取样品，由认证独立检验机构进行检验。如果检验结果证明符合标准的要求，则允许继续使用认证标志；如果不符合，则要采取必要的措施。

（4）监督检查

监督检查是指对取得认证资格的生产企业的质量保证能力进行定期复查，这是保证产品的质量持续符合标准的又一项监督措施。

2. 质量管理体系认证

质量管理体系认证又称质量管理体系注册，是指由公正的第三方体系认证机构，依据正式发布的质量管理体系标准，对企业的质量管理体系实施评定，并颁发体系认证证书和发布注册名录，向公众证明企业的质量管理体系符合某一质量管理体系标准，有能力按规定和质量要求提供产品，可以相信企业在产品质量方面能够符合相关的要求和标准。

质量管理体系认证的过程分为四个阶段，即认证申请、体系审核、审批与注册发证、监督。

（1）认证申请

企业向某个认证机构提出申请，按机构要求提交申请文件。体系认证机构根据企业提交的申请文件决定是否受理申请，并通知该企业。

（2）体系审核

认证机构指派数名国家注册审核人员实施审核工作，包括审核企业的质量手册、到企业现场查证实际执行情况，提交审核报告等。

（3）审批与注册发证

认证机构根据审核报告决定是否批准认证。对批准认证的企业颁发体系认证证书，并将企业的有关情况注册公布，准予企业以一定方式使用体系认证标志。证书有效期通常为3年。

（4）监督

在证书有效期内，体系认证机构每年对企业至少进行一次监督检查，查证企业有关质量管理体系的保持情况，一旦发现企业有违反有关规定的事实证据，即对企业采取措施，暂停或撤销企业的体系认证。

【课堂案例讨论】质量检验合格报告是否能够替代合格证

2014年1月3日，王某到一家商场购买了一台新款电冰箱。运回家后，发现只有产品质量检验合格报告，而没有产品合格证，遂找到商场要求退货。商场拒绝退货，理由是有质量检验合格报告表明质量合格，没有产品合格证不等于冰箱质量不合格。

讨论内容：

质量检验合格报告是否能替代合格证？为什么？

相关链接

ISO 9000标准简介

1.1987版IS 09000族标准

TC176成立后，于1986年颁布了第一个国际标准ISO 8402《质量——术语》，1987年又颁布了ISO 9000族质量管理和质量保证国际标准，即：

ISO 9000质量管理和质量保证标准——选用和使用指南。

ISO 9001质量体系——设计/开发、生产、安装和服务的质量保证模式。

ISO 9002质量体系——生产和安装的质量保证模式。

ISO 9003质量体系——最终检验和试验的质量保证模式。

ISO 9004质量管理和质量体系要素——指南。

2.1994版ISO 9000族标准

1994年7月1日，ISO正式发布1994版ISO 9000系列标准，它对1987版标准进行了技术性修订，并取代了1987版ISO 9000系列标准。最终，1994版ISO 9000族标准形成3个系列27个正式标准。主要有：

ISO 8402：1994 质量管理和质量保证术语

ISO 9000-1：1994 质量管理和质量保证标准第 1 部分：选择和使用指南

ISO 9000-2：1993 质量管理和质量保证标准第 2 部分：ISO 9001、ISO 9002 和 ISO 9003 实施通用指南

ISO 9000-3：1993 质量管理和质量保证标准第 3 部分：ISO 9001 在软件开发、供应和维护中的使用指南

ISO 9000-4：1993 质量管理和质量保证标准第 4 部分：可信性大纲管理指南

ISO 9001：1994 质量设计、开发、生产、安装和服务的质量保证模式

ISO 9002：1994 质量体系生产、安装和服务的质量保证模式

ISO 9003：1994 质量体系最终检验和试验的质量保证模式

ISO 9004-1：1994 质量管理和质量体系要素第 1 部分：指南

ISO 9004-2：1991 质量管理和质量体系要素第 2 部分：服务指南

ISO 9004-3：1993 质量管理和质量体系要素第 3 部分：流程性材料指南

ISO 9004-4：1993 质量管理和质量体系要素第 4 部分：质量改进指南

ISO 10011-1：1990 质量体系中审核指南

ISO 10011-2：1991 质量体系中审核指南——质量体系审核员资格准则

ISO 10011-3：1991 质量体系中审核指南——审核工作管理

ISO 10012-1：1992 测量设备的质量保证要求第 1 部分：测量设备的计量确认体系

理论思考

1. 全面质量管理

2.PDCA 循环管理法

3. 控制图法

4.ISO 质量体系

5. 产品质量认证

实训任务

产品质量调查

实训目标

1. 提高学生对产品质量重要性的认识。

2. 培养学生辨别产品质量的能力。

实训内容与方法

1. 以小组为单位，把学生分成几组，每组 6~10 人。
2. 深入当地企业或商场或超市调查产品质量状况。
3. 具体查看产品是否有质量安全标志、生产日期、生产地点、保质期、执行标准、3C 认证标志、节能标识等。
4. 根据所学内容搜集汇总后，撰写一份产品质量报告。

实训要求

1. 掌握产品质量的控制方法。
2. 熟悉产品质量认证方法与标志。
3. 分析产生产品质量问题的原因。

实训检测

1. 以小组为单位，每组提交一份产品质量报告。
2. 在班上进行讨论和交流。
3. 各组派代表发言；各组分别对其他各组评分，并指出成功与不足；各组对组员进行评分。
4. 由教师根据学生的具体情况进行评价，确定成绩。

项目五　企业营销管理

项目任务　企业营销策划

知识目标：

1. 了解营销观念
2. 领会市场营销管理过程
3. 理解目标市场的选择
4. 编制市场营销计划书
5. 掌握市场营销组合策略

能力目标：

1. 能够进行企业经营活动分析
2. 能够选定企业目标市场并进行市场定位
3. 能够进行企业营销策划

案例导入

麦当劳和肯德基公司在中国的市场营销组合

美国的麦当劳和肯德基公司是举世公认的发展迅速的快餐连锁企业，它们取得巨大成功的关键就在于采用了结构良好的市场营销组合。它们在进入世界各地不同市场前，必定是在广泛研究的基础上进行市场定位，并针时不同的情况制定不同的市场营销组合。这两家公司在进入中国市场时．先进行了几年的市场研究，把市场定位在儿童和白领青年阶层，并针对该目标市场的特点制定出市场营销组合。

产品策略：标准的、稳定的、高质量的产品；服务时间长，服务速度快；良好的就餐环境（包括适度的灯光、卫生的洗手间、适合小顾客的洗手池等）。

价格策略：中档价格（在发达国家为低价策略）。

渠道策略：营业场所选择在顾客密集区域，组织特许连锁经营，扩展新店。

促销策略：强有力的广告宣传。广告媒体以电视及街头广告牌为主，内容针对儿童及年轻人的口味，配合“儿童乐园”“生日歌舞”“儿童玩具”等营销推广手段合理进行市场定位，按目标市场的需要，采用恰当且结构良好的市场营销组合，综合运用各种营销策略和手段，形成营销合力，是市场营销成功之所在。

思考题：

1. 麦当劳和肯德基公司在中国市场的营销组合策略有哪些？
2. 你认为企业市场营销成功的关键是什么？

市场营销是企业经营管理的重要内容之一，要做好市场营销工作，就必须对市场营销的各个环节和要素进行有效的管理。

任务1：树立市场营销观念

市场营销是企业为了满足市场需要，以有效实现经营目标为目的，有计划地促进商品交换的行为与过程的总和。研究市场营销，首先要了解什么是市场，任何企业都和市场存在着千丝万缕的联系。

一、市场

市场是社会生产和社会分工发展的产物，它与商品生产、商品交换是同时出现的。狭义的市场是指买方和卖方聚集在一起进行交换的实地场所。广义的市场是指商品和劳务交换的场所、领域及其关系的总和。从市场营销的角度来看，市场是由一切具有特定欲望和需求并且愿意和能够以交换来满足这些需求的潜在顾客所组成。

市场包括三个要素：有某种需要的人（购买者）、满足某种需要的购买能力和购买欲望。用公式表示为：

市场 = 人口 × 购买力 × 购买欲望

市场的这三个要素相互制约，缺一不可，共同决定着市场的规模和容量。例如，一个地区人口很多，但由于当地经济不发达，收入较低，购买力有限，则不能构成一个很大的市场；而另一个地区经济很发达，收入很高，购买力很强，但是人口很少，也不能构成一个大市场。只有人口多、购买力强，并有对某种商品强烈的购买欲望，才能构成某种商品的较大市场。

二、市场营销观念的演变

市场营销观念是企业开展市场营销工作的指导思想。它集中反映了企业以何种态度和思想方法去看待和处理企业、顾客和社会三者之间的利益关系。市场营销工作的指导思想正确与否对企业经营的成败具有决定性的意义。西方企业的市场营销观念经历了一个演变过程，先后有生产观念、产品观念、推销观念、市场营销观念、社会营销观念和大市场营销观念。

1. 生产观念

生产观念又称生产中心论，是一种最古老的经营观念，它产生于 20 世纪 20 年代以前。该观念认为，消费者喜欢那些买得到的价格低廉的产品。因此，企业应组织所有资源，提高劳动效率，扩大生产，拓展市场。生产观念是一种重生产、轻营销的企业指导思想。在短缺经济的情况下，生产观念是指导市场营销的有效观念。

【实例 5–1】 福特自豪于“以产定销”的生产观念

在 20 世纪初，美国福特汽车公司曾倾全力于汽车的大规模生产，以降低成本，使大多数美国人能买得起汽车，扩大福特汽车的市场。同时因其生产的 T 型车十分畅销，根本无需推销兜售，以致亨利·福特这位汽车大王曾傲慢地宣称：“不管顾客需要什么颜色的汽车，我只有一种黑色的。”

2. 产品观念

随着社会经济水平的提高，产品观念应运而生。该观念认为，消费者喜欢那些质量优、性能好、有特色、价格合理的产品，企业应致力于提高产品质量，只要做到物美价廉，消费者就会找上门，无需大力推销。在产品供给不太紧张的情况下，产品观念是指导市场营销的有效观念。在 20 世纪 30 年代以前，多数西方企业广泛奉行这一观念。

3. 推销观念

自 20 世纪 30 年代以来，由于科学技术的进步，产品数量迅速增加，产品质量不断提高，买方市场开始在西方国家逐渐形成。该观念认为，消费者通常表现出一种购买惰性或抗衡心理，消费者一般不会足量购买某一企业产品。因此，企业必须积极推销和大力促销，以刺激消费者大量购买本企业产品。推销观念是从卖方市场向买方市场的转折过程中产生的。

4. 市场营销观念

市场营销观念又称需求中心论。它产生于 20 世纪 50 年代中期。该观念认为，实现企业营销目标的关键在于正确掌握市场的需求，调整整体市场营销组织，使企业能比竞争者更有效地满足消费者的需求。这种营销观念的具体表现是消费者需要什么就卖什么，而不是企业自己能生产什么就卖什么。

5. 社会营销观念

社会营销观念又称社会中心论。它产生于 20 世纪 70 年代西方资本主义国家能源短缺、通货膨胀、失业增加、环境污染严重、消费者保护运动盛行的新形势下。该观念认为，企业提供的产品不仅要满足消费者的需求与欲望，而且要符合消费者和社会的长远利益，企业要关心与增进社会福利，企业的营销决策必须全面兼顾企业利润、消费需求、社会利益三方面的统一。

【实例 5–2】　澳柯玛迈向冰柜社会化营销

青岛澳柯玛集团是我国最早被认定为“中国驰名商标”的四家家用电器企业之一、中国独家“中国电冰柜大王”企业，目前综合实力列行业第七位，属国家大型一级企业，山东省重点工业企业集团。

可持续发展是澳柯玛集团企业发展的根本方向，澳柯玛集团在同行业内率先开始致力于无 CFC 替代项目改造工作，并已成为为全球最大的无 CFC 电冰柜生产基地，同时在电冰柜、洗碗机生产行业内最先通过 ISO14001 环境管理体系认证。目前，澳柯玛正向节能、环保高科技家电领域开辟新的发展空间，进行充分的产品结构、组织结构调整工作，实施产品的“纵向拉长，横向拓宽”，规划在未来三年及更长的时期内，在国内占领环保、节能家电行业的领头地位，带领中国家电行业向世界家电王国进军。

6. 大市场营销观念

大市场营销是对传统市场营销组合战略的不断发展，它产生于 20 世纪 80 年代。该观念认为，企业为了进入特定的市场，并在那里从事业务经营，在策略上应协调地运用经济的、心理的、政治的、公共关系等手段，以取得外国或地方各方面的合作与支持，从而达到预期的目的。大市场营销战略在 4P（产品、价格、渠道、促销）的基础上加上 2P（权力、公共关系），从而进一步扩展了营销理论。

市场营销观念演变的六种代表观念，在研究出发点、方法和追求目标上的区别如表 5–1 所示。

表 5–1　市场营销六种代表观念的区别

观念	出发点	方法	追求目标
生产观念	提高产量	降低成本、提高生产效率	在销量增长中获利
产品观念	提高质量	生产更加优质的产品	用高质量的产品推动销售增长
推销观念	产品销售	加强推销和宣传活动	在扩大市场销售中获利
市场营销观念	顾客需求	运用整体营销策略	在满足顾客需求中获利
社会营销观念	社会利益	运用整体营销策略	维护社会长远利益，满足消费者需求
大市场营销观念	市场环境	运用 4P+2P 的整体营销策略	进入特定市场，满足消费者需求

三、市场营销新趋势

随着市场竞争的加剧和世界经济一体化进程的加快，市场营销环境发生了巨大的变化，企业必须在未来市场竞争中采取新的营销战略，只有这样才能与不断变化的大趋势相适应。纵观国内外许多企业的成功经验，当前市场营销主要有以下新趋势。

1. 整体市场营销

1992年，美国市场营销学界的权威菲利普·科特普提出了跨世纪的营销新观念——整体市场营销。整体市场营销是指企业从长远利益出发，对与企业经营有关的所有行为者开展全方位的市场营销活动。整体市场营销主要包括供应商、分销商、最终顾客、职员、财务公司、政府、同盟者、竞争者、传媒和一般大众。前四者构成微观环境，后六者体现宏观环境。企业的营销活动就是要从这10个方面进行。

2. 关系市场营销

从20世纪80年代起美国理论界开始重视关系市场营销，即为了建立、发展、保持长期的、成功的交易关系进行的所有市场营销活动。它的着眼点是与企业发生关系的供货方、购买方、侧面组织等建立良好稳定的伙伴关系，最终建立起一个牢固、可靠的业务关系组成的“市场营销网”。以追求各方面关系利益最大化。这种从追求每笔交易利润最大化转化为追求同各方面关系利益最大化是关系市场营销的特征，也是当今市场营销发展的新趋势。关系市场营销的基础和关键是“承诺”与“信任”。

3. 绿色营销

绿色营销是随着现代企业经营环境的变化而产生的。绿色营销是指企业以环境保护观念作为其营销哲学思想，以绿色文化为其价值观念，以消费者的绿色消费为中心和出发点，力求满足消费者绿色消费需求的营销策略。通过绿色营销活动，协调了企业利益、保护环境、社会发展三者的关系，使经济的发展既能满足当代人的需求，又不至于对后代生存和发展构成危害和威胁。绿色营销观念将在企业的市场营销中产生越来越重要的影响。

4. 网络营销

进入21世纪，随着信息技术的迅猛发展，特别是以互联网为核心的网络技术的发展与应用，整个社会将进入全新的网络经济时代。企业借助因特网开展的一系列的营销活动称为网络营销。网络营销使消费者和企业可以同时发布和接受信息，直接进行沟通，企业的营销活动一对一地进行，充分满足消费者的个性化需求，不仅可以减少中间环节，还可以大大降低交易成本。网络营销将成为21世纪的主要营销方式。

5. 定制营销

进入 20 世纪 90 年代后期，各种媒体的现代化信息传动使消费者价值取向进一步多变，消费者将目光转向“个性化”和“多元化”。商品的消费不光是给人物质上的享受，更重要的是带来一种标新立异的精神满足感。在市场上找不到合意的商品后，消费者就希望能借助于企业为自己定制。定制营销是指企业在大规模生产的基础上，将每一位顾客都视为一个单独的细分市场，根据个人的特定需求来进行市场营销组合，以满足每位顾客的特定需求的一种营销方式。

◇课堂小思考：以节约能源、资源和保护生态环境为中心，强调污染防治，是哪一种营销？

任务 2：确定市场营销管理过程

市场营销的管理过程是指根据企业的经营战略，识别、分析、选择和利用市场营销机会，运用管理的各种职能和手段，使企业的营销活动与复杂的市场环境相适应，以实现企业的任务和目标的过程。具体包括发现和分析市场机会、选择目标市场和市场定位、制定市场营销策略、编制市场营销计划、实施市场营销计划。如图 5–1 所示。

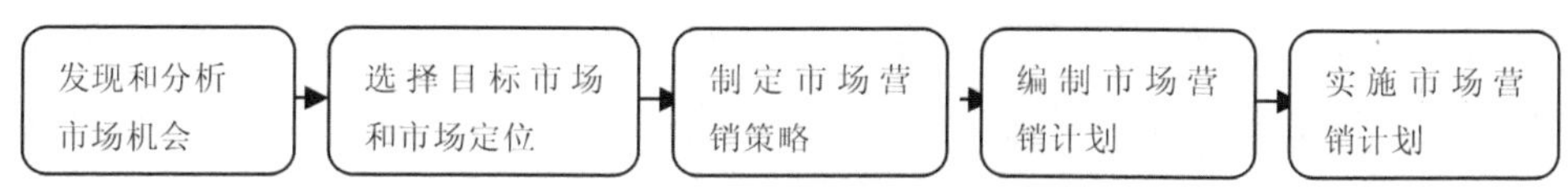

图 5–1 市场营销管理过程

一、发现和分析市场机会

市场机会是指市场所存在的尚未被满足或未完全满足的需求。企业市场营销活动的首要任务就是寻找和识别市场机会。对于企业来说，其市场机会的关键在于是否能比潜在竞争者从市场环境的机会中获得更大的利益。

为了发现市场机会，营销人员必须广泛收信市场信息，善于分析、评价哪些才是适合本企业的营销机会。市场上一切未满足的需要都是市场机会，但能否成为企业的营销机会，要看它是否适合于企业的目标和资源，是否能使企业扬长避短，发挥优势，比竞争者或可能竞争者获得更大的超额利润。

1. 市场营销环境分析

市场营销环境是指影响和制约企业营销活动及其目标实现的各种因素的总和，包括宏观环境和微观环境。

（1）宏观环境分析

宏观环境是指企业不能控制的、影响企业营销活动的社会性力量与因素，包括政治、经济、人口、自然、社会文化、法律和科技状况等。企业营销活动必须全面、准确地分析这些因素。由于这些力量和因素从宏观角度间接作用于企业的营销活动，因此，又可以称为间接环境。

（2）微观环境分析

微观环境是指企业可以控制或可以施加影响的、对企业的营销活动构成直接影响的各种力量与因素，包括企业本身、供应商、营销中介、消费者或顾客、竞争者及各种公众，这些都会影响企业为其目标市场服务的能力。由于这些力量和因素以更直接的方式制约企业的生产经营活动，又可以称为直接环境。

2. SWOT 分析

市场营销环境分析的重点是市场机会和威胁的分析，需要明确主要的机会和威胁是什么，来自何方，对企业营销的影响程度有多大，并提出相应的对策。市场营销环境分析常用的方法是 SWOT 分析法，利用这种方法可以找出对企业有利的因素和不利的因素，发现企业存在的问题，找出解决办法，以明确以后的发展方向。

（1）SWOT 分析法的含义

SWOT 分析法，又称优劣势分析法，是将宏观环境、市场需求、竞争状况和企业营销等条件进行综合分析，来确定与企业营销活动有关的优势、劣势、机会和威胁，从而将企业的战略、内部资源和外部环境有机地结合起来。

①优势。优势（strengths）是指企业与竞争对手相比有不可匹敌、不可模仿的独特能力。

②劣势（weakness）。是指企业与竞争对手相比存在的缺陷和不足。

③机会（opportunities）。是指营销环境中有利于企业实现经营目标的各种机遇。

④威胁（threats）。是指营销环境中不利于或限制企业发展的各种趋势。

（2）SWOT 分析的步骤

①内部环境分析（SW）。分析企业的内部优势、劣势，企业通过 SW 分析，可以扬长避短，充分挖掘企业内部优势，增加企业的竞争力，加速企业的发展。

②营销机会与威胁分析（OT）。分析企业面临的外部机会与威胁，市场机会能否成为企业的机会，要看此市场机会是否与企业目标、资源及任务相一致，企业利用此市场机会能否比其竞争者带来更大的利益。对于环境威胁，企业要及时发现并采取有针对性的营销策略，规避风险。

③内部与外部分析。将外部机会、威胁与企业内部优势、劣势匹配，形成可行的备选战略。

（3）SWOT 分析的组合

SWOT 分析方法为企业提供了四种战略选择：SO 战略、WO 战略、ST 战略和 WT 战略。

① SO 战略。优势——机会战略，是一种发展企业内部优势与利用外部机会的战略。这是一种理想的战略模式。当企业具有特定方面的优势，外部环境又为发挥这种优势提供了有利机会时，可以采取该战略。

② WO 战略。劣势——机会战略，是利用外部机会弥补内部劣势，是企业改变劣势而获取优势的战略。虽然存在外部机会，但由于企业存在一些内部劣势而妨碍其利用机会，则可采取措施先克服这些劣势。

③ ST 战略。优势——威胁战略，是指企业利用自身优势，回避或减轻外部威胁所造成的影响。

④ WT 战略。劣势——威胁战略，是一种旨在减少内部劣势、回避外部环境威胁的防御性战略。当企业处于内忧外患的情况下时，往往面临生存危机，降低成本也许成为改变劣势的主要措施。下面通过克莱斯勒公司的 SWOT 战略组合来说明 SWOT 分析法的具体应用，如表 5-2 所示。

表 5-2　克莱斯勒公司的 SWOT 组合

内部环境 / 外部环境	内部优势（S）	内部劣势（W）
	① 1985~1987 年产品的质量提高 35% ②劳动力成本比福特和通用低 ③在航天工业中是行业领先者 ④盈亏平衡点从 240 万辆降为 150 万辆 ⑤拥有 50% 的小型面包车市场	①购买美国汽车公司使负债成本比例上升到 60% ②固定资产占总资产的 40% ③很少有合资企业 ④经营活动局限于加拿大、墨西哥、美国
外部机会（O）	SO 战略	WO 战略
①美元贬值 ②航天工业每年增长 20% ③利息率下降 ④通用的一种新车遇到问题	①购买一个航天工业公司 ②增加出口 50% 小型面包车	①建立一个航天工业合资企业 ②在欧洲建立一个生产小汽车的工厂
外部威胁（T）	ST 战略	WT 战略
①外国企业增加了对美国市场的占有 ②中东的不稳定局势使油价上升 ③福特有一种很好的新汽车推出	增加 50% 广告费	

二、选择目标市场和市场定位

企业经过市场环境分析后，还要在市场细分的基础上选择对企业最有吸引力、可为之提供有效服务的部分市场作为目标市场，实现目标市场营销，并在目标市场上为产品确定适当的竞争地位。

1. 市场细分

市场细分是指企业通过市场调研，依据消费者的需求特点、购买行为等方面的差异，把市场整体划分为若干个消费群的市场分类过程。市场细分的客观基础主要是消费者需求的差异性，这是市场细分的内在依据。

对于不同的企业，不同的营销环境，细分标准是不同的。市场细分的一般因素包括地理环境因素、人口因素、消费心理因素和购买行为因素。市场细分策略实施是一个复杂而细致的工作，一般要经历以下几个步骤。

（1）选择与确定营销目标

将要细分的市场与企业目标联系起来，选择一种产品或一定的市场范围以供研究。真正的市场细分往往是在已经从一个整体市场划分出来的某个具体市场上进行的。例如，企业要确定生产家用电器，究竟是生产所有的家电产品，还是确定仅仅生产电视机，如果明确生产电视机，则电视机的消费者就是企业细分的对象。

（2）选择市场细分因素

市场细分可以用一种因素，如用地理位置因素进行细分，更多的是两种以上的因素相结合进行综合细分。究竟选择哪些变量作为细分的因素，通常要根据行业特点，并结合以往的经验和结果来确定，例如，汽车企业可以按照人口和行为因素而细分为家用汽车市场。

（3）初步细分，决定粗略市场

在选定细分的因素后，找出各类消费者的典型，分析他们的需求情况，从中找出最迫切的需求，然后按照细分因素进行初步的细分。例如，汽车企业采用人口因素中的“家庭收入”和行为因素中的“追求利益”作为细分变量，确定以“工薪阶层”结合“工作需要”“作为代步工具及摩托车的替代品”作为细分形式的分析单位。

（4）筛选

通过调查分析，确定各个子市场的特点，剔除那些不足以明显区分消费者需求差异的和不能代表一个消费者群需求特点的一般性因素，同时归拢合并一些特点类似的消费需求因素，重点分析目标消费者群的特点。

（5）审查各细分市场，为细分市场命名

各细分市场编排完，认真审核各个细分市场的规模、竞争状态、发展潜力等，然后为细分市场命名，市场命名尽量用形象化方法表示，例如，“女性汽车市场”“男性汽车市场”等。

（6）选择目标市场

通过分析，企业可能发现若干个有利可图的细分市场，企业可将这些细分市场按赢利程度排列，在综合考虑各种因素的基础上，从赢利最多的细分市场开始依次选择目标市场，直到企业的能力不能再顾及为止。

2. 目标市场的选择

目标市场就是通过市场细分后，企业准备以相应的产品和服务满足其需要的一个或几个子市场，也就是企业拟投其所好，为之服务的那个顾客群。企业选择目标市场时，一般来说，有三种可供选择的目标市场策略，即无差异性市场策略、差异性市场策略和集中性市场策略。

（1）无差异性市场策略

无差异性市场策略是指企业不考虑市场需求的差异性，将整个市场看作一个大的目标市场，把一种产品用一种标准化的营销组合策略推向所有的消费者，如图5–2所示。

无差异性市场策略的优点：大批量的生产能够降低单位产品成本，节省大量的调研、产品开发、广告宣传、管理等费用。

无差异性市场策略的缺点：市场适应性较差，随着市场的变化和消费者水平的提高，一种产品长时间被消费者接受的情况是极少的。

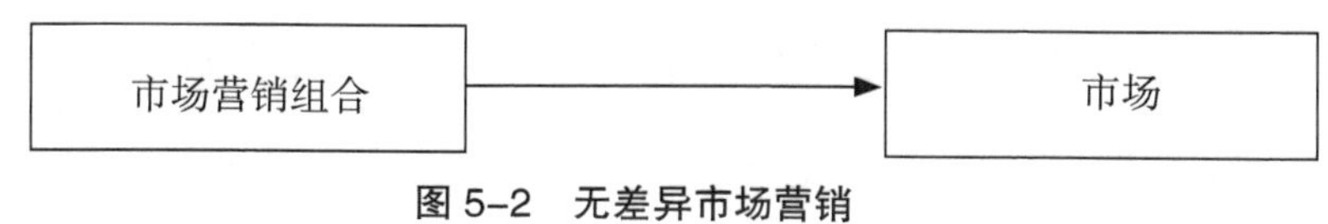

图5–2 无差异市场营销

（2）差异性市场策略

差异性市场策略是指企业在市场细分的基础上，选择若干个细分市场作为目标，针对每个目标市场，分别设计不同的产品和营销方案，如图5–3所示。

差异性市场策略的优点：市场适应性强，能够针对性地满足不同顾客群体的消费需求，扩大市场范围，提高产品的竞争力，提高市场经营抗风险能力。

差异性市场策略的缺点：在推动销售额上升的同时也在推动成本的增加。这种策略适用于实力强大的大企业。

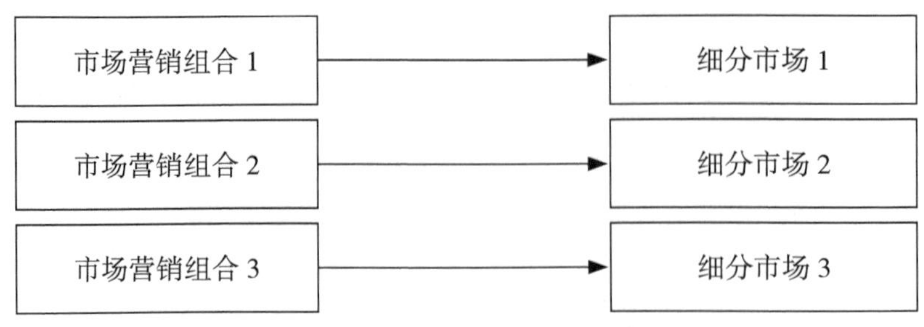

图 5–3　差异性市场营销

（3）集中性市场策略

集中性市场策略是指在市场细分的基础上，选择一个或几个细分市场作为企业的目标市场，经营一类产品，实施一套营销策略，集中企业的资源和实力为之服务，争取更大的市场份额，如图 5–4 所示。

集中性市场策略的优点：能够发挥企业的资源优势，集中资源在小市场获得营销成功。

集中性市场策略的缺点：经营风险较大，一旦市场发生突变，会使企业陷入困境。集中性市场营销一般适用于中小企业，或企业发展的初期。

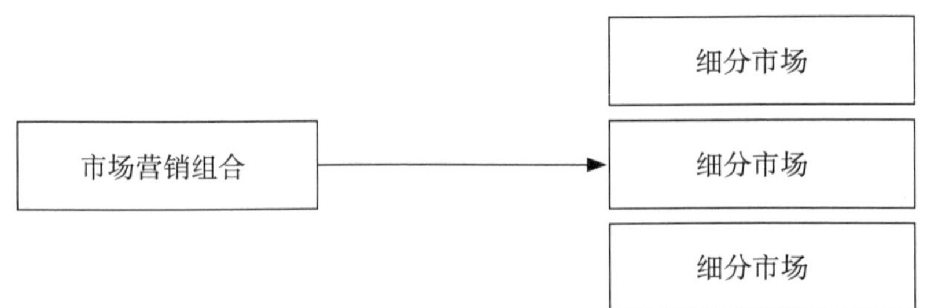

图 5–4　集中性市场营销

这三种目标市场选择的策略各有利弊，企业应全面考虑其资源能力、市场和生产的特征、产品生命周期阶段以及竞争者的市场策略等因素，交替或综合使用。

【实例 5–3】　　小制鞋公司的皮便鞋

有一家小规模的制鞋公司，在皮鞋市场上的竞争力较弱。通过市场调查和细分后，了解到皮鞋市场有各种不同的皮革制成的皮鞋，款式约 150 多种。但有很多消费者喜欢在家穿舒适的皮便鞋，该公司决定以此消费者群体作为目标市场，集中企业的一切资源，专门生产这种皮便鞋，使公司在竞争激烈的皮革制品市场上站住了脚，获得了很大的经济效益。

◇课堂小思考：美国通用汽车公司生产“凯迪拉克”“别克”“雪弗兰”等品牌汽车，用以满足高、中、低收入者对汽车的特定要求。请问该公司采用的是哪种选择目标市场的策略？

3. 市场定位

企业选定目标市场之后，就要在目标市场上进行企业与产品的市场定位。市场定位是企业全面战略计划中的一个重要的组成部分，它关系到企业及其产品如何扩大影响，占领和巩固自己的市场地位的问题。

市场定位是指确定产品与企业在目标市场上的地位。市场定位的实质就是取得目标市场的竞争优势，确定产品在消费者心目中的适当位置并留下深刻印象，以便吸引更多的潜在消费者。

（1）市场定位的方法

市场定位关键是要确定产品与企业在目标市场的地位，就要从各方面为产品与企业创造一定的特色，并要随着环境的变化不断调整，使企业保持旺盛的生命力。市场定位的方法有如下几种。

①根据产品特色定位。特色就是与众不同。突出特色就能造成差异。企业应该利用新发明或新技术生产出新产品并率先进入市场，使产品具有较为明显的特色或优于同类产品的性能，在某些方面能占据“第一”的位置。企业应该刻意宣传产品中最有特色的“第一”的方面，舍弃与竞争品的共性，弱化不如竞争品的地方，使自己的产品与竞争品拉大差距，给消费者留下较深刻的印象。例如，“农夫山泉有点甜”，从味道上与其他矿泉水区分。

②根据消费者追求的利益和需要解决的问题上定位。产品所提供的满足消费者需要的利益是多方面的，找出消费者的利益点作为产品的卖点，并诉之于目标市场，这是极有成效的定位。例如，宝洁公司的洗发水有多种品牌，每个品牌都有其独特的利益定位：海飞丝是“去头屑专家”，潘婷是“营养专家”，飘柔是“柔顺专家”。

③根据使用者类型定位。产品的使用者按收入、职业、文化、生活方式等分为不同的类型。企业在市场细分的基础上，根据不同类型使用者的需求，生产不同用途或性能的产品，使之定位于不同的消费者群体。例如运动鞋市场，企业根据不同运动的特点生产出了适合不同运动的专用运动鞋，如各种田径鞋、球鞋、旅游鞋和登山鞋等。

④根据产品的用途定位。产品的用途分为专门性用途和通用性用途。在专门性用途产品的定位中，最关键的是突出产品的专用性、不可替代性；在通用性用途产品的

定位中，要突出产品的通用性强，可以方便地与其他通用零配件或标准设备配套使用。

⑤根据竞争状况定位。根据本企业产品和同类企业产品之间的竞争关系定位。市场上的企业大致处于四类竞争状态，即市场领先者、市场挑战者、市场追随者和市场补缺者。用市场占有率表示，其情况大致是：市场领先者的市场占有率约为40%，市场挑战者的市场占有率约为30%，市场追随者的市场占有率约为20%，市场补缺者的市场占有率约为10%。不同行业的上述市场占有率比例有所增减。

（2）市场定位的步骤

企业市场定位工作一般应包括三个步骤：一是通过市场调研，明确潜在的竞争优势；二是选择相对的竞争优势：三是传播和送达定位信息。

①明确潜在的竞争优势。企业进行市场定位时，首先必须在充分研究竞争对手和自身资源积累的基础上，明确自己的竞争优势所在，这样才能充分发挥自身的优势，形成不同于竞争对手的鲜明特色。首先，要研究竞争对手的定位情况；其次，要研究消费者对产品的评价标准；再次，要研究企业自身的资源积累情况。

②选择相对竞争优势。相对竞争优势是指凌驾于竞争对手之上，足以克敌制胜的比较优势。在充分研究竞争对手及自身条件的基础上，企业将通过进一步确定自己的竞争优势来进行市场定位。相对竞争优势来自两个方面：一是价格优势，二是产品的差别化优势。

③传播和送达定位信息。企业在确定了自己的市场定位后，还必须从以下几个方面把这种定位信息传达给目标市场。首先，要建立与市场定位相一致的形象；其次，巩固与市场定位相一致的形象；最后，矫正与市场定位不一致的形象。

【实例 5-4】　万宝路的成功之路

万宝路最初的市场定位就是为了迎合女性烟民的需要。万宝路（Marlboro）这一名称是“Men Always Remember Love Because of Romance Only”的缩写，意为“男人总是忘不了女人的爱”。万宝路香烟甚至把烟嘴都染成红色。但从1924年问世到20世纪50年代，万宝路始终默默无闻。女性由于身体原因，抽烟较男性有更多的节制，这就很难形成稳定的消费群体。事实上，正是女性香烟这一定位导致了如此后果。

菲利普公司对此心存不甘，1954年，公司对万宝路香烟重新进行市场定位。正如当时万宝路的广告代理人所说：“让我们忘掉那个脂粉香艳的女子香烟，重新创造一个富有男子汉气魄的举世闻名的万宝路香烟。”这一产品定位的传播，仅在一年内就使得万宝路香烟的销量提高了三倍，一跃成为当时全美第十大香烟品牌。

三、制定市场营销策略

企业在确定目标市场和进行市场定位之后，市场营销管理过程就进入第三阶段——制定市场营销策略。市场营销策略是企业以顾客需要为出发点，根据经验获得顾客需求量以及购买力的信息、商业界的期望值等，有计划地组织各项经营活动，通过相互协调一致的产品策略、价格策略、渠道策略和促销策略，为顾客提供满意的商品和服务而实现企业目标的过程。

“产品”代表企业提供给目标市场的货物和劳务，包括产品质量、外观、式样、性能、品牌、型号、服务、保证等。

“价格”是指顾客购买产品时的价格，包括价目表所列的价格、折扣、折让、支付期限、信用条件等。

“渠道”是指企业使其产品进入目标市场所进行的各种活动，包括渠道、仓储、运输等。

“促销”代表企业宣传介绍其产品的特点，吸引目标顾客来购买其产品所进行的各种活动，包括广告、人员推销、营业推广、公共关系等。

产品、价格、渠道和促销对企业来说都是可控因素，即企业根据目标市场的需求，可能自主决定产品结构、产品价格、选择分销渠道和促销方式，但这种自主权是相对的，要受到自身资源和目标的制约及各种微观和客观因素的影响。

四、编制市场营销计划

市场营销计划又称市场营销策划。是指企业有关营销活动方面的具体安排。对于专业营销企业而言，营销计划就是企业计划。而对于其他经营领域的企业，营销计划是企业计划中的一个部分。市场营销计划内容包括以下八个部分。

1. 内容提要

内容提要是市场营销计划的开端，是整个市场营销计划的精髓。内容提要需要概括说明本计划的背景、总体目标、任务对象和建议事项。市场营销计划需要提交上级主管或有关人员审核，可以通过内容提要，把计划的中心呈现给他们，以便审核者能够迅速把握本计划的要点。

2. 营销现状

这一部分是提供市场、产品、竞争、分销情况，以及和营销环境有关的背景资料。

（1）市场情况。市场规模与增长、过去几年的总销售量、细分市场状况，以及顾客需求、观念及购买行为等方面的动态和趋势。

（2）产品情况。近几年有关产品的销售、价格、利润及市场占有率方面的资料。

（3）竞争情况。企业及产品的主要竞争对手，分析竞争对手的产品特征、生产规模、发展目标、市场占有率、营销战略等。

（4）分销情况。企业分销渠道的销售规模、地位、策略、管理能力等内容。说明各个经销商的经营能力及其变化等。

（5）营销环境。市场营销的宏观、微观环境及发展趋势。

3. 机会和问题分析

通过分析现状，围绕产品找出主要的机会和威胁、优势和劣势，然后进行 SWOT 分析，提出下一步的目标和应对策略。

4. 营销目标

营销目标是营销计划的核心部分，是在分析营销现状并预测未来的机会和问题的基础上制定的。营销目标也就是在本计划期内要达到的目标，主要是市场占有率、销售额、利润率、投资收益等。

5. 营销策略

营销策略是指达到营销目标的途径或手段，包括目标市场的选择和市场定位策略、营销组合策略、营销费用策略等

6. 执行方案

营销策略要转化成具体的执行方案，内容包括：要做什么？如何去做？什么时候做？由谁负责？费用是多少？

7. 预算

营销计划中还要编制各项收支的预算，预算报告根据目标、战略和行动方案来编写，包括收入和支出两个部分，收支的差额为预计的利润（或亏损）。经上级主管部门审批后，它将成为有关部门、有关环节安排和进行采购、生产、人力资源及市场营销管理的依据。

8. 控制

控制是营销计划的最后一个环节，是对执行整个营销计划执行过程的管理。常用的做法是把目标预算按月或季度分开，便于上级主管及时了解各个阶段的销售成绩，掌握未能完成任务的部门、环节及原因。

五、实施市场营销计划

市场营销计划的实施议案包括以下四个方面的内容。

1. 制订行动方案

行动方案主要涉及任务及其分配、保证措施和相应的具体时间进度表。

2. 调整组织结构

企业需要根据营销战略和具体的市场营销计划，调整组织结构，整合组织人力资源。

3. 形成规章制度

为了保证营销计划的顺利实施，必须在规章制度中明确与营销计划有关的各个环节及其岗位职责，提出相应要求，确定奖罚标准和条件。

4. 监控与协调

在营销计划具体的实施过程中，企业需要形成良好的监控与协调机制，监控是为了及时调整，协调是为了理顺各种关系。

◇课堂小思考：你认为市场营销计划的核心部分是什么？为什么？

任务 3：制定市场营销组合策略

市场营销的核心是企业如何满足目标消费者的欲望和需要，从而实现企业的预期目标，为此，在企业营销过程中，明确了市场定位之后，就要根据目标市场的需要和各种相关环境因素，综合运用可以控制的 4P 市场营销策略，即产品策略、价格策略、分销渠道策略、促销策略，并使之合理搭配，以最佳营销组合最大限度地满足目标消费者的需求，从而赢得市场，如图 5–5 所示。

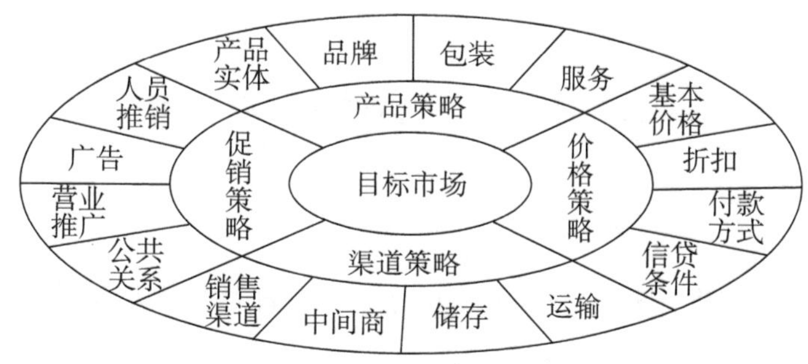

图 5–5　市场营销组合

一、产品策略

企业的市场营销活动是以满足市场需求为中心，而市场需求的满足只能通过提供某种形式的产品或服务来实现。因此，产品是企业营销组合中的一个重要因素，也是一个最基础因素。

1. 产品的概念

产品是指生产者向消费者提供的所有效用与利益的整体。产品是个整体概念。反映了以顾客需求和顾客让渡价值为核心的现代营销理念。产品的整体概念认为，产品是由核心产品、形式产品和附加产品三个层次组成，如图 5–6 所示。

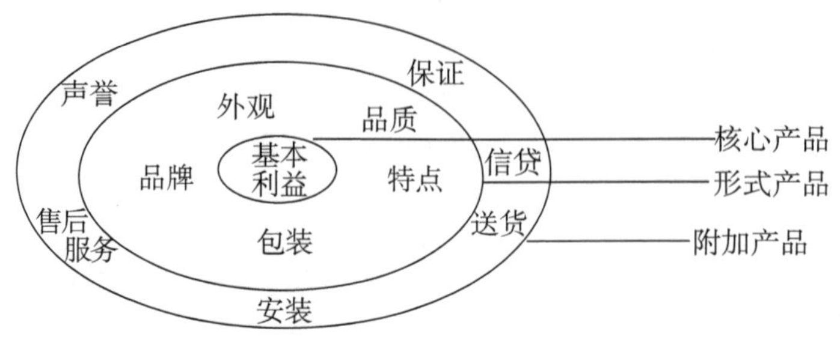

图 5–6 产品整体的三个层次

（1）核心产品

核心产品是指能给顾客带来的基本利益和效用，即产品的使用价值，它构成了产品最本质的核心部分。顾客购买某种产品，不是为了占有这个产品本身，而是通过对产品的消费来满足某种需求。例如，购买洗衣机是为了便捷地洗涤衣物。

（2）形式产品

形式产品是指顾客需要的产品实体的具体外观，是核心产品的表现形式。产品的基本效用必须通过形式产品才能有效地体现出来，才能为顾客所识别。形式产品通常包括品牌、特点、质量和包装等。例如，手机的核心功能是通话，还要配一定的外观设计、颜色、款式等。

（3）附加产品

附加产品是指顾客购买产品所获得的附加利益。例如产品的送货上门、安装和修理服务等。

2. 产品生命周期的营销策略

产品生命周期是指一种产品从投放市场开始一直到被市场淘汰为止的整个阶段，产品的生命周期一般可分为四个时期，即导入期、成长期、成熟期和衰退期。如图 5–7 所示。对于企业来说，根据产品所处的不同阶段，制定不同的营销策略来适应市场是十分重要的。

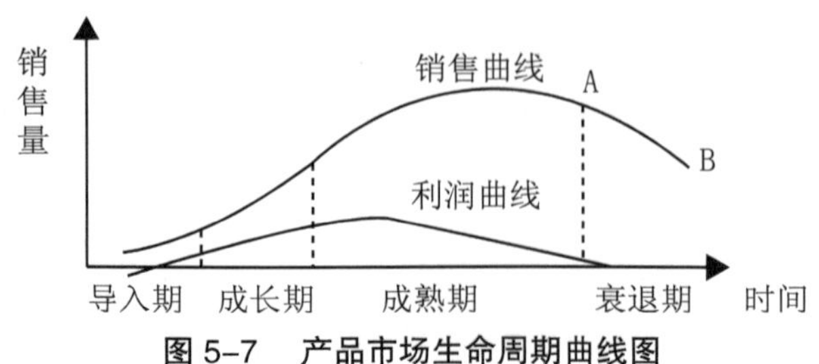

图 5–7 产品市场生命周期曲线图

（1）导入期的营销策略

这一阶段新产品刚投入市场，由于销售量少，企业基本无利可图或者获利甚微，企业营销的重点主要集中在促销策略和价格策略方面。有四种营销策略可以运用。

①快速撇脂策略。快速撇脂策略是指以高价格、高促销费用的方式推出新产品。实施这一策略的目的是，迅速扩大销售量，取得较高的市场占有率，快速收回投资。

采用这种策略的条件是：产品有特色，有吸引力，有较大的市场需求潜力；市场上无替代产品或更优同类产品；了解此产品的消费者急于购买，对高价格乐于接受。值得指出的是，企业面临潜在竞争者的威胁，需要尽快树立品牌形象。

【实例 5–5】　索尼公司抓住市场需求，实行充分的市场告知策略

20 世纪 70 年代，日本索尼公司抓住青年人急需一种微型放音机满足欣赏音乐的需求，不失时机地推出 Walkman（随身听）。新品入市后，公司运用大量的广告、公关宣传来增加青年对产品的了解，引起消费者的兴趣，提高购买的冲动性。不久 Walkman 就成为年轻人追求的时尚。

②缓慢撇脂策略。缓慢撇脂策略是指以高价格、低促销费用的方式推出新产品。实施这一策略的目的是，以尽可能低的费用支出获得更高的利润。

采用这种策略的条件是：市场规模很小，竞争不激烈；该产品具有一定的知名度；大部分消费者已熟悉该产品，愿意支付高价。

③快速渗透策略。快速渗透策略是指以低价格、高促销费用的方式推出新产品。实施这一策略的目的是，先发制人，以最快的速度打入市场，尽可能取得较大的市场占有率。

采用这种策略的条件是：产品的市场规模较大；潜在消费者对产品不了解，但对价格十分敏感；潜在竞争较为激烈。

④缓慢渗透策略。缓慢渗透策略是指以低价格、低促销费用的方式推出新产品。实施这一策略的目的是以低价扩大销售，以低促销费用降低营业成本，增加利润。

采用这种策略的条件是：产品的市场容量很大；市场上该产品的知名度较高；存在某些潜在的竞争对手，但威胁不大。

（2）成长期的营销策略

这一阶段的新产品已经被消费者所接受，批量生产能力形成，生产成本降低，企业的销售量和利润大幅度上升，大批竞争者纷纷加入，竞争加剧。因此，企业营销的重点在维持其销售增长率，在竞争中取胜。有四种营销策略可以运用。

①产品策略。企业可以通过对产品的质量、性能、式样、包装等方面加以改进，形成特色，增强产品的竞争能力，提高产品的市场占有率。

②价格策略。分析市场价格趋势，研究竞争者的价格策略，在适当的时机，可以采取降价策略，激发对价格比较敏感的消费者的购买动机。

③渠道策略。开辟新渠道，建立新的分销网点，扩大销售途径，方便消费者购买，赢得更多的消费者。

④促销策略。加强产品的品牌宣传，企业广告的重点要从介绍产品转到建立产品形象上来，树立产品品牌，维系老消费者，吸引新消费者。

（3）成熟期的营销策略

成熟期阶段比较长，是产品获利的黄金时期，也是竞争较激烈的阶段。因此，企业营销的重点是集中力量，延长产品的生命周期，扩大市场，增加销售量。同时，还要考虑新产品的开发。有三种营销策略可以运用。

①市场调整。开发新市场、发现产品的新用途、寻找新用户，使产品的销售量扩大。

②产品调整。通过产品自身的调整来满足消费者的不同需求，扩大产品的销售量。例如，改进产品的质量、特色、款式和服务等。

③市场营销组合的调整。通过对产品、定价、渠道、促销四个组合因素的调整，刺激销售量的回升。例如降价、提高促销水平、扩展分销渠道和提高服务质量等。

【实例 5-6】　　　　摩托罗拉 V998 的营销策略

摩托罗拉 V998 步入成熟期以后，公司为增强其产品在市场上的竞争力，稳定公司在市场上的地位，在 V998 基础上进一步根据亚洲消费者的审美偏好，设计出功能更全、外观更具特色的新款手机 V8088，同样以高价面市。这使得公司能在 V998 手机走向成熟，满足广大消费者需求，获得消费者普遍喜爱的同时，以新款 V8088 手机有效地拓展新的细分市场——成功人士和追求时尚的消费者的市场。两款手机各有其明确的细分市场，分别有效地满足了不同层次消费者的需求。企业的实践很好地体现了企业在市场营销中必须充分重视产品的研制、开发和产品的更新换代。随着其他公司一些新产品的推出，产品竞争更加剧烈，公司进一步采取降价措施，有效地刺激需求，并把手机定位于中低档，有效地拓展了手机的大众市场，通过稳定的质量和完善的服务取胜。随着市场的发展和新产品的层出不穷，这两款手机必将被其他的新款手机所代替，完成其历史使命，退出市场.

（4）衰退期的营销策略

这一阶段的产品销售量急剧下降，消费者的兴趣已发生改变；企业从产品中获得的利润很低甚至为零；多数企业纷纷退出市场。因此，企业在衰退期应该采用以下策略。

①自然淘汰策略。是指企业继续沿用过去的策略，按照原来的细分市场，使用相同的分销渠道、定价及促销方式，直到该产品完全退出市场。如果企业在市场中有绝对支配地位，当竞争者从市场退出后，该市场仍会有一定的潜力。

②集中策略。把企业的能力和资源集中在最有利的细分市场和分销渠道上，从中获取利润。这样有利于缩短产品退出市场的时间。

③收缩策略。抛弃无希望的消费者，降低促销水平，减少促销费用，增加目前产品的利润。这样可能导致产品在市场上衰退的加速，但也能从忠实于这种产品的消费者中得到利润。

④放弃策略。企业对于衰退比较快的产品，当机立断，放弃经营。可以采取完全放弃的形式，把产品转移出去或立即停止生产；也可以采取逐步放弃的方式，使其所占有的资源逐步转向其他产品。

3. 产品组合策略

产品组合策略是指企业根据消费者需求和市场竞争环境，对产品组合的宽度、长度、深度和关联度进行抉择，使之形成最佳的产品组合。

产品组合的广度是指产品组合中所拥有的产品线的数目；产品组合的长度是指企业产品组合中所有产品项目的总数；产品组合的深度是指在一个产品线上，不同品种规格的产品项目总数；产品组合的关联度是指各产品线在最终用途、生产条件、销售渠道或其他方面相互联系的紧密程度。可供选择的产品组合策略有以下五种。

（1）扩大产品组合策略

这种策略通过扩大产品组合的宽度和深度，即增加产品线和产品项目，扩大经营范围，提高企业的经济效益。当企业预测现有产品线的销售额在未来可能下降时，就要考虑在现有产品组合中增加新的生产线，或加强其中有发展潜力的产品项目。有时，扩大策略会分散经营者的精力，增加管理困难，甚至由于新产品质量和功能等问题，影响企业原有产品的信誉。

（2）缩减产品组合策略

这种策略通过主动合并和减少一些销售困难、不能为企业创造利润的产品线和产品项目，集中力量经营市场需求较大、能为企业获取预期利润的产品。例如，美国西屋电器公司将其冰箱品种由40个减少至30个，撤销了10个品种，反而增强了企业竞争力。缩减策略使企业失去了部分市场，有时会增加企业的风险。

（3）产品线延伸策略

产品延伸策略是指全部或部分地改变企业原有产品的市场定位，即企业把产品线延长，使其超出目前经营范围的一种策略。具体做法有向下延伸、向上延伸和双向延伸。

①向下延伸。向下延伸是指在原有高档产品线中增加低档产品项目。采取向下延伸策略是因为本企业高档产品在市场上受到竞争者的威胁，产品在市场上的销售增长速度趋于缓慢，所以，产品线向下延伸不仅可以寻找到新的利润增长点，还可以填补产品线的空缺。

采用向下延伸策略时，应注意风险的存在。在高档产品中推出抵挡产品，容易影响企业原有品牌产品的形象，降低原有产品的档次；由于向下延伸，侵犯了低档市场竞争者的利益，可能刺激新竞争对手的反击。

【实例 5–7】　　派克笔的向下延伸

美国的"派克"钢笔质优价贵，是身份和地位的标志，许多社会上层人物都喜欢带一支派克笔。然而，1982年新总经理上任后，把派克品牌用于每支售价仅3美元的低档笔上，结果，派克公司非但没有顺利打入低档笔市场，反而丧失了一部分高档笔的市场。其市场占有率大幅下降，销售额及竞争能力锐减。

②向上延伸。向上延伸是指在原有的产品线内增加高档产品项目。采取向上策略，是因为高档产品市场具有较大的潜在成长率和较高的利润率，企业的技术水平和营销能力已具备加入高档产品市场的条件，企业需要重新进行产品线定位。

采用向上延伸策略时，应注意风险的存在。进入高档产品领域可能引起原来生产高档产品的竞争者采取向下延伸策略，从而增加自己的竞争压力；潜在消费者可能对该企业的高档产品缺乏信任，难以树立高档产品的独特形象。例如，我国早期的手机品牌TCL、熊猫、波导等一直定位在中低档国产手机上，在获得一定的品牌认可度之后，各企业不惜花费巨资推出高档手机，试图打入高档市场，由于各个品牌的形象没有得到应有提升，远逊于其他国外竞争品牌。

③双向延伸。双向延伸是指原来经营中档产品的企业，现在同时向高档和低档产品延伸，即一方面增加高档产品，另一方面增加低档产品，扩大市场份额。

采用双向延伸策略可以适应不同消费者的需求，分散风险；还可以扩大市场，增强企业的竞争力，保证企业利润的不断增长。

（4）产品线更新策略

产品线更新策略是指随着消费者需求的变化，企业逐步实现技术改造，更新相应的产品线。产品线的更新可以采取逐项更新或一次全部更新两种方式。

逐项更新，风险低但速度慢，在整条产品线更新完成之前可以观察消费者和经销商的反应同时也可以减少现金流出量，但易给竞争者洞悉企业动向的机会；一次全部更新，速度快但风险高，一旦失败，再改不易，但也可以出其不意，击败竞争对手。

（5）产品线号召策略

产品线号召策略是指企业在产品线中有目的地选择一个或少数几个产品项目进行精心打造，使之成为颇具特色的号召性产品来吸引消费者。

企业可以对产品线上的低档产品进行号召，使之成为开拓销路的廉价品；也可以对高档产品进行号召，以提高产品线的等级。例如，某空调生产厂家宣布推出一款只卖 888 元的经济型号，而它的高档产品要卖 20000 多元，在吸引消费者来看经济型空调时，设法影响他们购买高档的空调。有时，企业发现产品线上有一端销售很好，另一端却销售很慢，可以对销售较慢的产品大力号召，以努力促进消费者对销售较慢产品的需求。

4. 品牌策略

品牌是指用来识别不同生产经营者的产品或服务的名称及其标志，通常是一个名称、术语、标记、符号、图案设计或者是它们的不同组合。品牌主要由品牌名称、品牌标志及商标三个因素构成。

品牌策略是指企业依据产品状况和市场情况，合理、有效地运用品牌，以达到预期的营销目的。企业品牌策略有以下几方面内容。

（1）品牌化决策

品牌化决策是指企业首先决定是否给产品建立一个品牌。这是企业品牌策略所面临的第一个问题，企业通常可选择的策略有两种，即使用品牌和不使用品牌。

①使用品牌。使用品牌是指企业生产经营的产品有品牌。使用品牌虽然可能会使企业增加成本，但却给企业带来诸多好处：有利于订单处理和对产品的跟踪；保护产品的某些独特特征不被竞争者模仿；为吸引忠诚顾客提供了机会；有助于市场细分；有助于树立产品和企业形象。

②不使用品牌。不使用品牌是指企业生产经营的产品没有品牌。企业通常不使用品牌的情况：未经加工的原料产品；难以形成特色的产品；生产简单、价格低廉的小

商品；消费者习惯上不认品牌购买的产品；临时性或一次性生产和销售的产品。

（2）品牌使用者决策

品牌使用者决策是指企业决定使用品牌后，选择使用谁的品牌的策略。通常有三种选择。

①生产者品牌。生产者品牌是指企业使用属于自己的品牌。例如，“海尔”电器为青岛海尔集团制造。大多数企业都创立自己的品牌，有些生产企业还将自己专有的品牌转让他人使用，从中获得收益。

②经销商品牌。经销商品牌是指企业把产品销售给经销商，由经销商使用自己的品牌将产品转卖出去。

③混合品牌。混合品牌是指企业对一部分产品用自己的品牌，而另一部分产品用经销商的品牌。

（3）品牌名称决策

使用品牌的企业必须选择品牌名称。企业决定所有的产品使用一个或几个品牌，还是不同产品分别使用不同的品牌。通常有四种决策模式。

①个别品牌名称。个别品牌名称是指企业对各种产品分别采用不同的品牌。采用个别品牌名称策略，可以为每种产品寻求不同的市场定位，有利于增加销售额和对抗竞争对手，还可以分散风险，使企业的整个声誉不致因某种产品表现不佳而受到影响。例如，宝洁公司的洗衣粉使用了“汰渍”“碧浪”，肥皂使用了“舒肤佳”，牙膏使用了“佳洁士”。

②家族品牌名称。家族品牌名称是指对所有产品采用一个统一的品牌。采用家族品牌名称策略，可以充分利用其名牌效应，使企业所有产品畅销。同时企业宣传介绍新产品的费用开支也相对较低，有利于新产品进入市场。例如，美国通用电气公司的所有产品都用GE作为品牌名称。

③分类品牌名称。分类品牌名称是指对不同类产品使用不同的品牌。企业使用这种策略，一般是为了区分不同类的产品，以便在不同类产品领域中树立各自的品牌形象。例如，法国欧莱雅集团就拥有不同的品牌名称，兰蔻等品牌面对富有阶层，美宝莲、欧莱雅则走大众路线。

④主副品牌名称。主副品牌名称是指在企业各种产品的个别品牌名称之前冠以企业名称，可以使产品正统化，享受企业已有的信誉，而个别品牌又可使产品各具特色。例如，“海尔——小神童”洗衣机，副产品小神童表达了“体积小、电脑控制、全自动、智能型”等优点和优势。

（4）品牌战略决策

企业进行品牌战略决策时可以有以下五种选择。

①产品线扩展策略。产品线扩展策略是指企业在现有的品牌下，在相同的产品种类或产品线中，加入新的产品项目。例如，增加新的功能、包装、式样等。产品线扩展最有利的一面是：扩展产品的存活率高于新产品，可以更好地满足不同细分市场的需求。不利的一面是：可能使品牌名称丧失它特定的意义。随着产品线的不断加长，会淡化品牌原有的个性和形象，增加消费者认识和选择的难度。

②品牌延伸策略。品牌延伸策略是指企业利用已成功的品牌推出改良产品或新产品。例如，“金利来”从领带开始，然后扩展到衬衣、皮具等领域。品牌延伸可以大幅度降低广告宣传等促销费用，使新产品快速进入市场。但也容易因新产品的失败而损害原有品牌在消费者心目中的形象。

【实例 5–8】　登喜路的品牌延伸

19 世纪中叶，英国伦敦街头有一个以卖烟草为主的小杂货铺，它就是“登喜路”。此后登喜路开始从专营烟草转向男士系列用品的开发，如服装、饰品、皮具等，到了 20 世纪 30 年代，登喜路已生产出较多品种的日常用品，男士用品系列已具规模。目前登喜路产品已包罗万象，专卖店亦遍及全球。登喜路已成为男士用品的国际顶尖品牌。登喜路服饰亦成为全球成功男士的首选品牌。

③多品牌策略。多品牌策略是指企业在同一产品系列中设立多种品牌，来满足消费者的不同需求。例如，保洁公司在洗发水市场同时推出“海飞丝”“飘柔”“沙宣”等品牌。该策略增加了本企业产品的展示面积，争取到了更多的品牌转换使用者，但风险是导致每一个品牌只获得很小的市场份额，没有一个品牌是市场的领头羊。

④新品牌策略。当企业在新产品类别中推出一个产品时，发现原有的品牌不适合于它，或是对新产品来说有更合适的品牌名称，企业需要设计新品牌。例如，春兰集团以生产空调著名，当它决定开发摩托车时，采用春兰这个女性化的名称就不太合适，于是采用了新的品牌“春兰豹”。

⑤合作品牌策略。合作品牌策略是指两个或更多的品牌在一个产品上联合起来。每个品牌都期望另一个品牌能强化整体的形象或购买意愿。例如，“可口可乐”是麦当劳快餐店的合作伙伴，“百事可乐”则是肯德基快餐店的合作伙伴。

5. 包装策略

包装是为在流通过程中保护产品、方便储运、促进销售，按一定的技术方法所用的容器、材料和辅助物等的总体名称，它是产品整体概念的重要组成部分。企业在进行包装时，主要从事的是设计和制造工作。设计良好的包装固然重要，但良好的包装只有同包装策略结合起来，才能行之有效。可供企业选用的包装策略主要有以下几种，如表 5-3 所示。

表 5-3　包装策略

包装策略	定　义	优　点
无包装策略	企业对生产经营的产品不进行包装，是一种特殊的包装策略	可以降低经营成本和销售价格，有利于扩大销售。例如农贸市场中的水果、蔬菜等
类似包装策略	企业生产经营的各种产品，在包装上采用相同的图案、近似的色彩和共同的特征，使消费者容易辨认是同一企业生产的产品。	节省设计费用，有利于利用老产品声誉推出新产品，减少消费者对新产品的不信任感，扩大企业声势。例如日本三洋公司的电器产品包装都是蓝色的
等级包装策略	企业所生产经营的产品，按质量等级的不同采用不同的包装	有利于把不同品质的产品明确区分，满足不同消费者的需求和爱好。例如，一般产品采用普通包装，高档产品采用精美包装
配套包装策略	企业将几种有关联的产品包装在同一容器内同时出售	有利于同时满足同一消费者的多种需求，扩大销售和推出新产品。例如，春节时的大礼包，将各种糖果糕点装在一起销售
附赠品包装策略	企业在产品的包装容器内附加赠品	引起消费者购买的兴趣，还可以作为介绍新产品和进行市场调查的手段。例如购买儿童用品送玩具等
再使用包装策略	在原包装的产品使用完后，其包装物还可以给消费者提供其他使用价值	能给消费者提供更多的满足，激发购买兴趣。例如，雀巢咖啡的瓶子在咖啡用完后可以用作喝水杯
改变包装策略	企业随着产品改进及市场需求的变化，对包装进行改进与创新	新包装可以弥补原包装的不足，使消费者产生新鲜感，从而扩大产品的销售
绿色包装策略	又称生态包装策略，企业使用对人体和生态环境不造成污染和危害的包装	易于被消费者认同，有利于企业产品的销售。例如使用可再生、再循环包装材料等

二、价格策略

在复杂的市场环境中，价格是企业市场营销组合中最活跃的因素，企业营销活动是否成功，在一定程度上取决于定价的合理性。企业的价格策略就是把产品定价与市场营销的其他因素结合起来，定出最有利可图的产品价格，实现企业营利的目标。

1. 影响定价的主要因素

影响定价的因素是多方面的，其中既有商品价值本身的因素，也有企业内部和外部的诸多因素。通常，影响定价的主要因素分为两大类，如图 5-8 所示。

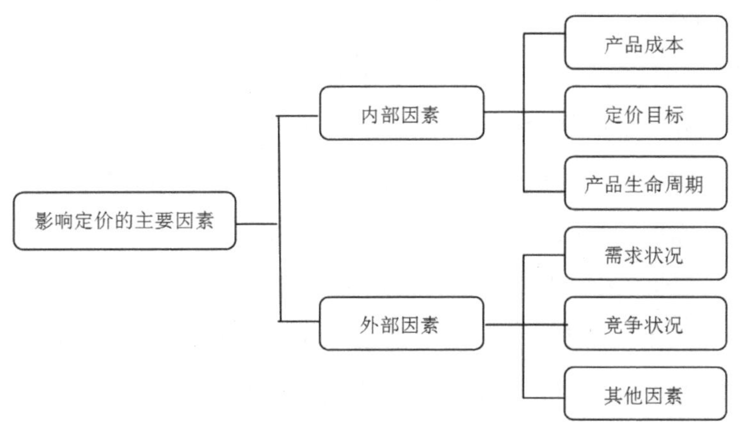

图 5-8　影响定价的主要因素

（1）内部因素

①产品成本。产品成本是产品价格最重要的组成部分，是定价的最低临界点。产品的价格只有高于产品的成本，企业才能弥补生产耗费，并获得一定盈利。产品价格低于产品成本，企业就会亏本，企业的再生产过程就难以进行。因此，产品成本是影响和制约企业定价的最重要的内部因素。

②定价目标。定价目标是影响产品定价的第二个内部因素。价格作为市场营销的极为重要的策略，必须服从于、服务于企业的经营战略。要根据企业目标市场的营销战略及产品的市场定位，制定价格。例如，企业基于长远发展，以提高市场占有率为主要目标，就要制定较低的价格；企业要基于近期赢利的目标，就要制定较高的价格。

【实例 5-9】　　神州电脑的定价手段

神州电脑是近年来在国内迅速崛起的一家 IT 企业，它在国产 PC 机中占了相当大的一片市场，而作为它用来占据市场的一种手段，则是低价促销。在家用电脑中，同档次的 PC 机，神州的品牌机总是可以比其他品牌便宜 500~1000 元，在中国现阶段的经济条件中，这无疑给了消费者相当大的实惠，因此，神州取得了成功。

③产品生命周期。产品在不同的生命周期阶段，消费者对产品的需求以及企业所处的竞争环境将有所变化，企业的价格也会产生相应的变化。投入期产品定价通常会把价格维持在较低的水平；成长期产品成功的定价战略要综合考虑如何满足若干细分市场对价格和产品特色的要求；成熟期产品定价决策实际上就是在降价和保价之间作出选择；衰退期产品定价目标不是赢什么，而应该是在损失最小的情况下退出市场，或者是保护自己的竞争地位以便在衰退期生存。

（2）外部因素

①需求状况。市场的需求状况是影响企业定价的最重要的外部因素，它决定着产品价格的最高临界点。产品价格与市场供求成正比，与需求成反比。在其他因素不变的情况下，产品供给量随价格的上升而增加，随价格的下降而减少；而产品的需求量则随价格的上升而减少，随价格的上升而增加。由此可见，产品价格的高低直接影响到产品的销售。企业在给产品定价时，必须考虑到市场供求状况对价格的影响。

②竞争状况。在市场上，竞争对手的多少和竞争的强度对企业确定合适的价格有着重要的影响。竞争越激烈，对价格的影响也就越大，企业必须采取适当的方式，了解竞争对手的价格和产品质量。例如，企业的产品与竞争对手的产品大体一样，则所定的价格也应大体一致；企业的产品质量比竞争对手的产品质量要差些，则价格应定得低一些。因此，企业要时刻关注竞争对手的价格调整策略和措施，并及时做出反应。

③其他因素。产品定价除了受需求状况和竞争状况的外部要素影响外，还受其他因素的影响。例如，政府物价政策的干预、消费者心理和习惯等。

2. 定价方法

定价方法是指企业在定价目标指导下，根据对影响价格的各个因素的研究，运用价格理论对产品价格进行测算的具体方法。在实际定价工作中，由于侧重点不同，就形成了成本导向定价法、需求导向定价法和竞争导向定价法。

（1）成本导向定价法

成本定价法是以产品的全部成本为定价基础，在成本的基础上加上企业的目标利润。是一种传统的以企业为中心的产品定价方法。具体表现形式有成本加成定价法和目标利润定价法。

①成本加成定价法。成本加成定价法是按照单位成本加上一定百分比的加成来制定产品销售价格的定价方法。计算公式：

$$单位产品销售价格=单位产品成本（1+加成率）$$

$$加成率=\frac{计划销售价格-成本}{成本}\times 100\%$$

②目标利润定价法。目标利润定价法是按照企业预期获得的利润来确定产品价格的方法。计算公式：

$$单位产品销售价格=\frac{产品总成本+目标利润总额}{预计销售量}$$

$$目标利润总额=投资总额\times 目标报酬率$$

目标利润定价法的优点是可以保证实现既定的目标利润，缺点是没有考虑价格与需求之间的关系。用此方法确定出来的产品价格无法保证产品销售量一定会实现，对于需求弹性较大的产品，这一问题更为突出。

（2）需求导向定价法

需求导向定价法是以消费者对产品价值的理解及其需求强度作为定价依据。是在营销理念的指导下进行价格决策的方法。具体表现形式有认知价值定价法和需求差异定价法。

①认知价值定价法。认知价值定价法是根据消费者心目中对产品价值的认知和理解度，运用营销组合策略和手段，影响消费者对产品价值认知的一种定价方法。

认知价值定价的关键，是要准确估计消费者对产品的认知价值。如果估计过高，价格定得过高，会影响产品销量；估计过低，销量虽然大，但获利不一定丰厚。因此，企业必须通过广泛的市场调研，了解顾客的需求偏好，根据产品的性能、质量、用途和服务等要素，判断顾客对产品的理解价值，制定好产品的初始价格。然后在与成本、收入、销量和价格比较的基础上，确定该定价方案的可行性。

②需求差异定价法。需求差异定价法是指产品价格的确定以需求为依据，可根据不同购买力、不同需求强度、不同购买时间等因素制定不同的价格。

（3）竞争导向定价法

竞争定价法是以市场上相互竞争的同类产品价格为依据，随着市场竞争状况的变化不断调整其产品价格的方法。具体表现形式有随行就市定价法、投标定价法和拍卖定价法。

①随行就市定价法。随行就市定价法是指将本企业的某种产品的价格保持在平均价格水平上，以此来获得平均报酬。

②投标定价法。投标定价法是指通过投标竞争的方式确定商品价格的方法。其具体的操作程序是在商品或劳务的交易过程中，由招标人发出招标公告，投标人竞争投标，密封递价，招标人择优选定价格。

③拍卖定价法。拍卖定价法是指由卖方预先发布公告，公布时间、地点、拍卖物和拍卖起步价等，买方看货后，卖方通过拍卖市场公开叫价，买方相互竞争，将商品卖给出价最高者的一种定价方式。

◇ 课堂小练习：某企业生产A型零件，单位成本12元，加成率为40%，计算A型零件单位产品销售价格是多少？

3. 产品定价策略

企业依据定价目标、定价方法，得出产品的基本价格之后，还要根据市场环境、产品特点等采用不同的定价策略。定价策略是指企业为实现企业定价目标，根据市场中影响产品价格的不同因素，在制定价格时灵活采取的各种定价手段和定价技巧。以下是几种常用的产品基本定价策略。

（1）新产品定价策略

新产品定价是否合理，关系到其是否能打开销路、占领市场和获得预期利润，所以，新产品初临市场，在定价方面对其以后的发展具有重要的意义。常用的新产品基本定价策略有以下三种。

①撇脂定价策略。撇脂定价策略是针对新产品的一种高价定价策略。是指企业在产品寿命周期的投入期，利用消费者的求新、求奇心理，抓住激烈竞争尚未出现的有利时机，有目的地将价格定得很高，以便在短期内获取尽可能多的利润，尽快收回投资的一种定价策略。

②渗透定价策略。渗透定价是针对新产品的一种低价格策略。是指在新产品投放市场时价格定得较低，只求保本或微利，用低价格吸引消费者，使他们容易接受，提高市场占有率，使产品逐步渗透，从而扩大销量，快速占领市场。

③温和定价策略。温和定价策略是一种居中的价格策略，它兼容上述两种价格策略之长，以适中水平定价，这种价格既能保证企业获得满意的利润，又能为消费者所接受，使双方都满意。

（2）差别定价策略

差别价格是指企业出售同一产品，在不存在任何成本和费用差异的情况下，以不同价格卖给消费者的策略。此方法是一种进攻性的定价方法。

【实例 5–10】　　铁路客运的差别定价

我国目前铁路客运的列车档次分为高铁（以字母 G 开头）、动车组（以字母 D 开头）、特快车次（以字母 T 开头）、快速车次（以字母 K 开头）和普快车次（一般以四位数字表示）等类型。铁路运输部门还在一些特殊的线路上加开旅游列车车次（以字母 Y 开头），在特殊时期，例如春节，铁道部还增开一些临时列车车次（以字母 L 开头）。不同档次列车的旅客票价差别是比较大的。列车座位的类别一般分为软卧、硬卧、软座和硬座，座位的类别不同，相应的旅客票价差别也不同。一般而言，在座位类别相同的情况下，高铁和动车组的票价最高，特快列车和快速列车的票价次之，但高于普快列车。在列车档次相同的情况下，提供空调服务的列车的票价比没有空调的列车的票价高。

（3）心理定价策略

心理定价策略是指根据消费者购买商品时的心理对产品进行定价，使之成为消费者可接受的价格。心理定价策略是零售企业常用的一种价格策略，其具体形式主要有以下几种。

①尾数定价。尾数定价法是指给商品一个带有零头的数作为结尾的非整数价格。尾数定价一般用于中低价的日用消费品，而名牌、高质量的商品不宜采用，否则会影响商品的声誉。例如，企业给产品定价为 9.80 元、0.9 元，而不是 10 元、1 元。这就给消费者一个价格较低的印象，同时使消费者感到价格是经过精心核算的，有一种信任感。

②整数定价策略。整数定价策略是指商品的价格以整数结尾。这样的定价有利于抬高商品的身价，树立高档名牌的形象。这种策略适用于高档商品、名牌商品、礼品和消费者对性能不太了解的商品。例如，美尔雅西服 2000 元一套、海尔柜式空调 6500 元一台等。

③声望价格策略

声望价格策略是指企业利用消费者崇尚名牌产品或仰慕名店的心理，给产品制定一个较高的价格，来满足消费者求名和炫耀的心理。例如，金利来领带一上市，就以优质、高价在市场上定位，有质量问题的领带决不上市销售，更不会降价处理。给消费者的信息是：金利来领带绝不会有质量问题，低价销售的金利来不是真正的金利来产品。从而极好地维护了金利来的形象和地位。

④招徕价格策略。招徕价格策略是企业家利用消费者求廉的心理，对少数几种商品制定特别低的价格，以吸引消费者前来购买的商品。例如，许多超市经常推出价格较低的“特价商品”，其目的是把消费者吸引到超市中来，消费者在选购“特价商品”的同时，也会购买其他非特价商品。

（4）价格折扣策略

价格折扣策略是指企业为了鼓励消费者大量购买或淡季购买，以减少存货或增加销售额，在原定的价格基础上，直接或间接降低价格。常用的价格折扣有以下几种。

①现金折扣。现金折扣是指对按预定日期付款或用现金购买的顾客给予折扣。例如，消费者在 30 天内必须付清的货款，如果 10 天内就付清了货款，则给予 2% 的折扣，这种折扣方式可以简单地表示为“2/10，净 30”。

②数量折扣。数量折扣是指按消费者购买数量的多少，分别给予不同的折扣，具体分为累计折扣和非累计折扣两种。累计折扣是指按消费者在一段时间内的购货总量计算折扣。非累计折扣是指按消费者一次购货的数量计算折扣，目的在于鼓励消费者大批量购买。数量折扣的关键在于合理确定给予折扣的起点、档次以及每个档次的折扣率。

③交易折扣。交易折扣是指生产企业根据各类中间商在市场营销中所承担的不同职能，给予不同的价格折扣。一般而言，给予批发商的折扣较大，而零售商的折扣较小，以刺激和鼓励批发商大批量进货，积极开展转售业务。

④季节折扣。季节折扣是指对购买过季商品的消费者给予折扣。例如，啤酒厂对在冬季进货的客户给予大幅度的让利，羽绒服生产企业为夏季购买其产品的消费者提供折扣。

⑤折让。折让是减价的另外一种形式，常用的折让有两种形式。一是推广让价，是指给中间商的宣传费用。二是运费折让，是指企业给距离较远的购买者减价，补偿他们的运输费用，以鼓励外地消费者进货，拓展企业的市场范围。

（5）产品组合定价策略

为了满足不同类型消费者的需求，企业往往会同时生产多种类别、款式各异的产品，在实施定价策略时，就要综合考虑产品组合内部各相关产品的定价，以谋取整体产品组合的最大利润。其具体形式有如下几种。

①产品线定价。产品线定价是指根据消费者对产品线内质量、档次、规格、型号等要素的不同需求及竞争者产品的情况确定的不同价格。例如，长虹对 21 英寸、25 英寸、29 英寸、34 英寸的彩电分别定价为 1420 元、2360 元、3280 元及 8980 元。

②替代产品定价策略。替代产品是指使用价值基本相似、可以替代使用的产品。例如，肥皂和洗衣粉。

③产品捆绑定价。产品捆绑定价是指企业常常将一些产品组合在一起定价销售。例如，手机和相应的电池、充电器。

三、分销渠道策略

分销渠道又称销售渠道，是指某种产品和服务在从生产者向消费者转移过程中，取得这种产品和服务的所有权或帮助所有权转移的所有企业和个人。

1. 分销渠道的类型

（1）按商品在流通过程中是否经过中间环节分类

①直接分销渠道。直接分销渠道是指商品从生产领域转移到消费领域时不经过任

何中间环节。例如，电视直销和网上直销等。

直接分销渠道可以有针对性地安排生产，更好地满足需要；生产者直接向消费者介绍产品，便于消费者掌握产品的性能、特点和使用方法；由于直接分销渠道不经过中间环节，可以降低流通费用，掌握价格的主动权，积极参与竞争。但直接分销渠道的制造商在销售上投入大、花费大，而且销售范围也受到限制。

②间接分销渠道。间接分销渠道是指商品从生产领域转移到用户手中要经过若干中间商的销售渠道。

间接分销渠道有中间商的介入，使交易次数减少，节约了流通成本和时间，降低了产品价格；中间商着重扩大流通范围和产品销售，制造商可以集中精力于生产，有利于整个社会的生产者和消费者。但由于中间商的介入，使制造商与消费者之间的沟通不便。

直接分销渠道和间接分销渠道的模式如图 5-9 所示。

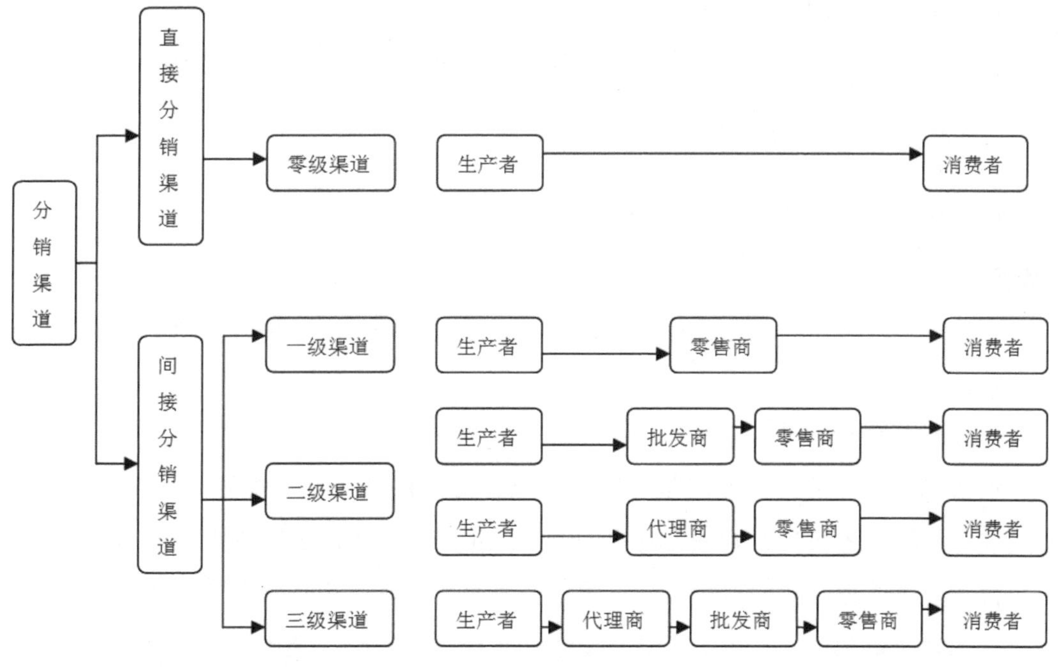

图 5-9　分销渠道模式

（2）按分销渠道长度分类

①长渠道。长渠道是指经过两个或两个以上的中间环节把产品销售给消费者的分销渠道。在产品从生产者转移到消费者的过程中，任何一个对产品拥有所有权或负有销售责任的机构，就叫做一个渠道层次。产品流通经过的环节越多，渠道愈长。通常

分为零级分销渠道、一级分销渠道、二级分销渠道和三级分销渠道。

②短渠道。短渠道是指没有或只经过一个中间环节的销售渠道。

（3）按分销渠道宽度分类

①宽渠道。宽渠道是指利用中间商的数目多。

②窄渠道。窄渠道是指只选择一个或少量的中间商。

2. 影响分销渠道设计的因素

（1）市场因素

市场因素通常包括市场容量以及顾客的购买量和购买频率、市场区域范围、消费者的集中程度等。

（2）产品因素

产品因素通常包括产品价格、产品的体积和重量、产品的款式、产品的易毁性和易腐性、产品的技术复杂性、产品的标准化程度和产品的生命周期阶段等。

（3）企业自身因素

企业自身因素通常包括企业商誉和资金、企业的经营能力、企业的服务能力、企业控制渠道的愿望等。

（4）外界环境因素

外界环境因素通常包括经济形势和国家有关法规等。

3. 分销渠道的管理

企业管理人员在进行渠道设计之后，还必须对个别中间商进行选择、激励、评估和调整。

（1）选择渠道成员

通常知名度高的、实力雄厚的生产者很容易找到适合的中间商；而知名度低的、新的、中小生产者较难找到适合的中间商。无论难易，生产者选择渠道成员应注意以下条件：能否接近企业的目标市场；地理位置是否有利；市场覆盖有多大；中间商对产品的销售对象和使用对象是否熟悉；中间商经营的商品大类中是否有相互促进的产品或竞争产品；资金大小，信誉高低，营业历史的长短及经验是否丰富；拥有的业务设施，如交通运输、仓储条件、样品陈列设备等情况如何；从业人员的数量多少，素质的高低；销售能力和售后服务能力的强弱；管理能力和信息反馈能力的强弱。

（2）激励渠道成员

生产者不仅要选择中间商，而且要经常激励中间商。促使经销商进入渠道的因素和条件已经构成部分激励因素，但生产者要注意对中间商的批评，批评应设身处地为别人着想，而不仅从自己的观点出发。同时，生产者必须尽量避免激励过分，例如给中间商的条件过于优惠或给中间商的条件过于苛刻。

（3）评估渠道成员

生产者除了选择和激励渠道成员外，还必须定期地、客观地评估他们的绩效。如果某一渠道成员的绩效过分低于既定标准，则需找出主要原因，同时还应考虑可能的补救方法。当放弃或更换中间商将导致更坏的结果时，生产者只好容忍这种令人不满的局面；当不致出现更坏的结果时，生产者应要求工作成绩欠佳的中间商在一定时期内有所改进，否则就要取消它的资格。

（4）调整销售渠道

根据实际情况、渠道成员的实绩，对渠道结构加以调整：增减渠道成员，增减销售渠道，变动分销系统。

【实例 5-11】　工商联合出效益

三九企业集团于1982年以南方药厂经贸部为基础组建了三九经贸公司，建立了自己的销售渠道，之后采取参股和控股的方法兼并了宁波、无锡、长沙等地的医药公司，建立了自己的销售网络。后又以三九经贸公司国内贸易部为基础组建三九商业连锁公司，向综合商社迈进。由于建立了自己的销售网络，使得三九集团更加贴近市场、了解市场，从而大大开拓并赢得了市场。1984年三九集团通过自己的销售网络实现销售额22亿元，比其他渠道多一倍。

四、促销策略

促销就是经营者将有关本企业及产品或者服务的信息通过各种方式传递给消费者，促进其了解、信赖并购买本企业的产品或服务，以达到扩大销售的目的。

1. 促销组合

促销组合是指企业根据产品的特点和营销目标，综合各种影响因素，对各种促销方式的选择、编配和运用。促销组合是促销策略的前提，只有在合适的促销组合的基础上，才能制定相应的促销策略。市场营销将促销方式归纳为四种类型，即人员推销、广告、营业推广和公共关系。

（1）人员推销

人员推销是指企业通过派出推销人员与消费者面对面的接触，以达到使消费者了解并购买本企业产品的目的。人员推销可以采用三种形式。

①建立自己的销售队伍，使用本企业推销人员来推销产品。这种推销人员可以分

成两类：一是内部推销人员，一般在办公室内用电话联系、洽谈业务并接待购买者的来访；二是外勤推销人员，他们做旅行推销、上门访问客户等。

②使用专业合同推销人员。例如，制造商的代理商、销售代理商、经纪人等。

③雇佣兼职的销售点推销员。在各种零售营业场合，用各种方式促销，按销售额比例提取佣金，例如，产品操作演示、现场模特、咨询介绍等。

（2）广告

广告是指企业以付费的形式通过媒体向消费者传达产品和劳务信息的一种方式。同人员推销相比，它具有信息传播面积广、速度快、节省人力等优点。但广告只是单向的信息传播，不易得到及时反馈，说服力受到限制。因此，运用广告促销手段时，一定要注意其针对性和艺术性，注意正确选择广告媒体。除了广播、电视、报纸、杂志四大媒体外，随着信息社会的发展，互联网已日益成为重要的广告媒体。另外，函件、邮件、户外媒体、橱窗和展示媒体也可在实际中灵活运用。

（3）营业推广

营业推广是指为刺激需求而采用的、能够迅速激励购买行为的辅助性促销方式，例如，有奖销售、赠送样品、折价酬宾和推销竞赛等。同其他促销方式相比，针对性强、方式灵活、收效迅速。在新产品打开销路、老产品开辟市场、争取潜在顾客等方面有明显效果。但由于攻势过强，容易使人产生逆反心理，误认为卖主急于出售的产品有问题，从而损伤产品或企业的形象。因此，营业推广只能是一种短期的、补充性的促销方式。

（4）公共关系

公共关系是指某一组织为改善与社会公众的关系，促进公众对组织的认识、理解及支持，达到树立良好组织形象、促进商品销售目的的一系列促销活动。同其他促销手段相比，公共关系有间接促进销售和能获得长期效应的特点。公共关系的方式很多，主要有利用新闻媒介进行宣传、参与社会公益活动、举办专题活动、利用公关广告、建设企业文化等。

2. 促销策略

一个好的促销策略，能及时引导采购、激发购买欲望、扩大产品需求、巩固市场地位等。根据促销手段的出发点不同，可分为三种促销策略。

（1）推式策略

推式策略是指利用推销人员与中间商促销，将产品推入渠道的策略。这一策略需要利用大量的推销人员推销产品，它适用于生产者和中间商对产品前景看法一致的产品。推式策略风险小，推销周期短，资金回收快，但其前提条件是须有中间商的共识和配合。

（2）拉式策略

拉式策略是指企业针对最终消费者展开广告攻势，把产品信息介绍给目标市场的消费者，使人产生强烈的购买欲望，形成急切的市场需求，然后主动去购买商品。

（3）推拉结合策略

在通常情况下，企业也可以把上述两种策略配合起来运用，在向中间商进行大力促销的同时，通过广告刺激市场需求。

【课堂案例讨论】　　奇正炎痛贴成功上市

奇正炎痛贴上市时，由于知名度低，乏人问津，奇正公司决定运用免费送药的方法来打开市场。从兰州、西安到北京……从女排、男排、乒乓球队、体操队到普通百姓，三个月内免费送出了几万贴，价值几十万元。不久，来自雪域高原的藏药有非常神奇疗效的报道引来数十家媒体聚焦，奇正藏药的知名度以出人意料的速度传遍全国。求购者很快从四面八方涌来，三个月卖断货四次，很快打开市场。

讨论内容：

1. 奇正公司采用了什么类型的促销方式？

2. 你认为奇正炎痛贴成功上市的原因是什么？采用的是何种促销策略？

相关链接

市场营销在我国的推广

我国在计划经济时代，企业是政府机构的附属物，生产出来的产品由政府统购包销，企业与市场不发生直接关系。同时，产品长期短缺，是“皇帝女儿不愁嫁”，企业也就不会专门研究市场。所以当市场营销学在美国诞生并在战后广泛传播到欧洲、日本、甚至东欧、前苏联时，中国对市场营销还很陌生。1978 年，中国开始采取改革开放政策，计划经济体制开始被打破，市场在资源配置中的基础性调节功能逐渐得到发挥。企业直接面临市场，成为独立的经营主体。这样，市场营销学开始引起我国政府部门、学术界和企业界的重视。

1980 年，国家经委、国家科委和当时的高教部与美国政府在大连建立了高级干部管理培训中心，组织美国的大学教师来中国讲授“市场营销学“课程。1981 年 8 月，企业管理出版社把美国教授的市场学讲课内容进行整理，最后公开出版，取名为《市场学》。这可以说是中国实行改革开放政策后第一本公开出版的市场营销学著作。与此同时，1980 年，中国外贸部与联合国国际贸易中心合作，在北京举办了两期市场营销培训班，由美国、加拿大等国专家讲课。同样类型的培训班在其他地方也举办过几期，这对于市场营销学的推广起到了良好的作用。到 1982 年，我国公开出版的市场营销学著作已达近十本。1983 年 10 月，在西安召开了市场营销学教学研究会的筹备会议。在各省、市纷纷成立由学术界与企业界共同参加的市场营销学会的基础上，1991 年 3 月，中国市场学会在北京正式成立。

进入 20 世纪 90 年代以后，全国大专院校都普遍开设了市场营销学课程，并把它作为经济管理专业的主要课程来对待。许多高等院校还设置了市场营销学专业，并且已成为最热门的专业之一。在企业界，越来越多的企业开始自觉地运用市场营销学的原理与方法来指导经营活动。很多企业通过聘请专家学者进行学术讲课，举办培训班，派人去高等院校旁听、进修，以及招聘市场营销专业毕业生等方式逐渐掌握了一些市场营销的基本理论和知识。人们逐渐认识到，要使企业在市场竞争中取胜，必须依靠市场营销学的理论和方法。但是，由于我国的市场体系发育不良、法律不够健全、消费者不够成熟，企业工作人员在计划经济中形成的思维方式一时难以改变等原因，市场营销学思想和理论在许多企业还没有真正成为经营活动的指导思想，还要进一步发展和加强。

理论思考

1. 市场营销观念
2. 微观环境分析
3. 市场定位
4. 差异性市场策略
5. 市场营销计划
6. 定价方法

实训任务

撰写《× × 企业市场营销策略策划方案》

实训目标

1. 增强对市场营销策略的感性认识。

2. 掌握市场营销组合策略。

实训内容与方法

1. 以小组为单位，选择一个企业的市场营销策略进行实训。

2. 每小组制定一份策划方案。

3. 各小组在全班进行交流与评价。

实训要求

1. 从企业的产品策略、定价策略、渠道策略和促销策略四个方面搜集资料。

2. 对其成功经验和存在的问题进行分析。

实训检测

1. 各小组将策划方案制作成 PPT 的形式作汇报。

2. 各小组之间进行互评。

3. 教师最后点评，然后综合评定各小组的实训成绩。

项目六　企业物流管理

项目任务　物流资源配置

知识目标：

1. 掌握企业物流的概念
2. 了解企业采购管理的内容
3. 熟悉供应商管理
4. 掌握库存管理方法
5. 了解配送中心的功能

能力目标：

1. 能够用所学的方法进行企业采购需求预测
2. 能够运用库存管理方法使库存处于合理水平

案例导入

沃尔玛的成功之道

提起“沃尔玛”这个名字，我国的消费者并不陌生，它是美国著名的零售企业，2008年又以3511.39亿美元的销售额名列世界500强之首。其成功的重要秘诀之一在于：沃尔玛建立了全球第一个物流数据处理中心。在全球第一个实现集团内部24小时计算机物流网络化监控。同时，沃尔玛直接从工厂进货，大大减少了商品流通的中间环节，以确保沃尔玛商品的“物美价廉”，而要做到“价廉”，就只有在压低进货价格上下工夫，并实现快速反应机制，使采购库存、订货、配送和销售一体化，从而减少了很多不必要的时间浪费，加快了物流的循环，降低了物流成本。

思考题：

1. 你认为沃尔玛成功的重要秘诀是什么？

2. 沃尔玛在加快物流循环和降低物流成本方面采取了哪些措施?

企业物流是指在企业生产经营的过程中，物品从原材料供应，经过生产加工，到产成品和销售，以及伴随生产、消费过程所产生的废弃物的回收和再利用的完整循环活动。企业物流系统由采购、运输、储存、装卸搬运、包装、配送和信息处理等要素构成。企业物流管理就是企业为合理配置物质资源、有效提供物流服务、不断创造物质价值、谋求良好经济效益而理顺各种关系的活动过程。

任务 1：采购物流管理

采购物流管理是指为保证企业物资供应而对企业的整个采购活动进行的计划、组织、指挥、协调和控制活动。采购管理是物流管理的重要内容之一，是企业获得经营利润的源泉。

一、企业采购的业务流程

从企业物流的角度来看，企业采购是指企业从市场获取商品或服务的活动和过程。企业采购是按照一定的业务流程进行的，具体分为确认采购需求、选择供应商、实现交易、处理订单、收货验货、支付贷款和资料归档等环节。

1. 确认采购需求

确认采购需求包括需求发生、需求说明和需求计划等内容。企业采购需求通常由物资使用部门向采购部门提出采购申请。采购申请通常由采购部门填写“请购单”。请购单一般应载明申请部门、编号、预算额、日期、物品名称、需求数量、规格、需求日期等信息，如表 6–1 所示。

表 6–1　请购单

申请部门：＿＿＿＿＿＿＿＿　编号：＿＿＿＿＿＿
预算额：＿＿＿＿＿＿＿＿　日期：＿＿＿＿＿＿

需求数量	单　位	描　述

需要日期：＿＿＿＿＿＿＿＿
特殊发送说明：
遇有问题说明：

申请人：

说明：一式两份，原件送采购部门，申请人保留副本。

需求说明是采购申请人对申请采购物资的细节所做的详细说明。例如采购物资的数量、质量、包装、运输、售后服务、检验方式等。

2. 选择供应商

选择供应商是企业选择合适的供货者的过程。选择供应商是采购业务流程的关键环节，企业应选择信誉好，产品质量、交货期和售后服务等有保证的供应商。

3. 实现交易

实现交易包括确定采购价格、采购洽谈、签订采购合同等。确定采购价格是一个价格洽谈的过程，也是一个企业与供应商之间反复讨价还价的过程。采购洽谈的内容除了价格洽谈，还包括数量、质量、交货期、货款支付方式、违约责任等。采购合同是根据已确定的采购价格和采购洽谈结果，在互利双赢的基础上签订的，表示采购交易的达成。

4. 处理订单

采购订单是采购企业向供应商发出的具有法律约束力的采购书面通知。采购订单一般载明编号、发货日期，接受订单的供应商名称、地址，采购企业的名称和地址、采购数量、价格、质量、运输要求、交货日期、货款结算方式、违约责任等，如表 6–2 所示。

表 6–2　采购订单

订单编号：　　　　　　　　填写日期：　　年　月　日

企业名称：　　　　　　　　地址：　　　　电话：

供应商名称：　　　　　　　地址：　　　　电话：

序号	物料编码	名称	型号	需求数量	单位	单价	金额	交货日期	备注
1									
2									
3									
4									
5									
6									
合　计						总金额（小写）：			
总金额（大写）：									
交货地点：									
付款方式：									
包装要求：									
验收方式：									
其他说明：									
采购企业签字盖章：						供应商签字盖章：			
订单人员：						业务员：			

制单：　　日期：　　审核：　　日期：　　批准：　　日期：

采购订单得到供应商确认后，采购企业还要进行订单跟踪和催货。订单跟踪是通过询问供应商的进度而对订单所进行的例行追踪。大型采购跟踪可派人实地跟踪，小额采购可通过电话或网络跟踪。催货是对供应商施加压力，促其履行发运承诺。发运承诺包括加快已经延误订单货物的发运和提前发运货物。

5. 收货验货

收货验货是指由仓库负责检验货物并办理入库手续的过程。收货验货需由仓管员填写收货单，如果发生货物短缺等情况，应及时报告运输或采购部门。收货单应载明收货日期、供应商名称、物料数量、规格、单价、金额等主要信息，如表 6–3 所示。

表 6–3　收货单

供货单位：　　　开单日期：　年　月　日　存放仓库：

货号	品名	规格	单位	数量	单价	金额	备注
合计							
总金额（大写）：						总金额（小写）：	
包装类别		件数		每件内装		合同号	
验收日期		备注：					

收货人：　　　复核人：　　　验收人：

6. 支付货款

采购物品验收合格后，采购部门核查发票内容，完成相应的审批手续后交财务部门，财务部门根据仓库提供的入库凭证，按采购合同的规定安排相应的付款事宜。

7. 资料归档

资料归档是指对采购业务中涉及的各种单据、文件等资料列入档案登记，进行分类编号。归档的资料包括采购合同、采购订单、收货单、入库单等凭据，一般保存年限为 3~5 年。

二、企业采购物流体系

采购物流是指企业为采购所需的各种物资所发生的物流活动，它是企业物流过程的第一个阶段。采购物流对企业生产经营活动的正常、高效进行发挥着保障作用。

采购物流表现为在为企业提供原材料、零部件或其他物料时，物品在供应者与需求者之间的实体流动。采购物流在不同的企业采购重点有所不同。生产制造企业的采购基本上是原材料、零部件、半成品等物料的采购；零售企业的采购一般是用于销售的各种商品以及经营需要其他物料的采购；服务性企业的采购大都是提供服务所需的各种设备、工具等物资的采购；政府机关、事业单位的采购重点是日常办公设备、用品的采购。企业采购物流体系如图 6–1 所示。

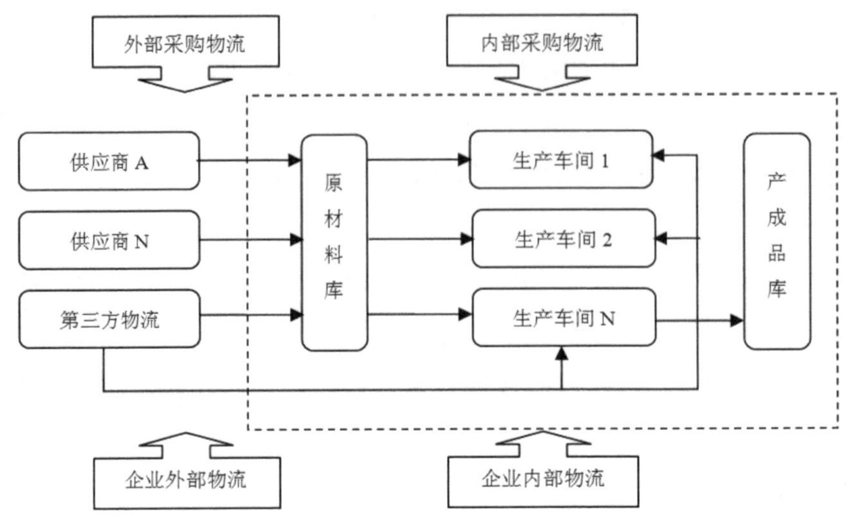

图 6–1　企业采购物流体系示意图

由图 6–1 可知，企业需要根据生产经营计划组织采购物流，采购物流不仅可以在企业外部的企业与供应商之间发生，而且可以在企业内部各生产经营部门之间发生，所以，采购物流可以划分为企业外部采购物流和企业内部采购物流。企业外部采购物流是企业向供应商采购所需物资而发生的物资运输、仓储、装卸搬运等物流活动；企业内部采购物流是企业组织内部物资仓储及将物资送达生产部门的物流活动。

三、企业采购管理的内容

为了实现采购管理的目标，企业采购需要由各项采购业务构成。企业采购管理的内容主要包括采购组织管理、采购需求管理、采购计划管理、供应商管理、采购业务管理和采购评价管理等。

1. 采购组织管理

采购组织管理是采购管理最基本的组成部分，为了做好采购管理工作，需要有一个精悍的组织管理机构履行采购管理职能的活动。采购组织管理就是对采购组织结构内部的采购职责的落实、监督和考评活动。

2. 采购需求管理

采购需求管理包括采购需求预测、资源市场分析等活动。采购需求预测是对采购品种、采购数量、采购时间的预测；资源市场分析是根据企业所需要的物资品种，分析资源市场的具体情况，包括资源分布情况、供应商情况、品种和质量、价格情况、交通运输情况等。企业的采购部门应当掌握企业的物资需求情况，为制订出科学合理的采购计划做准备。

3. 采购计划管理

采购计划管理包括对企业的采购计划的制定和实施，为企业提供及时准确的采购计划和执行路线。制订采购计划是根据采购需求和供应商情况，对采购订货活动做出切实可行的安排，需要考虑的要素有供应商、采购品种和数量、订货策略和运输策略等。实施采购计划就是将采购计划落实到具体责任人，按照既定的采购进度具体实施。

4. 供应商管理

供应商管理是指对供应商的调查、开发、选择、考评和激励等综合性的管理活动。供应商是企业资源的提供者，企业保持稳定的供应商群体是生产经营活动得以顺利进行的基础和前提。

5. 采购业务管理

采购业务管理是对企业采购业务过程的管理，包括制订采购方案、采购洽谈、签订采购合同、实施进货、验收入库、支付货款等采购业务的管理。

6. 采购评价管理

采购评价管理包括对采购任务完成后的评估，或月末、季末和年末对一定时期内采购活动的总结评估。其主要目的是肯定成绩，总结经验教训，提出改进方法等，使企业不断提高采购管理水平。

【实例 6–1】　　沃尔玛的采购流程

沃尔玛的全球采购活动都是以采购的政策、网络为基础，并严格遵循其采购程序的。在全世界商品质量相对稳定的情况下，只有紧密有序的采购流程才能保证沃尔玛采购到足量的货物。该采购流程包括的主要业务内容为：搜索信息、确定计划、选择供应商、谈判、审核答复和跟踪检查等。

1. 收集产品信息及报价单。通过电子数据交换系统，向全球 4000 多家供应商发送采购订单及收集产品信息和报价单，并向全球 2000 多家卖场供货。

2. 决定采购的货品。沃尔玛有一个专门的采办会负责采购。经过简单的分类后，该小组会用 E–mail 的方式和沃尔玛全球主要店面的买手们沟通，这个过程比较长。在世界各大区买手来中国前（一般一年两到三次），采办会的员工会准备好样品，样品上标明价格和规格，但绝不会出现供应商的名称，由买手决定货品的购买。

3. 筛选供应商。沃尔玛在采购中对供应商有严格的要求，不仅在商品的规格、质量等方面，还对供应商工厂内部的管理有严格的要求。

4. 与供应商谈判。买手决定了购买的产品后，买手和采办人员对被选中的产品进行价格方面的内部讨论，定下大致的采购数量和价格，再由采办人员同供应商进行细节和价格的谈判。谈判采取地点统一化和内部标准化的措施。

5. 审核并给予答复。沃尔玛要求供应商集齐所有产品的文献，包括产品目录、价格清单等，选择好样品提交，并会在审核后的 90 天内给予答复。

6. 跟踪检查。在谈判结束后，沃尔玛会随时检查供应商的状况，如果供应商达不到沃尔玛的要求，则根据合同，沃尔玛有理由结束双方的合作。

四、采购需求预测

采购需求预测是指根据企业以往的需求数据和需求变化情况，运用科学的预测方法对未来一定时期的需求数量及其变化情况进行预测的活动。采购需求预测需要科学的技术预测方法，具体包括估计值法、直接计算法、动态计算法、类比计算法和比例推算法。

1. 估计值法

估计值法是指采购部门相关人员对采购需求的估计值进行综合汇总作为采购需求预测的一种方法。

例 6–1：企业 4 位采购人员对下年 A 材料的采购需求量预测值（单位：件）见表 6–4，确定综合汇总后的下年 A 材料采购需求量。

表 6–4　A 材料采购需求量预测

采购人员	最低值	概率	最可能值	概率	最高值	概率
甲	600	0.2	900	0.5	1000	0.3
乙	500	0.3	800	0.5	1000	0.2
丙	500	0.2	700	0.6	920	0.2
丁	450	0.2	650	0.5	700	0.3

4 位采购人员预测的期望值分别为：

甲采购人员预测期望值 =1000 × 0.3+900 × 0.5+600 × 0.2=870（件）

乙采购人员预测期望值 =1000 × 0.2+800 × 0.5+500 × 0.3=750（件）

丙采购人员预测期望值 =920 × 0.2+700 × 0.6+500 × 0.2=704（件）

丁采购人员预测期望值 =700 × 0.3+650 × 0.5+450 × 0.2=625（件）

综合汇总后的下年 A 材料采购需求量为：

下年 A 材料采购需求量 =（870+750+704+625）/4=737（件）

◇课堂小计算：某企业 2 个部门经理对下年 B 材料的采购需求量预测值如下：甲经理最低、最可能、最高值分别为 3000、3200、3800 公斤，概率分别为 0.3、0.5、0.2；

乙经理：最低、最可能、最高值分别为 3500、3700、4000 公斤，概率分别为 0.2、0.6、0.2；两位经理的重要程度权数分别为 0.6 和 0.4。确定综合汇总后的下年 B 材料采购需求量。

2. 直接计算法

直接计算法也称定额计算法，是指利用计划期的生产量和生产消耗定额直接推算采购需求量的一种方法。直接计算法适用于具有消耗定额的物资采购需求量的推算，且计算结果比较接近实际。

某种物资采购需求量的计算公式为：

某种物资采购需求量 = 计划生产量 × 单位产品消耗定额

例 6–2：某企业本年计划生产甲产品 2000 台，已知主要消耗 C 材料的消耗定额为 45 公斤，预测本年 C 材料的采购需求量。

C 材料的采购需求量 =2000×45=90000（公斤）

3. 动态计算法

动态计算法是指通过分析以往数据来找出计划期生产量与物资消耗的变化规律，并据此推算采购需求量的一种方法。实际计算时，可以利用计划期生产量与上期生产量的比例关系，考虑物资消耗水平的增减来进行计算。动态计算法适用于没有物资消耗定额的物资采购需求量的推算，且推算采购需求量比较简单易行。

某种物资采购需求量的计算公式为：

$$\begin{matrix}\text{某种物资}\\\text{采购需求量}\end{matrix}=\begin{matrix}\text{上期物资}\\\text{实际消耗量}\end{matrix}\times\frac{\text{计划生产量}}{\text{上期生产量}}\times\left(1\pm\begin{matrix}\text{本期物资消耗}\\\text{增减比例}\end{matrix}\right)$$

例 6–3：某企业本年计划生产乙产品 1500 台，已知上年实际生产 1100 台，实际消耗 A 材料 32000 公斤，预计生产该产品 A 材料的消耗水平降低 6%，预测本年 A 材料的采购需求量。

A 材料的采购需求量 =32000×1500/1100×（1–6%）=40908.835（公斤）

4. 类比计算法

类比计算法是指参照同类产品或类似产品的物资消耗定额来推算采购需求量的一种方法。类比计算法适用于没有物资消耗定额，但有可参照的同类产品或类似产品消耗定额的物资采购需求量的推算，且计算比较简单。

类比计算法的计算公式为：

$$\text{某种物资采购需求量}=\text{计划期生产量}\times\text{同类或类似产品物资消耗定额}\times\left(1\pm\text{本期物资消耗增减比例}\right)$$

例 6–4：某企业本年计划生产丙产品 1000 台，已知类似产品 D 材料的消耗定额为 30 公斤，预计生产该产品 D 材料的消耗水平比类似产品多出 5%，预测本年 D 材料的采购需求量。

D 材料的采购需求量 =1000×30（1+5%）=31500（公斤）

5. 比例推算法

比例推算法又称因素分析法或分析调整法，是指以基期需求量数据为基础，根据计划期生产经营和物资周转等因素，经分析调整来推算采购需求量的方法。在具体预测时，一般是在基期采购需求量中剔除不合理消耗量，以生产量增减反映计划期生产经营的变化。比例推算法适用于没有物资消耗定额，但计划期生产量和物资周转变动情况可以预估的物资采购需求量的推算，且计算比较简单。

比例推算法的计算公式为：

$$\text{某种物资采购需要量}=\left(\text{基期采购需求量}-\text{不合理消耗量}\right)\times\left(1\pm\text{计划期生产增减率}\right)\times\left(1\pm\text{计划期物资周转变动率}\right)$$

例 6–5：某企业 B 材料上年采购需求量为 35000 公斤，经分析不合理消耗量为 50 公斤，预计本年度生产增长 6%，物资周转加速 3%，预测本年 B 材料的采购需求量。

B 材料的采购需求量 =（35000–50）×（1+6%）×（1–3%）=35963.6（公斤）

◇课堂小计算：在例 6–5 中，如果预计本年物资周转放缓 6%，则本年 B 材料的采购需求量预计为多少公斤？

五、供应商管理

供应商是指可以为企业生产经营提供原材料、设备、工具及其他资源并相应收取货币作为报酬的实体。供应商可以是生产企业、流通企业、制造商、经销商和其他中介商。供应商管理是指对供应商的调查、选择、开发和控制等综合性管理工作的总称。供应商管理的目的就是为企业建立一支稳定可靠的供应商队伍，为企业生产和经营提供可靠的物资供应。

1. 供应商的分类

供应商管理的核心是把供应商纳入企业资源管理的范畴，而供应商管理的基础是对供应商的分类。

（1）按供应金额大小，可以分为重点供应商和普通供应商

重点供应商是指占 80% 供应金额的 20% 的供应商。这些供应商提供的物品是企业的战略性物资或需集中采购的物资，物资的金额占企业全部物资的 80%，而供应商数量只占全部供应商的 20%，因此重点供应商需要企业投入 80% 的时间和精力进行管理。

普通供应商是指占 20% 供应金额的 80% 的供应商。这些供应商提供的物品对生产影响较小，例如，办公用品、维修备件等。物资的金额占企业全部物资的 20%，而供应商数量却占全部供应商的 80%，因此普通供应商需要企业投入 20% 的时间和精力进行管理。

（2）按供应商的重要程度，可以分为商业型供应商、优先型供应商、重要型供应商和伙伴型供应商（如图 6–2 所示）

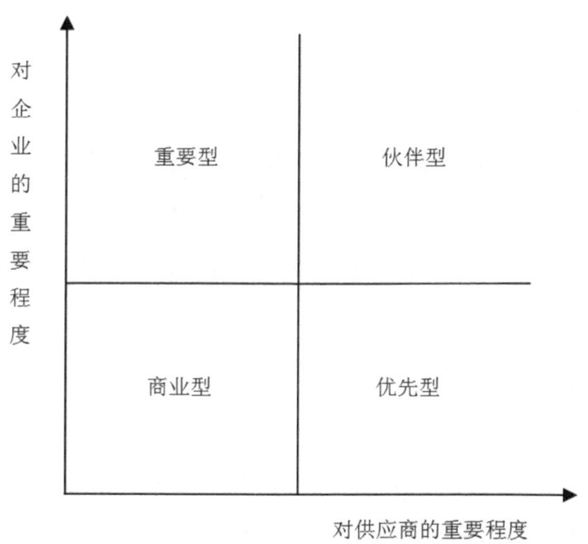

图 6–2　按供应商的重要程度分类示意图

商业型供应商是与企业保持单纯交易关系的供应商。在某种物资市场供应比较充足的情况下，商业型供应商可以在市场方便地选择和更换。

优先型供应商是采购业务对供应商非常重要而对企业不是十分重要的供应商。优先型供应商使供应商选择处于有利地位。

重要型供应商是采购业务对企业非常重要而对供应商不是十分重要的供应商。重要型供应商需要企业注意与其保持良好关系。

伙伴型供应商是采购业务对企业和供应商都很重要的供应商。伙伴型供应商需要企业与其建立起相互依赖的稳定合作关系。

◇课堂小思考：你认为商业型供应商、优先型供应商、重要型供应商和伙伴型供应商的不同在哪里?

2. 供应商选择的方法

供应商选择是供应商管理的前提，在供应商选择前除了考虑供应商的数量、规模、地理位置、开发利用和渠道之外，还要运用一定的方法，对供应商做出综合评价并进行选择。常用的方法有直观判断法、招标法、协商选择法、采购成本比较法、评分法。

（1）直观判断法

直观判断法是指根据调查所得的供应商资料并结合个人的分析判断，对供应商进行的分析和评价。直观判断法主要采纳有经验的采购人员的意见，或者直接由采购人员凭经验做出判断。该方法简单易行，但主观性较强，容易受采购人员人为因素影响，可靠性差。

（2）招标法

招标法是指采用招标的方式邀请潜在的供应商参与竞标，从中选择合适的供应商的方法。该方法竞争性强，扩大了选择供应商的范围，但手续较多、时间较长、不能适应紧急采购的需要。招标法适用于采购数量大、供应商多、市场竞争激烈的采购业务。

（3）协商选择法

协商选择法是指由企业选择条件较为有利的几个供应商，跟其分别进行协商，再确定适当的供应商。该方法有利于供需双方充分沟通，在物资质量、交货日期和售后服务方面有保证，但选择范围有限，不一定能找到价格合理、供应条件有利的供应商，容易受采购人员人为因素影响，可靠性差。

（4）采购成本比较法

采购成本比较法是指通过计算分析供应商的采购成本，选择成本较低的供应商的方法。该方法评价量化，减少了主观因素的影响，但评价指标单一，缺乏对供应商的综合分析。

例 6–6：某企业计划采购某种物资 600 吨，甲、乙两家供应商提供的物资质量均符合要求，信誉好，交货时间也能满足生产需求。距离企业较近的甲供应商的报价为 1000 元 / 吨，运费为 10 元 / 吨，订购费用为 1500 元。距离企业较远的乙供应商的报价为 900 元 / 吨，运费为 40 元 / 吨，订购费用为 2000 元，用采供成本比较法确定应选择哪一家供应商。

甲供应商：600 × 1000+600 × 10+1500=607500（元）

乙供应商：600 × 900+600 × 40+2000=566000（元）

经过对采购成本比较，乙供应商的成本低，因此选择乙供应商。

（5）评分法

评分法是指依据供应商评价的各项指标，按供应商的优劣档次，分别对供应商进行评分，选择得分高者为最佳供应商。

例 6–7：已知某种物料有 3 个供应商，根据表 6–5 的资料选择合适的供应商。

表 6–5　供应商选择资料

评估指标	权重	评分值		
		甲供应商	乙供应商	丙供应商
技术水平	7	5	6	7
产品质量	8	7	7	8
供应能力	9	8	6	7
产品价格	8	6	7	8
地理位置	4	5	6	5
可靠程度	5	4	5	7
售后服务	4	6	6	5

注：评估指标权重、供应商评分值分别用 1~10 之间一个数值表示。

甲供应商的总分 =7 × 5+8 × 7+9 × 8+8 × 6+4 × 5+5 × 4+4 × 6=275

乙供应商的总分 =7 × 6+8 × 7+9 × 6+8 × 7+4 × 6+5 × 5+4 × 6=281

丙供应商的总分 =7 × 7+8 × 8+9 × 7+8 × 8+4 × 5+5 × 7+4 × 5=315

因为丙供应商的总分最高，所以选择丙供应商作为该物料的供应商。

3. 供应商的考评

为了科学、客观地反映供应商活动的运作情况，应该建立与之相适应的绩效评价体系。在制定该体系时，应突出重点，对关键指标进行重点分析。

（1）质量指标

质量是用来衡量供应商活动的最基本指标。供应商应该遵循的质量指标主要有来料批次合格率、来料抽检缺陷率、交货破损率、来料在线报废率等，其中以来料批次合格率最为常见。其计算公式为：

来料批次合格率 = 合格来料批次 / 来料总批次 × 100%

此外，有一些企业将供应商体系、质量信息等是否通过了 ISO9000 认证作为评价指标。还有一些企业要求供应商提供相应的质量文件，例如质量检验报告、出货质量检验报告等。

（2）供应指标

供应指标主要用于考评供应商是否准时交货。主要有准时交货率、交货周期、订单变化接受率、总供货满足率等，其中准时交货率最为常见。其计算公式为：

准时交货率 = 期内按时按量交货的实际批次 / 期内订单确认的交货总批次 ×100%

（3）经济指标

经济指标主要考评的是成本、价格和公司的财务状况。多数企业是每季度考核一次，经济指标往往都是定性的，难以量化。

（4）支持指标

支持指标主要考评供应商的协作和配合情况。支持指标也都是定性的考核，通常每季度一次。考核的主要内容有反应与沟通、合作态度、参与本企业的改进与项目开发、售后服务等。

【实例 6–2】　　德尔福的供应商管理

作为全球最大的汽车零部件公司，美国德尔福认为，要保证提供给企业的产品中没有一个是次品，那就需要有一个强有力的供应链支持。首先要求福尔斯供应商的产品质量必须保证 100% 是合格品，所以德尔福很重视和供应商的关系，重视供应商供应链的精益管理。每年，德尔福都颁发年度供应商奖。

任务 2：企业仓储管理

仓储管理就是对仓库及仓库内的物资所进行的管理，是企业为了充分利用所拥有的仓储资源，提供高效的仓储服务所进行的计划、组织、控制和协调的过程。

一、仓储的概念

仓储是指通过仓库对物资进行储存和保管。“仓”是指仓库，为存放物品的建筑物和场所，可以是房屋建筑、洞穴、大型容器或特定的场地等，具有存放和保护物品的功能。“储”是指储存、储备，表示收存以备使用，具有收存、保管、交付使用的意思。

仓储是物流活动的重要环节，无论是对生产企业还是流通企业都有着重要作用。

1. 仓储的积极作用

（1）仓储是物流的主要功能要素之一

在物流体系中，运输和仓储被称为两大支柱。运输承担着改变物品空间状态的重任，仓储承担着改变物品时间状态的重任。

（2）仓储是保证物品原有使用价值的重要手段

通过仓储可以降低物资的损害程度，发挥物品的最大效用。

（3）仓储能够降低物流成本

通过仓储的合理化，可以加速资金周转，节约流通费用，降低物流成本，提高经济效益，开拓第三利润源泉。

2. 仓储的消极作用

（1）储存费用增加

仓储需要仓库建设，仓库管理、储存代价较高。同时储存物资占用资金以及利息支出，所以固定费用和变动费用支出较大。

（2）陈旧损失与跌价损失

随着储存时间的增加，存货可能发生陈旧变质、数量减少及使用价值降低等现象，同时一旦错过销售期就会造成跌价损失。

（3）保险费支出

储存物资一般会投缴保险。保险支出在仓储成本中占很大比例，势必增加仓储费用。

仓储是物流系统中一种必要的活动，只有考虑到仓储作用的两面性，尽量使仓储合理化，才能有利于物流活动的顺利开展。

二、仓储管理的内容

仓储管理主要是在物资流通过程中货物储存环节的经营管理，其管理内容主要包括以下几个方面。

1. 仓库选址与布点

仓库选址与布点包括仓库选址应遵循的基本原则、仓库选址时应考虑的基本因素以及仓库选址的技术方法，多点布置时还要考虑网络中仓库的数量和规模大小、相对位置和服务的客户等问题。

2. 仓库规模的确定和内部合理布局

仓库规模的确定和内部合理布局包括仓库库区面积及建筑物面积的确定，库内道路和作业区的平面和竖向布置，库房内部各作业区域的划分和作业通道布置的方式。

3. 仓储设施和设备的选择、配备

仓储设施和设备的选择、配备包括如何根据仓库作业的特点和储存商品的种类合理地选择和配备仓库设施、作业机械以及如何合理使用和管理。

4. 仓储资源的获得

仓储资源的获得包括企业通过什么方式来获得仓储资源。通常，一个企业获得资源的方式包括使用自有资金、使用银行借贷资金、发行企业债券、向企业内部职工或社会公众募股等方式。不同的资源获得方式其成本不同。

5. 仓储作业活动管理

仓储作业活动随着作业范围和功能的不同，其复杂程度也不尽相同，仓储作业管理是仓储管理的重要内容，它涉及仓储作业组织的结构与岗位分工、作业流程的设计、仓储作业中的技术方法和作业手段，还包括仓储活动中的信息处理等。

6. 库存控制

库存是仓储的最基本功能，企业为了能及时满足客户的需求，就必须经常保持一定数量的商品库存，存货不足会造成供应断档，存货过多会造成商品积压、仓储成本上升。库存控制是仓储管理中最为复杂的内容，是仓储管理从传统的存货管理向高级的存货系统动态控制发展的重要标志。

7. 仓储经营管理

从管理学的角度来看，经营管理更加注重企业与外部环境的和谐，仓储经营管理是企业运用先进的管理方式和科学的管理方法，对企业的经营活动进行计划、组织、指挥、协调和控制，其目的是获得最大的经营效果。

8. 仓储人力资源管理

人在社会生活中是最具有主观能动性的，任何一个企业的发展和壮大都离不开人的参与，仓储企业也不例外。仓储人力资源管理主要涉及人才的选拔和合理使用、人才的培养和激励、分配制度的确立等。

此外，仓储管理还涉及仓储安全管理、信息技术的应用、仓储成本管理和仓储经营效果评价等方面的内容。

【实例 6-3】　　深圳安贸危险品仓库事故

1993 年 8 月 5 日 13 时 15 分，深圳市安贸危险品储运公司清水河仓库 4 库，因违章将过硫酸铵、硫化钠等化学危险品混储，引起化学反应而发生火灾爆炸事故。

此事故发生是由于违反安全规定，违反消防法规，把丙类物品仓库当甲类物品仓库使用。1987 年 5 月，该公司以丙类杂品干货仓库使用性质向深圳市消防支队报请建筑消防审核。1989 年该仓库部分库房存储危险品，违反了消防规范要求，消防安全管理工作不落实。第一，没有称职的安全防火干部；第二，化学危险品进库没有进行安全检查和技术监督，账目不清，管理混乱；第三，仓库搬运工和部分仓管员是外来临时工，上岗前未经过必要的培训，发生火灾后不懂如何扑救；第四，拒绝消防监督提出的整改建议，对隐患久拖不改；第五，消防基础设施、技术装备与扑救大火不适应。深圳市是缺水城市，清水河地区更是缺水区，仓库区虽然有一些消防栓，但因压力达不到国家消防技术标准规定，使灭火工作受到影响。

三、仓储作业流程

仓储作业流程是指以保管活动为中心，从仓库接收商品入库开始，到按需要把商品完好地发送出去的全过程。通常包括入库、储存、出库三个阶段。

1. 商品入库操作流程

商品的入库是商品储存业务活动的起点，它包括商品入库的准备、入库商品接运与交接、验收、入库等过程。

（1）商品入库的接收

入库商品的接收主要有四种方式：车站码头接货、专用铁路线接货、到供货方仓库接货、本库接货。

（2）入库商品的验收

入库商品的验收工作主要包括数量、质量和包装三方面的验收。在数量和质量验收方面应分别按商品的性质、到货情况来确定验收的标准和方法。

（3）验收发现问题的处理

验收中出现的问题大体有如下几种：数量不符、质量问题、包装问题、单货不符或单证不全。

（4）办理商品入库手续

商品经过质量和数量验收后，由商品检查人员或保管员在商品入库凭证上盖章签收。仓库留存商品入库保管联应证明商品存入的库房、货位，以便统计、记账。同时，将商品入库凭证的有关联迅速送回存单单位，作为正式收货的凭证。

2. 储存作业主要内容

（1）储存策略

储存策略主要在于制定储位的指派原则，良好的储存策略可以减少出入库移动的距离。缩短作业时间，甚至能够充分利用储存空间。

①定位储放。定位储放是指每一项储存货品都有固定储位，货品不能互用储位。

②随机储放。随机储放是指每一个货品被指派储存的位置都是经由随机的过程产生的，而且可以经常改变，也就是说，任何品项可以被存放在任何可利用的位置。此随机原则一般是由储存人员按习惯来储放，且通常可与靠近出口法则联用，即按货品入库的时间顺序储放于靠近出入口的储位。

③分类储放。分类储放是指所有的储存货品按照一定特性加以分类，每一类货品都有固定存放的位置，而同属一类的不同货品又按一定的法则来指派储位。

④分类随机储放。分类随机储放是指每一类货品有固定存放的储区，但在各类储区内，每个储位的指派是随机的。

⑤共同储放。共同储放是指在确定知道各货品的进出仓库时刻的情况下，不同的货品可共用相同储位。共同储放在管理上虽然较复杂，但储存空间及搬运时间更经济。

（2）储位管理原则

储位是指仓库中实际可用于堆放商品的面积。储位选择是在商品分区分类的基础上进行的，所以储位的选择应遵循确保商品安全，方便吞吐发运，力求节约仓容的原则。

3. 商品出库操作流程

商品出库是指仓库根据销货单将商品交付给收货人的作业过程，标志着商品储存阶段的结束。它包括审核出库凭证、备货、复核、

（1）核对出库凭证

商品出库，必须核对和审查出库凭证，准确掌握出库商品的名称、编号、型号、实发数量、印签及审批手续。

（2）备货

按照商品储存秩序，循序取货，减少往复行走距离。

（3）复核

对所有出库商品实行检查核对制度，保证实发货物准确无误。复核的主要内容包括品种数量是否准确，质量是否完好，配套是否齐全，包装是否完好等。

（4）包装

出库的商品如果没有符合运输方式所要求的包装，应进行包装。根据商品外形特点，选用适宜的包装材料，其重量和尺寸便于装卸和搬运。

（5）办理交货手续

库管员与领货人办理交接手续，商品要当面验证，在移交单上签字认定。

（6）善后处理

库管在办理完交接手续后要整理现场、清理单据、登记账册、资料归档，并制定出库计划，妥善安排出库的人力和车辆。

四、库存管理方法

库存管理是对企业生产经营全过程的各种物品资源进行管理和控制，使其储备保持在经济合理的水平上。库存管理的目标就是使库存量处于合理水平，使库存既能满足生产经营的需要，又能保证库存成本控制在可以接受的水平。库存管理常用的方法有 ABC 分析法、定量订货法和定期订货法。

1.ABC 分类法

ABC 分类法是指按照一定的标准将企业的库存划分为 A、B、C 三类并分别采取不同方式进行管理的一种方法。

（1）ABC 分类法的分类标准

在 ABC 分类法中，根据物资库存金额及品种数量对物资进行分类。其中物资库存金额是基本分类标准，品种数量是参考分类标准。A 类库存金额巨大，品种数量很少；B 类库存金额较小，品种数量较多；C 类库存金额很小，品种数量繁多。一般而言，三类库存的金额比重大致为：A：B：C = 0.7：0.2：0.1，而品种数量比重大致为：A：B：C = 0.1：0.2：0.7，如表 6–6 所示。

表 6–6　ABC 分类标准

分类	分类标准		特　征
	金额（%）	品种数量（%）	
A 类	70	10	金额巨大，品种数量很少
B 类	20	20	金额较小，品种数量较多
C 类	10	70	金额很小，品种数量繁多

（2）ABC 分类法的步骤

①计算每一种存货在一定时期的资金占用额。

②按资金占用额从大到小进行排列并列成表格。

③计算每一种存货资金占用额占全部资金占用额的比重。

④进行分类。当累计金额百分比大约达到 70% 时，以上存货为 A 类，累计金额百分比介于 70%~90% 之间的存货为 B 类，其余为 C 类。

⑤绘制 ABC 分析图。以品种数量百分比为横坐标，以累计资金占用额百分比为纵坐标，按数据在坐标图上取点，并连接各点曲线，绘成 ABC 曲线图。如图 6–3 所示。

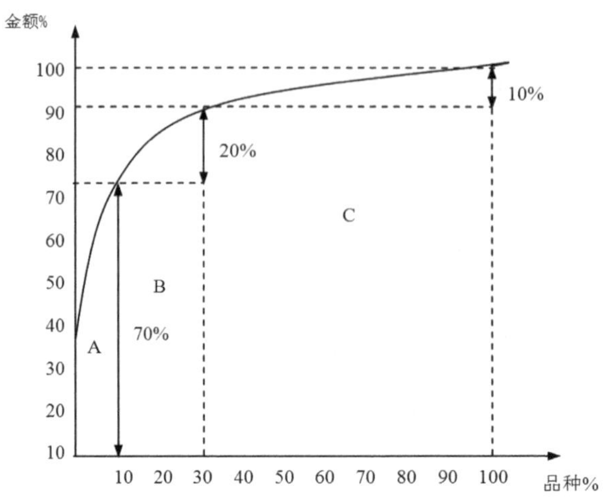

图 6-3 ABC 分类法示意图

（3）确定 ABC 管理方式

在 ABC 分类法中，不同种类的物资给予不同程度的管理方式，如表 6-7 所示。

表 6-7 不同种类物资的管理方式

分类结果	管理程度	管理方式	订货方式
A 类	重点管理	现场管理严格要求，投入较大力量精心管理，经常进行检查和盘点	计算每种物品的订货量采用定期订货方式
B 类	常规管理	库存检查和盘点周期较 A 类长一些	采用定量订货方式
C 类	简化管理	定期库存检查和盘点，不需要费太多精力	集中大量订货，增加库存储备

例 6-8：某企业共有 12 种材料，总金额为 180000 元，按金额多少的顺序排列的有关资料如表 6-8，采用 ABC 分类法进行分类。

表 6-8 某企业材料金额排序

材料编号	金额（元）	金额比重（%）
001	72000	40
002	54000	30
003	14400	8
004	12600	7
005	9000	5
006	5940	3.3
007	4500	2.5
008	3060	1.7
009	1800	1.0
010	1440	0.8
011	900	0.5
012	360	0.2
合计	180 000	100

采用 ABC 分类法，各类存货分类如表 6–9 所示。

表 6–9　某企业材料 ABC 分类

材料编号	金额（元）	金额比重（%）	累计金额比重（%）	各类金额比重（%）	分类
001	72000	40	40	70	A
002	54000	30	70		
003	14400	8	78	20	B
004	12600	7	85		
005	9000	5	90		
006	5940	3.3	93.3	10	C
007	4500	2.5	95.8		
008	3060	1.7	97.5		
009	1800	1.0	98.5		
010	1440	0.8	99.3		
011	900	0.5	99.8		
012	360	0.2	100		
合计	180000	100	——	100	

在表 6–9 中，001~002 材料的累计金额比重为 70%，为 A 类存货，应进行重点管理；003~005 材料的累计金额比重为 20%，为 B 类存货，应进行常规管理；006~012 材料的累计金额比重为 10%，为 C 类存货，应进行简化管理。

2. 定量订货法

定量订货法是指预先规定一个订货点量，当实际库存量降到订货点量时，就按固定的订货数量（预先确定的经济订购批量）提出订购的方法。订货点的库存量计算公式如下。

订货点量 = 平均每日需要量 × 订购时间 + 保险储备量

例 6–9：某物资一个月订购一次，订购时间为 10 天，每日需要量为 30 吨，保险储备定额为 220 吨，求订货点量。

订货点量 =30 × 10+220=520（吨）

当实际库存超过 520 吨时，不考虑订货，当库存下降到 520 吨时，及时按预先规定的经济订购批量提出订购。经济订购批量的计算公式：

$$\text{经济订购批量}=\sqrt{\frac{2\times\text{年订购总量}\times\text{一次订购费用}}{\text{单位储存成本}}}$$

定量订购法是对物资的库存量实行比较严格的控制，在每次订购时都要检查实际库存，并对每次的订购量作出调整。这种控制方式既能保证生产需要，又可以避免物资超储，节省流动资金，但在管理上需要花费较多的精力。

3. 定期订货法

定期订货法是指订购时间预先固定（每月或每旬），订购数量不固定，随时根据库存情况进行订货的方法。订购量的计算公式：

订购量＝平均每日需要量×（订购时间＋订购间隔）＋保险储备定额－实际库存量－订货余额

注：实际库存量为订购日实际库存数，订货余额为过去已经订购但尚未到货的数量。

例 6–10：根据例 6–9，订购物资间隔为 30 天，订购之日实际库存额为 530 吨，订购余额为零。求订购量。

订购量 =30×（10+30）+220–530–0=890（吨）

从例 6–10 可以看出，订购间隔为 30 天，在通常情况下，一次订购量应为 30×30=900 吨，而按现在计算则为 890 吨，这是由于实际库存已经超储，因而在订购时对订购量进行了调整。

◇课堂小思考：比较定量订货法与定期订货法的不同。

任务 3：货物运输管理

运输是指用专用运输设备将货物从一个地点向另一个地点运送。包括货物集散、装卸搬运、中转仓储、干线运输和配送等一系列操作。企业要合理地组织货物运输，必须遵循及时、准确、安全、经济的原则，力求以最快的速度，经过最少的环节，支付最少的费用，经济合理地完成运输任务。

一、货物运输方式

不同的运输方式适合于不同的运输情况，合理地选择运输方式不仅能提高运输效率，降低运输成本，而且还会对整个物流系统的合理化产生有效的影响。货物运输方式主要有五种：铁路运输、公路运输、水路运输、航空运输和管道运输。

1. 铁路运输

铁路运输是在相对固定的列车线路上利用铁路设施、设备进行运送的一种运输方式。铁路货物运输办理种类有整车运输、零担运输和集装箱运输。该种运输方式运输量大、速度快、运距长、受自然条件影响小、成本比较低，但小批量货物需要拼装整车，整车需要按路线到站编配，有的地方不能直达，需要中转分运。所以，大宗货物的长途运输主要依靠铁路。

【实例 6–4】 **中铁快运的运输策略**

近几年，中铁快运不但在铁路方面完善原本的服务，在公路运输部分也加快建设步伐。现在的中铁快运经过转型以后，竞争实力比过去大为增强。由于北京中铁快运发展的主要方向是省际内的长途运输，在仓储运送基地，随处可以看见大吨位的厢式货车在停靠盘倒，车辆品牌涉及东风、解放和江淮等。

据统计，货物如果单靠铁路进行运输的话，对物品的完好保存十分不利，铁路的盘倒次数一般在 3~5 次，而公路运输一般在 1~2 次，如果货物的托运距离比较近的话，公路的竞争优势十分明显，客户选择也偏重于公路。

而在运输工具的成本投入上，铁路运输相对来说要比公路稳定。因为受政府治超行动的影响，政策频繁变动给公路运输带来了很多不确定的因素。不久前，北京中铁快运在湖北地区购买了一批崭新的运输车辆准备投放到广州的运输市场，可是当地有关部门却拒绝给这批车辆上牌照。究其原因，原来是车辆的颜色不符合相关规定（按照广州本市的规定，运输车辆的颜色为白色，而中铁快运的车辆是绿色的）。

2. 公路运输

公路运输是指使用汽车及其他车辆在公路上进行运输的一种方式。公路货物运输的组织形式一般有：自营运输、契约运输、公共运输和汽车货运代理。该种运输方式对不同的自然条件适应性强，不受线路停车站约束，空间时间自由，货物运达速度快，包装简化，货物损伤小，便于开展货物运输的“门到门”服务。公路运输是企业最重要的短途运输方式。

3. 水路运输

水路运输是指使用船舶及其他水上工具通过河道、海上航道运送货物的一种运输方式。水路货物运输的主要形式有沿海运输、近海运输、远洋运输和内河运输。该种运输方式运输量大、运费低、耗能小，但受自然地理条件的限制，不够灵活，连续性差，速度慢，货运时间长。适用于承担运量大、运距长的大宗货物。

4. 航空运输

航空运输是指使用飞机或其他航空器进行运输的一种方式。航空货物运输的方式主要有班机运输方式、包机运输方式、集中托运方式、联合运输方式和航空快件传送。该种运输方式运行时间短、速度快、货物损失少，但运费高、运量小、受自然条件限制大。航空运输适合于鲜活易腐和季节性强的货物运输。

5. 管道运输

管道运输是指利用管道输送气体、液体和粉状固体的一种运输方式。其运输形式是靠物体在管道内顺着压力方向循序移动实现的。该种运输方式是一种新型的现代化运输工具，受自然条件影响小、运输能力大、安全可靠、维修费用低，但运输地点和运输对象有限制。目前，我国的管道运输主要用于输送石油、天然气、煤气等。

二、运输合理化

运输是物流系统中最重要的功能要素之一，物流合理化在很大程度上依赖于运输合理化。组织货物合理运输，必须从实际出发，根据现有的运输条件，合理选择运输路线和运输工具，保证运输任务的完成。

1. 影响运输合理化的因素

影响运输合理化的因素很多，但起决定作用的有五个方面因素，称为合理运输“五要素”。

（1）运输距离

在运输时，运输时间、运输货损、运费、车辆或船舶周转等运输的若干技术经济指标，都与运距有一定的比例关系，运距长短是运输是否合理的一个最基本因素。缩短运输距离对宏观、微观经济都会带来好处。

（2）运输环节

每增加一次运输，不但会增加起运的运费和总运费，而且必须增加运输的附属活动，例如，装卸、包装等，各项经济指标也会因此下降。所以，减少运输环节，尤其是同类运输工具的环节，对合理运输有促进作用。

（3）运输工具

各种运输工具都有其使用的优势领域，对运输工具进行优化选择，按运输工具特点进行装卸运输作业，最大发挥所用运输工具的作用，是运输合理化的重要一环。

（4）运输时间

在全部物流时间中，运输时间占绝大部分，所以，运输时间的缩短对整个流通时间的缩短有决定性的作用。此外，运输时间短，还有利于运输工具的周转，充分发挥运力的作用，提高运输线路的通行能力。

（5）运输费用

运费在全部物流费用中占很大比例，运费的高低在很大程度上决定整个物流系统的竞争能力。实际上，运输费用的降低，无论是对货主还是物流企业来讲，都是运输合理化的一个重要目标。运费的高低也是各种合理化措施是否行之有效的最终依据之一。

2. 运输合理化的有效措施

（1）提高运输工具实载率

实载率有两个含义。

①实载率 =（单车实际载重 × 运距）/（标定载重 × 行驶里程）。该比率在安排单车、单船运输时，做为判断装载是否合理的重要指标。

②实载率 = 车船实际完成的货物周转量 / 车船载重吨位 × 行驶公里。该比率是车船的统计指标。在计算行驶公里时，不但包括载货行驶里程，也包括空驶里程。

提高运输工具的实载率可以充分利用运输工具的额定能力，减少车船空驶和不满载行驶的时间，减少浪费，从而求得运输的合理化。

在铁路运输中，采用整车运输、合装整车、整车分卸及整车零卸等具体措施，都是提高实载率的有效措施。

（2）减少动力投入，增加运输能力

运输的投入主要是能耗和基础设施建设，在设施建设已定型和完成的情况下，尽量减少能源投入，是少投入的核心。做到这一点就可以大大节约运费，降低运输成本，达到合理化的目的。例如，在铁路运输中，在机车能力允许的情况下，多加挂车皮；在公路运输中，实行汽车挂车运输。

（3）发展社会化的运输体系

运输社会化的含义是发展运输的大生产优势，实行专业分工，打破一家一户自成运输体系的状况。实行运输社会化，可以统一安排运输工具，避免对流、倒流、空驶、运力不当等多种不合理现象，追求经济效益。例如，我国在利用联合运输这种社会化运输体系时，创造了“一条龙”货运方式。

（4）开展中短距离铁路公路分流，“以公代铁”的运输

在公路运输经济里程范围内，超出通常平均经济里程范围，也尽量利用公路。这种方式一方面可以缓解紧张的铁路运输，另一方面可以充分利用公路运输灵活机动的优势，实现铁路运输服务难以达到的水平。

（5）发展直达运输

直达运输可以通过减少中转过程换载提高运输速度，节省装卸费用，降低中转货损。直达运输，尤其是在一次运输批量和用户一次需求量达到一整车时表现最为突出。此外，在生产资料、生活资料运输中，通过直达运输，可以建立稳定的产销关系，提高运输的技术水平和运输效率。

（6）配载运输

配载运输是充分利用运输工具载重量和容积，合理安排装载的货物及载运方法以求得合理化的一种运输方式。配载运输往往是轻重商品混合配载，例如，铁路运输矿石和钢材时，在上面搭运副产品等，在不增加运力投入也不减少重质货物运输的情况下，解决了轻泡货的搭运，因而效果显著。

（7）发展特殊运输技术和运输工具

依靠科技进步是运输合理化的重要途径。例如，专用散装罐车解决了粉状、液状货物运输损耗大、安全差等问题；袋鼠式车皮、大型半挂车解决了大型设备整体运输问题；集装箱高速直达车船加快了运输速度，增加了运输量等，都是通过先进的科学技术来实现运输的合理化。

（8）通过流通加工，使运输合理化

有不少产品，由于产品本身形态及特性问题，很难实现运输的合理化，如果进行适当加工，就能够有效解决合理运输问题。例如，将水产品及肉类预先冷冻，就可提高车辆装载率并降低运输损耗。

【课堂案例讨论】　　海尔的运输策略

海尔集团是世界第四大白色家电制造商。自1999年开始，海尔集团进行了以“市场链”为纽带的业务流程再造，以订单信息流为中心，带动物流、商流、资金流的动作。海尔的“一流三网”充分体现了现代物流的特点：“一流”是以订单信息流为中心；“三网”分别是全球供应链资源网络、全球配送资源网络和计算机信息网络。“三网”同步流动，为订单信息流的增值提供支持。

讨论内容：

1. 海尔物流为客户提供哪些运输服务？
2. 你认为这些运输服务会给客户和海尔的物流带来什么利益？

三、配送

配送是指在经济合理区域范围内，根据客户需求，对物品进行拣选、加工、包装、分割、组配等业务，并按时送达指定地点的物流活动。

1. 配送的一般流程

配送的一般流程包括备货、储存、配装、送货等过程，见表6–10。

表 6-10 配送的一般流程

一般流程	作业内容	功能地位
备货	筹集货源、订货或购货、集货、进货、以及有关验货、交接、结算等	备货是配送的基础，它可以集中不同客户的需求统一备货，在一定程度上取得规模效益，降低进货成本
储存	配送的储存有储备和暂存两种形式	保证配送的稳定性及满足配送分拣配货要求
配货	按照不同客户的要求，对货物进行分拣、分类、匹配的作业	配货是配送不同于其他物流功能的独特之处，也是配送过程中的关键环节，配货水平的高低关系整个配送系统的效率和水平
配装	按照车辆有效负荷进行搭配装载	对于不同客户和不同的货物，按照送达的时间、地点、线路进行合理配装，可以提高车辆的载货效率和运输效率，从而提高送货水平，降低送货成本
送货	把货物送达客户指定的地点	送货是一种联结客户末端的运输，送货不单纯是把货物运抵客户，还包括圆满的移交、卸货、堆放等服务，以及处理相关手续和结算等

2. 配送的类型

配送按照不同的标准可以划分为不同的类型，包括按配送的时间及数量、配送商品品种及数量、配送的节点等进行分类。配送的类型见表 6-11。

表 6-11 配送的类型

类型	内容	含义
按配送的时间及数量分类	定时配送	按规定的时间配送
	定量配送	按规定的数量配送
	定时定量配送	按规定的时间和数量配送
	定时定路线配送	在规定的路线上确定到达时间，按车辆到达时间表配送
	即时配送	按客户安排的时间和数量配送
	快递配送	快速配送服务的配送方式
按配送商品品种及数量分类	少品种大批量配送	使用大吨位车辆配送客户品种较少而需求量较大的商品
	多品种小批量配送	按客户要求配齐品种并凑足整车后配送
	配套成套配送	按客户要求配齐配套成套所需的零部件及材料等之后配送
按配送的节点分类	配送中心配送	由专业性的配送中心组织配送
	仓库配送	以仓库为据点进行配送
	商店配送	由商店组织直接面对客户配送
	生产企业配送	由生产企业自行组织配送

3. 配送中心

（1）配送中心的含义

配送中心是指从事配送业务，具有完善的信息网络的场所或组织。配送中心应符合五项基本要求：主要为特定用户服务；配送功能齐全；辐射范围小；多品种、小批量、多批次、短周期；主要为末端客户提供配送服务。

（2）配送中心的基本功能

①集散功能。配货中心凭借其在物流网络中的枢纽地位和拥有的各种先进设施设备，能将分散在各地的生产厂商的产品集中到一起，经过分拣、配装后向众多用户发送。

②运输功能。配送中心首先应该负责为客户选择能够满足客户需要的运输方式，在规定的时间内将客户的商品运抵目的地。除了交货点交货需要客户配合外，整个运输过程都应由配货中心负责组织，尽可能方便客户。

③储存功能。为了顺利有序地向客户配送商品，配送中心要兴建现代化的仓库并配置一定数量的仓储设备，存储一定数量的商品。通过仓储来保证市场销售活动的开展。

④装卸搬运功能。这是为了加快商品在配送中心的流通速度必须具备的功能。公共配送中心应该配备专业化的装载、卸载、提升、运送、码垛等装卸搬运机械，以提高装卸搬运作业效率，减少作业导致的商品破损。

⑤分拣功能。由于配送中心服务对象众多，在订货时对货物的种类、数量等会提出不同要求。为了适应市场需求，配送中心必须采取适当的方式、技术和设备对配送中心接收来的货物进行分拣作业，以便同时向不同的用户配送多种货物。

⑥衔接功能。通过开展货物配送活动，配送中心把各种货物运送到用户手中，客观上起到了联系产销、平衡供求的衔接作用，在产地和消费地之间架起了沟通的桥梁。

⑦流通加工功能。为了提高配送水平，许多配送中心都配备各种加工设备。配送中心将组织进来的货物加工成一定规格、尺寸和形状，既方便了用户，又提高了配送效率。

⑧物流信息处理功能。配送中心将各个物流作业的信息进行实时采集、分析、传递，并向货主提供各种作业明细及咨询信息，这是现代配送中心非常重要的一项功能。

相关链接

物流中心

物流中心是指从事物流活动的具有完善的信息网络的场所或组织。物流中心的基本功能有如下几个方面。

1.运输功能

物流中心需要自己拥有或租赁一定规模的运输工具，具有竞争优势的物流中心不只是一个点，而是一个覆盖全国的网络。因此，物流中心首先应该负责为客户选择满足客户需要的运输方式，然后具体组织网络内部的运输作业，在规定的时间内将客户的商品运抵目的地。除了在交货点交货需要客户配合外，整个运输过程，包括最后的市内配送都应由物流中心负责组织，以尽可能方便客户。

2. 储存功能

物流中心需要有仓储设施，但客户需要的不是在物流中心储存商品，而是要通过仓储环节保证市场分销活动的开展，同时尽可能降低库存占压的资金，减少储存成本。因此，公共型物流中心需要配备高效率的分拣、传送、储存、拣选设备。

3. 装卸搬运功能

这是为了加快商品在物流中心的流通速度必须具备的功能。公共型的物流中心应该配备专业化的装载、卸载、提升、运送、码垛等装卸搬运机械，以提高装卸搬运作业效率，减少作业对商品造成的损毁。

4. 包装功能

物流中心的包装作业目的不是要改变商品的销售包装，而在于通过对销售包装进行组合、拼配、加固，形成适于物流和配送的组合包装单元。

5. 流通加工功能

主要目的是方便生产或销售。公共物流中心常常与固定的制造商或分销商进行长期合作，为制造商或分销商完成一定的加工作业。物流中心必须具备的基本加工职能有贴标签、制作并粘贴条形码等。

6. 物流信息处理功能

由于物流中心现在已经离不开计算机，因此将在各个物流环节的各种物流作业中产生的物流信息进行实时采集、分析、传递，并向货主提供各种作业明细信息及咨询信息，这对现代物流中心是相当重要的。

从一些发达国家的物流中心具体实际来看，物流中心还具有以下增值性功能：

1. 结算功能

物流中心的结算功能是物流中心对物流功能的一种延伸。物流中心的结算不仅仅只是物流费用的结算，在从事代理、配送的情况下，物流中心还要替货主向收货人结算货款等。

2. 需求预测功能

自用型物流中心经常负责根据物流中心商品的进货、出货信息来预测未来一段时间内的商品进出库量，进而预测市场对商品的需求。

3. 物流系统设计咨询功能

公共型物流中心要充当货主的物流专家，因而必须为货主设计物流系统，代替货主选择和评价运输商、仓储商及其他物流服务供应商。国内有些专业物流公司正在进行这项尝试，这是一项增加价值、增加公共物流中心的竞争力的服务。

4. 物流教育与培训功能

物流中心的运作需要货主的支持与理解，通过向货主提供物流培训服务，可以培养货主与物流中心经营管理者的认同感，可以提高货主的物流管理水平，可以将物流中心经营管理者的要求传达给货主，也便于确立物流作业标准。

理论思考

1. 企业采购的业务流程
2. 估计值法
3. 重点供应商
4. ABC 分类法
5. 配送中心

实训任务

企业库存管理分析

实训目标

1. 了解企业库存管理基本情况。
2. 掌握其在库存管理中采用的方法。

实训内容与方法

1. 选择当地一家生产企业，对该企业的库存情况进行了解。
2. 选择 2–3 种物品，对其管理方法进行分析。
3. 从订货量的确定、订货时间的确定、安全库存的确定等方面进行分析。

实训要求

1. 学生以小组的形式进行调查，10 人为一组。
2. 各组自行联系调查单位。
3. 用所学的知识对企业的库存是否合理进行分析。

4. 提出改进建议。

实训检测

1. 以小组为单位，形成一份完整的分析报告，报告中要有详细的计算过程。

2. 选取有代表性的分析报告在班级进行交流，教师和学生共同评估并给出修改建议。

项目七　企业人力资源管理

项目任务　人力资源配置

知识目标：

1. 理解企业人力资源配置的环节
2. 熟悉工作岗位说明书的内容
3. 掌握人员选聘、培训、绩效评估的方法
4. 了解薪酬结构

能力目标：

1. 能够编制工作岗位说明书
2. 能够设计招聘的流程和方法
3. 初步具备设计培训方案的能力

案例导入

东方希望集团的人力资源管理

东方希望集团是饲料行业的明星企业，它的组织结构基本上是以矩阵式为主。总部设有办公室、人事部、财务部等9个部门，下面的各个分公司设有一位总经理和若干副总经理，一般还设有财务部、生产部、办公室和销售部等部门。东方希望集团在人力资源管理方面有自己的独特方式。

1. 用人原则

不招收先前在饲料行业工作的人是东方希望集团的一条用人原则。这样做，不但可以避免挖墙角的恶性竞争，而且可以提升自己的相对优势。东方希望集团目前使用的人才没有一个是从本行业来的人。在招聘中，东方希望集团还强调没有跳槽经历的，许多是来自国有企业的管理人员，这样的人更忠诚。

2. 招聘原则

公司招聘面向全社会。目前大专以上的员工占五分之二，整个招聘的程序有初试、面试、复核、录用、培训、正式委派等。初试考核的是气质、人格、文化修养、知识层次、能力等一些指标，录用后有 3～6 个月的培训期，培训考核合格后由人事部门按各地的工作需要分配。

3. 考核标准

管理部负责东方希望集团的干部考核工作。考核程序是先由人事部考核处提出，经人事部负责人审核后将审批表送给各公司征求意见，再由总部对口管理部门和监察审计部门签署意见，交由人事部复审或再交总部领导小组决定，最后董事长批准方可执行。至于对降免职的报批，主要先进行提醒、警示处分，如不见效，累积到一定程度后降职或免职，不服处理有异议者，在三日内中层干部可向人事部申诉，高级干部可向领导小组组长申诉。

4. 调配与工资待遇

因为东方希望集团的分公司分布在全国各地，因此在其内部调配是人事工作的一大内容。调配需求先由各分公司提出，然后由人事部门进行平衡。员工见习工资从1300 元起，有 1000 元的浮动。见习 3～6 个月，考核合格后，依据个人的业绩和表现调整工资或职务。工资的调整要小于企业增长速度，小于社会生产总值增长速度。

5. 员工培训

东方希望集团每年都安排有几期培训班，有的是分片培训，有的是统一培训。培训的内容主要是岗位管理技能培训、心理素质训练、职工队伍建设、业务培训（具体操作培训）、对企业文化的了解等。参加培训的人员从普通员工到总经理都有。新员工隔周参加一次培训，每期的新员工培训开始时董事长到会演讲，第一天去总厂参观，了解企业文化。还要求参加培训的人写心得体会。

思考题：

1. 东方希望集团的用人原则是否可取？该集团为什么要那样做？
2. 东方希望集团的人力资源管理有何特点？哪些做法值得推广？

企业人力资源管理是指通过岗位设计、人力资源规划、员工招聘选拔、人才培训、绩效考评、薪酬管理等一系列手段，合理组织劳动力、科学配置人力资源，搞好企业员工的招聘、录用、选拔、任用、考核、奖罚、晋升、培训等方面的工作，使人力、物力保持最佳比例，提高劳动效率，促进企业目标的最终实现。要想实现企业的战略发展目标，企业必须做好人力资源的配置工作。具体包括以下几个环节：岗位设计、员工选聘、员工培训、绩效考评和薪酬管理。

任务1：编写工作岗位说明书

工作岗位设计是指根据组织和兼顾个人的需要，规定每个岗位的任务、责任、权力以及组织中与其他岗位关系的过程。它把工作的内容、工作的资格条件和报酬结合起来，目的是满足员工和组织的需要。岗位设计是否得当对于激发员工的积极性，增强员工的满意感以及提高工作绩效都有重大影响。

一、工作岗位设计的内容

工作岗位设计主要包括工作内容、工作职责和工作关系三个方面的设计。

1. 工作内容

工作内容的设计是工作设计的重点，一般包括工作的广度、深度、自主性、完整性以及工作的反馈性五个方面。

（1）工作的广度

工作的广度又称工作的多样性。如果工作设计得过于单一，员工就容易感到枯燥和厌烦，因此设计工作时，尽量使工作多样化，使员工在完成任务的过程中能进行不同的活动，保持对工作的兴趣。

（2）工作的深度

设计的工作应具有从易到难的一定层次，对员工工作的技能提出不同程度的要求，从而增加工作的挑战性，激发员工的创造力和克服困难的能力。

（3）工作的自主性

适当的自主权力能增加员工的工作责任感，使员工感到自己受到了信任和重视。认识到自己工作的重要，使员工增强工作责任心，提高工作热情。

（4）工作的完整性

保证工作的完整性能使员工有成就感，即使是流水作业中的一个简单程序，也要是全过程，让员工见到自己的工作成果，感受到自己工作的意义。

（5）工作的反馈性

工作的反馈包括两方面的信息：一是同事及上级对自己工作意见的反馈，例如对自己工作能力、工作态度的评价等；二是工作本身的反馈，例如工作的质量、数量、效率等。工作反馈信息使员工对自己的工作效果有个全面的认识，能正确引导和激励员工，有利于工作的精益求精。

2. 工作职责

工作职责的设计主要包括工作的责任、权力、方法以及工作中的相互沟通和协作等方面。

（1）工作责任

工作责任设计就是员工在工作中应承担的职责及压力范围的界定，也就是工作负荷的设定。责任的界定要适度，工作负荷过低、无压力，会导致员工行为轻率和低效；工作负荷过高、压力过大又会影响员工的身心健康，导致员工的抱怨和抵触。

（2）工作权力

权力与责任是对应的，责任越大权力范围越广，否则二者脱节，会影响员工的工作积极性。

（3）工作方法

包括领导对下级的工作方法，组织和个人的工作方法设计等。工作方法的设计具有灵活性和多样性，不同性质的工作，根据其工作特点的不同，采取的具体方法也不同，不能千篇一律。

（4）相互沟通

沟通是一个信息交流的过程，是整个工作流程顺利进行的信息基础，包括垂直沟通、平行沟通、斜向沟通等形式。

（5）相互协作

整个组织是有机联系的整体，是由若干个相互联系相互制约的环节构成的，每个环节的变化都会影响其他环节以及整个组织运行，因此各环节之间必须相互合作相互制约。

3. 工作关系

组织中的工作关系，表现为协作关系、监督关系等各个方面。

（1）协作关系

协作是指许多人在同一生产过程中，或在不同的但相互联系的生产过程中，有计划地协同劳动。 在一个企业，协作是指为实现预期的目标而用来协调员工之间、工作之间以及员工与工作之间关系的一种手段。协作可以集中力量在短时间内完成个人难以完成的任务。

（2）监督关系

为了使企业的各项结果达到预期的目标，要对现场或某一特定环节、过程和人员进行监视、督促和管理。监督是企业发展的重要保障。

通过以上三个方面工作岗位的设计，为组织的人力资源管理提供了依据，优化了人力资源配置，为员工创造能够发挥自身能力、提高工作效率、提供有效管理的环境保障。

二、工作岗位说明书的内容

工作岗位说明书是指对岗位工作的性质、任务、责任、环境、处理方法以及对岗位工作人员的资格条件的要求所做的书面记录。它是通过对岗位分析的各种调查资料进行整理、分析和判定编写成的一种文件，是岗位工作分析的结果。编制工作岗位说明书可以为企业招聘录用、工作分派、签订劳动合同以及职业指导等业务提供原始资料和科学依据。

工作岗位说明书一般由人力资源部门统一归档管理。如果工作岗位说明书要调整，一般由岗位所在部门的负责人向人力资源部提出申请，并填写标准的岗位说明书修改表，由人力资源部门进行信息收集，并对职位说明书做出相应的修改。工作岗位说明书通常包括以下几部分内容。

1. 工作岗位标识信息

包括岗位名称、岗位工作编号、汇报关系、直属主管、所属部门、工资等级、工资标准、所辖人数、工作性质、工作地点、岗位分析日期、岗位分析人等等。

2. 工作岗位概述

概述本工作岗位的特征及主要工作范围。

3. 工作岗位职责

任职人员必须完成的任务，所使用的材料及最终产品须承担的责任范围，要逐项列出任职者的工作职责。

4. 工作绩效标准

是岗位上每个职责的工作业绩衡量要素和衡量标准，衡量要素是针对每项职责而言，衡量标准是指这些要素必须达到的最低要求，标准可以是具体数字，也可以是百分比。

5. 工作岗位关系

某一工作岗位与企业内部和外部的部门、职位发生的关系，主要表现为协作关系、监督关系。岗位可晋升的职位，可转换的职位以及可升迁到此的职位也属于此范围之内。

6. 工作岗位权限

工作岗位职责范围内拥有的权利，所监督的部下的职务和人员。

7. 工作岗位时间

包括正常工作的时间和需要加班加点的时间。

8. 工作岗位环境

在工作岗位上工作时周围环境对工作产生的影响，例如场地的温度、光线、噪声、工作场所布置情况等。

9. 工作岗位资格

从事该工作岗位所必须具备的基本资格条件，主要有学历、资格证书、工作经验、技能及身体状况等。

三、工作岗位说明书编写范例

工作岗位说明书的内容，可依据岗位工作分析的目标加以调整，内容可繁可简。工作岗位说明书可用表格显示，也可用文字叙述。以下为工作岗位说明书范例。

【实例 7–1】　××有限公司工作岗位说明书范本

1. 工作岗位标识信息

岗位名称：电器维修专管　　隶属部门：制造部

岗位编码：　　直接上级：设备主管

工资等级：　　直接下级：维修全员

可轮换岗位：行政维修、机械维修　　分析日期：

2. 工作岗位概述

做好设备部门的日常管理工作及设备电器维修、技术指导工作。确保部门业务计划的完成。

3. 工作岗位职责

①负责设备部门日常管理性工作。

②负责公司设备的电器维修工作及电器技术指导工作。

③按设备保养手册和设备说明书制订保养计划建议，并按计划安排、实施保养工作。确保保养实现率，保证保养效果达标。

④根据库存情况提交备件采购申购表，负责备件的验收与急购备件的提交，审核电器备件采购单的必要性、合理性。

⑤指导操作工完成设备使用及简单保养工作。

⑥做好日常设备的巡视检查工作，及时发现问题，处理隐患。

⑦负责根据备件消耗情况提交降耗及国产化建议，并逐步降低设备维修备件消耗。

⑧做好预防性保养、维护工作，解决疑难故障，降低公司总停机工时及设备原因造成的总报废量。

⑨完成上级委派的其他任务。

4. 工作绩效标准

①设备维修要及时快速，减少总停机工时，达到公司指标要求。

②维护备件消耗费用不能超过公司下达的部门定额指标。

③尽量减少因设备原因造成的报废，完成公司下达的部门定额指标。

④科学安排实施保养计划，确保保养实现率低于公司要求指标。

5. 工作岗位关系

（1）内部关系

①所受监督：接受设备维修主管的指示和监督，公司相应职能人员的监督检查。

②所施监督：对操作工不规范操作、日点检设备维护监督检查，对直接下属工作完成情况、工作状态监督检查。

③合作关系：与工艺工程师协商探讨解决影响产品质量的因素，设备预防性维护、保养的实施时间安排与计划员协调，发生疑难故障与新技术协商，向供应商咨询。

（2）外部关系

一般情况下本岗位不直接与其他机构和人员发生工作联系。

6. 工作岗位权限

①有权在不改变设备设计的情况下处理机器故障，必要时提出改变设备设计的建议，并有提请上级审议权。

②有权对操作工不规范操作提出处理意见，并有提请上级审议权。

③有权纠正部下不符合要求的行为，并有提出处理意见和提请上级审议权。

7. 工作岗位时间

在公司制度规定的正常班时间内工作，经常需要加班加点。

8. 工作岗位环境

大部分时间在室内工作；温度、湿度适宜；现场会接触到噪声、轻微粉尘及刺激性气味，照明条件良好，一般无相关职业病发生。

9. 工作岗位资格

（1）知识及教育水平要求

①电器专业维修方面技能。

②印刷电路板工艺、工序方面的知识。

③计算机简单操作知识。

（2）岗位技能要求

①熟练、准确处理发生的设备电器故障。

②能够阅读简单的英文机器说明书。

③具有 PLC- 编程技术及故障维修技能。

④具有电路图的绘制及复杂电路图的识图能力。

（3）工作经验要求

大专以上学历，有 4 年以上工作经验；对本专业工作有丰富的理论和研究、实践经验。

（4）其他素质要求

任职者需具有健康的体魄，充沛的精力；最好是男性，30 到 45 岁为好。

◇课堂小思考：你认为，在企业中是因人设岗还是因岗配人?

任务 2：企业人员选聘

企业的职位或岗位确定后，就可以通过招聘、选拔等方式来配备所需要的人员。人员的选聘要依据职位或岗位的知识和技能等要求和受聘者的素质和能力来进行。

一、企业人员选聘的途径

企业人员选聘有两种途径：一种是从组织内部选聘，另一种是从组织外部选聘。如图 7–1 所示。

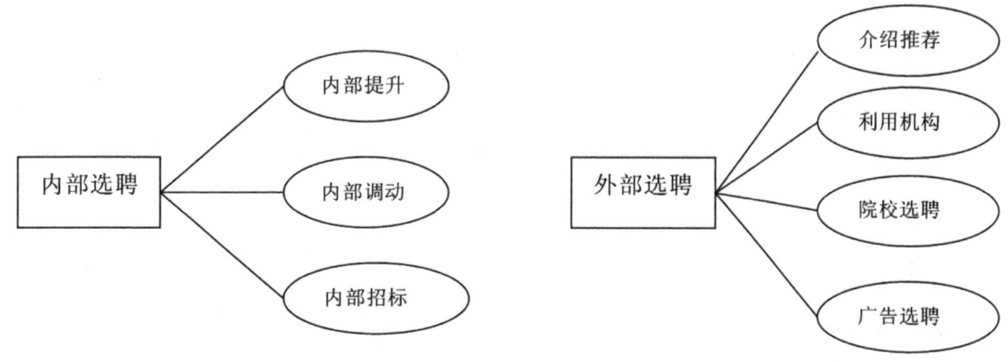

图 7–1　人员选聘的途径

1. 内部选聘

内部选聘是从组织内部挑选适合的人员加以聘用。具体包括内部提升、内部调动、内部招标三种方法。

①内部提升。是指根据工作需要，在组织内部成员中选拔优秀的人员承担更大责任的职务。

②内部调动。是指员工在组织中横向流动，在不改变薪酬和职位等级的情况下变换工作。内部调动可以由组织提出，也可以由员工提出。由组织提出的调动主要有三方面的原因：一是可以满足调整组织结构的需要，二是为了使组织中更多的员工获得奖励，三是可以使组织员工的晋升渠道保持畅通。

③内部招标。是指组织通过在内部公开发布选聘信息，运用竞争机制，在组织内部招聘人员的一种方式。

内部选聘的优点：

①内部选聘费用较低，手续简便，人员熟悉，组织对准备选聘的人员可以做长期细致的考察，掌握其能力和素质、优点和缺点，从而决定其最合适的工作。

②选聘的人员对组织的基本情况有所了解，能够比较快地进入角色。

③内部提升组织成员提供了更具挑战性的发展机会。

④内部调动有助于增加成员的工作经验和新鲜感。

⑤内部招标提供了组织内公平竞争的机会，有利于调动成员的积极性。

内部选聘的缺点：

①容易造成自我封闭、“近亲繁殖”，抑制组织的创新力。

②不易吸收组织外优秀人才，以至于使组织缺乏动力，影响组织成员的积极性。

【实例 7-2】　　光华公司的“内部跳槽”制度

光华公司在人员选聘方面有自己独特的制度。公司每月出版内部小报，刊登“求人广告”，员工可以前去应聘。公司每隔三年让员工调换一次工作，给他们施展才华的机会。“内部跳槽”制度使有能力的员工都找到了中意的工作。那些没有参加招聘的员工却成为人事部门关注的对象。

2. 外部选聘

外部选聘是根据一定的标准和程序，在组织外部选拔符合岗位工作要求的人员。主要包括组织内的职工介绍推荐、利用职业介绍机构、从大学院校选聘、通过广告公开选聘四种方法。

①组织内的职工介绍推荐。一般是由本组织员工推荐组织外部人选来填补职位空缺的外部招聘方法。当组织内出现某一职位的空缺时，本组织员工或关系单位主管根据该空缺职位的要求，推荐自己认为符合条件的熟人作为候选人。

②利用职业介绍机构。职业介绍机构是近几年来随着我国市场经济体制的建立和完善而产生和发展起来的。它作为职业供需双方的中介，承担着双重角色：既为组织择人，也为求职者择业。

③从大学院校选聘。从大学院校的毕业生中选聘符合岗位或职位的人员，这样既解决了大学生就业的压力，又为他们提供了广阔的发展空间。

④通过广告公开选聘。该方法利用各种广告媒体和宣传媒介广泛向外界发布招聘信息，吸引社会上的人才前来应聘，并对应聘者进行一系列的资格审查、能力考核和测试后选拔出能够胜任该职务的人。

外部选聘的优点：

①扩大了选择的范围，有利于获得组织所需人员。

②能为组织带来新的管理方法和经验，为组织发展注入新的活力。

③有利于平息和缓和内部竞争者之间的紧张关系。

外部选聘的缺点：

①外聘人员不熟悉组织内部情况，很难迅速打开局面。

②组织对外聘人员的情况不能深入了解，有时可能产生聘用失误的问题。

③外部招聘会使内部人员感到没有升迁的机会，会打击内部员工的工作积极性。

一个组织在选聘人员时是采用内部选聘还是外部选聘的方式，要根据具体情况而定。通常情况下，高层主管一般采用外部招聘的方式；基层和中层人员一般采用内部选聘的方式。在组织新建和成长期多用外部选聘的方式，成熟和稳定期多用内部选聘的方式。

二、企业人员选聘的程序

人员的选聘是人员配备的一个重要环节。合理的选聘程序对选聘到合适的人员至关重要。

1. 制定选聘计划

制定选聘计划是人员选聘的首要环节，选聘计划内容包括：选聘人员的数量、选聘人员岗位或职位分布、选聘的程序安排、选聘的组织保证等。

2. 发布招聘信息

当组织中出现需要填补职位或岗位时，应建立相应的选聘机构。选聘工作机构要以相应的方式，通过适当的媒介，公布待聘职务或岗位的数量、性质以及对候选人的要求等信息，向组织内外公开“招标”，鼓励符合条件的候选人应聘。

【实例 7–3】　　职务说明书

岗位名称：人力资源部经理

直接上级：总经理

下级：人力资源部文员

岗位性质：负责主持本部劳资、人力资源方面的管理工作

管理权限：受总经理的委托，行使对公司劳动人事工作指导、指挥、监督、管理的权力，并承担执行公司各项工作指令的义务。

管理责任：对所分管的工作全面负责。

主要职责：（知识、技能、能力等）

岗位要求：具有大专以上学历，人力资源专业或管理专业，35~45 岁之间；有很强的语言表达能力、协调能力、组织能力、沟通能力和管理能力；非常熟悉国家劳动人事管理的法律、法规、章程及办事程序；有 3 年以上人力资源管理经历。

3. 初选

初选可以通过两种形式完成：一种是对报名应聘者进行初步资格审查。对内部选拔人员，可根据日常对重点培养对象的工作业绩考核档案，由人力资源管理部门和领导初步决定候选人。对外部招聘人员，要根据回收的应聘者填写的表格资料进行资格审查，初步认定合乎招聘条件的候选人；另一种是面谈。这是一种直观的初步鉴定评价人员的形式。根据人力资源管理部门设定的谈话范围，目测候选人的仪表、举止、言谈，初步了解其语言表达能力、逻辑思维和思维敏捷的程度，以及知识的广度和对问题认识的深度。面谈可以比较直观地接触了解对方，形成初步印象。但需注意不要由第一印象产生偏见。

4. 测试和考核

对初选的合格者，还要进行必要的测试和考评。常用的测试方式有笔试、智力测验、竞聘演讲与答辩、实际能力考核等。选聘机构要对测试和考核的结果进行整理分析，然后根据职位和岗位的要求进行筛选，确定入选名单。

5. 聘任

如果是内部选聘，聘任的途径是升迁或调动。如果是外部选聘，应向入选者发出聘任通知。若被通知者前来应聘，则双方签订聘任合同，选聘工作结束。

6. 使用

选聘到合适的人员后，就进入了使用过程。为了保证管理的效率，新聘任的人员要经过上岗教育和试用期。对不能履行岗位职责的，应降职、解职或劝其辞职。

三、企业人员选聘的方法

人员的选聘是人员配备的一个重要因素。恰当的选聘方法对选聘到合适的人员起着决定性的作用。

1. 笔试

笔试是一种相对初级的甄选方式。主要目的是选出那些符合组织岗位或职位的要求，具有所希望的思维方式和个性特征的人。笔试可以作为面试的一种辅助手段，侧重于考察那些在面试中考察不出来的素质，如书面表达能力等。对于一些技术性很强的职位，笔试则可能是主要的甄选方式。

笔试一般包括以下几个方面的内容：

（1）知识面测验

知识面测验主要是一些通用性的基础知识和担任某一职务所要求具备的业务知识。

（2）智力测试

智力测试主要测试毕业生的记忆力、分析观察能力、综合归纳能力、思维反应能力以及对新知识的学习能力。

（3）技能测验

技能测验主要是针对受聘者处理问题的速度与质量的测试，检验其对知识和智力运用的程度和能力。

（4）性格测试

性格测试主要是通过一些精心设计的心理测验试题或一些开放式的问题来考察求职者的个性特征。

2. 面试

面试是一种经过组织者精心设计，在特定场景下，通过与考生的面对面交谈和观察，由表及里地测评考生的知识、能力、经验等有关素质的一种考试活动。面试是组织挑选员工的一种重要方法。面试给组织和应聘者提供了进行双向交流的机会，能使组织和应聘者之间相互了解，从而双方都可更准确地做出决定。表 7–1 是招聘面试记录表。

表 7–1　招聘面试记录表　　年　月　日

<table>
<tr><td>编 号</td><td></td><td>姓 名</td><td></td><td>性 别</td><td></td></tr>
<tr><td>应聘职位</td><td colspan="5"></td></tr>
<tr><td>评分等级</td><td colspan="5">优秀：4　良好：3　满意：2　不满意：1</td></tr>
<tr><td rowspan="2">项　目</td><td colspan="5">面 试</td></tr>
<tr><td>评 分</td><td colspan="4">评　语</td></tr>
<tr><td>外貌 / 仪表</td><td></td><td colspan="4"></td></tr>
<tr><td>性格 / 个性</td><td></td><td colspan="4"></td></tr>
<tr><td>礼貌 / 态度</td><td></td><td colspan="4"></td></tr>
<tr><td>气质 / 谈吐</td><td></td><td colspan="4"></td></tr>
<tr><td>灵活性 / 反应</td><td></td><td colspan="4"></td></tr>
<tr><td>自信心</td><td></td><td colspan="4"></td></tr>
<tr><td>智慧 / 判断力</td><td></td><td colspan="4"></td></tr>
<tr><td>工作知识</td><td></td><td colspan="4"></td></tr>
<tr><td>其他知识</td><td></td><td colspan="4"></td></tr>
<tr><td>外语能力</td><td></td><td colspan="4"></td></tr>
<tr><td>健康状况</td><td></td><td colspan="4"></td></tr>
<tr><td>总分合计</td><td colspan="5"></td></tr>
<tr><td>总 评</td><td colspan="5"></td></tr>
<tr><td>面试意见</td><td colspan="5">●推荐________部门________岗位
●存入人才库
●不接受</td></tr>
<tr><td>主考人员签名</td><td colspan="5"></td></tr>
</table>

面试的具体形式如下：

（1）个别面试

个别面试是指一个应聘者与一个面试人员面对面地交谈，有利于双方建立较为亲密的关系，加深相互了解。但由于只有一个面试人员，所以决策时难免有偏颇。

（2）小组面试

小组面试是指由两、三个人组成面试小组对各个应聘者分别进行面试。面试小组可由人事部门及其他专业部门的人员组成，从多种角度对应聘者进行考察，提高判断的准确性，克服个人偏见。

（3）成组面试

成组面试是指由面试小组（由两、三人组成）一起对几个应聘者（最好是五到六个）同时进行面试。在面试人员的引导下，完成一些测试和练习。在这个过程中，对应聘者的逻辑思维能力、解决实际问题的能力、人际交往能力、领导能力等进行测试，以便于做出用人决策。

（4）电话面试

电话面试是一种通过手机、固定电话等通讯工具对面试者进行考核和筛选的面试渠道。采用不亲身接触、仅通过言语传递信息来了解面试者的身份、简历、应聘职位和应聘能力的方式。

【实例 7–4】　　摩托罗拉公司的招聘方法

摩托罗拉公司的招聘渠道多种多样，几乎囊括了现有的所有招聘方法，目的就是全方位地寻求与发现人才。摩托罗拉认为，从战略眼光看，公司应该致力于自己培养人才。所以，摩托罗拉每年招聘的新员工中，应届大学毕业生要占 50% 的比例。每年摩托罗拉都招收许多大学生到公司实习，经过了解和甄选，很多符合要求的学生成为正式员工。

不同组织有着不同的用人哲学和判断标准，无论选择怎样的渠道、流程和甄选标准，关键是策略和标准必须切实符合企业的需要，以保证高质量的招聘工作有序展开，为组织发展找到最适合的人才，并做到人尽其才、才尽其用。将员工的个人目标与组织的战略目标有机结合，激发员工更多的潜能，推动组织的发展。

◇课堂小思考：结合自己的实际情况，谈谈求职的时候，你会采用哪一种外部选聘的形式？

任务 3：企业人员培训

人员培训是指组织为了使员工获得或改进与工作有关的知识、技能、动机、态度和行为，以利于提高员工的素质和能力，所做的各种教育和训练。组织人员的素质和水平的高低，直接影响着组织目标的实现。因此，员工培训在现代管理中是一项非常重要的工作。

一、企业人员培训的内容

人员培训的内容与形式必须与组织的战略目标、员工的岗位或职位特点相适应，同时还要考虑适应内外部经营环境变化。通常，任何培训都是为了组织内的员工在知识、技能和态度三方面的提高。

1. 知识的培训

知识学习是员工培训的主要方面，员工应通过培训掌握本职工作所需要的基本知识，组织应根据经营发展战略要求和技术变化的预测，以及对人力资源的数量、质量、结构的要求与需要，有计划、有组织地培训员工，使员工了解组织的发展战略、经营方针、经营状况、规章制度、文化基础、市场及竞争等。依据培训对象的不同，知识内容还应结合岗位目标来进行。如对管理人员则要培训计划、组织、领导和控制等管理知识。

2. 技能的培训

知识的运用必须具备一定技能。培训首先对不同层次的员工进行岗位所需的技术性能力培训，即认知能力的培训。认知能力通常包括语言理解能力、定量分析能力和推理能力等三方面。有研究表明，员工的认知能力与其工作的成功有相关关系。其次，组织应更多培养员工的人际交往能力。尤其是管理者，更应注重判断与决策能力、改革创新能力、灵活应变能力、人际交往能力等方面的培训。

3. 态度的培训

态度是影响能力与工作绩效的重要因素。员工的态度与培训效果和工作表现是直接相关的。通过培训可以改变员工的工作态度，但不是绝对的。关键的是管理者工作本身。管理者要在员工中树立并保持积极的态度，同时善于利用员工态度好的时间来达到所要求的工作标准。管理者根据不同的特点找到适合每个人的最有效的影响与控制方式，规范员工的行为，促进员工态度的转变。

【实例 7–5】　宝洁公司的培训

宝洁公司 90% 的管理级员工是从应届大学毕业生中招聘来的，然后就进行各方面的培训，内容包括：职前培训、职业道德教育、管理技能和商业知识培训、语言培训、专业家属发展培训、海外培训等。宝洁公司的员工培训涵盖了员工的全部工作历程和各个方面。通过培训，宝洁公司的员工得到了成长和发展，提高了素质，增强了公司的竞争力。

二、企业人员培训的种类

培训是一个复杂的系统，这个系统是由不同种类的培训所组成。只有了解了不同种类的培训，才能更好地、有针对性地开展培训工作。

1. 按培训的方式不同，可分为正式培训和非正式培训

（1）正式培训

正式培训又称离岗培训，是指按照制定的培训方案，让员工离开自己的工作岗位去接受有组织、有指导的培训。这种培训方式可以是用人单位自己组织的，也可以委托其他培训代理机构或院校组织。根据培训时间的安排，正式培训可以分为全日制和

非全日制的培训两种。

（2）非正式培训

非正式培训又称在岗培训，是指按照制定的培训方案，让员工在工作场所或完成工作任务的过程中接受培训。这种培训方式可以将理论与实践有机地结合起来，学习效果明显，培训成本低，因而得到广泛的应用。

2. 按照培训的对象不同，可分为新员工培训、操作人员培训、专业技术人员培训和管理人员培训

（1）新员工培训

新员工培训又称岗前培训，是指对新加入组织的员工进行导向性、职责性的培训。此种培训方式可以帮助新员工顺利地适应新环境，尽快进入角色。

（2）操作人员培训

操作人员培训是指为了提高操作人员操作技能的培训。此种培训方式还可以提高操作人员的安全素质，防止伤亡事故，促进安全生产。

（3）专业技术人员培训

专业技术人员培训是指为了提高专业技术人员的业务能力的培训。此种培训方式可以跟据不同层次的专业技术人员选择恰当的培训方法和合适的培训内容。

（4）管理人员培训

管理人员培训可以分为基层管理人员培训、中层管理人员培训和高层管理人员培训。不同层次的管理人员培训的内容不同：

① 基层管理人员培训内容：角色认知、管理技能、管理实务等。

② 中层管理人员培训内容：企业环境、业务管理能力、领导艺术、团队管理等。

③ 高层管理人员培训内容：企业环境、企业战略发展研究、现代企业管理技术、创新意识、个人魅力提升等。

3. 按照培训的组织者不同，可分为组织内部培训和组织外部培训

（1）组织内部培训

组织内部培训是指由本组织自已对员工进行培训。这种培训方式一般由组织内部的人力资源管理部门或培训部门完成，培训教师可以是本组织内部的人员，也可以聘请组织外的人员。

（2）组织外部培训

组织外部培训是指由本组织以外的机构对员工的培训。这种培训可以采用委托社会培训机构代理的方式，也可以采用将员工送到有关院校学习或外出参观学习等方式。

三、企业人员培训的方法

企业人员的培训是一项长期的工作。为了使培训工作达到预期的效果，不仅要制定人才培养计划，更重要的是必须采用科学的培训方法和手段，组织中常用的培训方法主要有：直接传授培训法、实践型培训法、参与型培训法、态度型训练方法等，具体内容见表 7–2。

表 7–2　人员培训的方法

方 法	内 容	说 明
直接传授培训法	讲授法	通过口头语言传授知识培养能力 选好培训教师是关键
	专题讲座	针对适合技术发展方向和当前的热点 选好培训教师是关键
	研讨法	以培训者为中心的研讨 以任务或过程为取向的研讨
实践型培训方法	工作指导法	管理者对培训者进行指导 可用于基层和管理人员的培训
	特别任务法	制定特殊的任务让员工去完成 通常用于管理培训
	个别指导法	师傅带徒弟 使新员工能够迅速掌握岗位技能
参与型培训方法	案例研究法	双向性交流的培训方式 提高人员理论联系实际的能力
	头脑风暴法	组织者不能评议他人的建议和方案 只规定一个主题
	模拟训练法	学习特定的工作行为和技能 提高处理问题的能力
态度型培训方法	角色扮演法	模拟真实环境 模拟性的处理工作事务
	拓展训练法	认识自身潜能 启发想象力与创造力
网络时代的培训方法	网上培训法	通过因特网对人员进行培训 可降低培训的费用
	虚拟培训法	利用虚拟现实技术 人工虚拟环境进行培训
其他方法	函授、业余进修、参观访问	

◇课堂讨论：现在某些企业老板认为培训后员工容易流失，不合算，谈谈你的看法。

任务 4：绩效评估

绩效评估又称绩效考评，是一种对员工的评估制度，也是人力资源开发与管理中一项重要的工作。它是指按照绩效标准，采用科学的方法，评估员工工作目标的完成情况、员工工作职责履行的程度等，并将评估的结果反馈给员工的过程。绩效评估的结果可以直接影响到员工的薪酬调整、奖金发放及职务升降等切身利益。

一、绩效评估的形式

为了使绩效评估具有可靠性和可操作性，应该在对岗位的工作内容分析的基础上，根据管理特点和实际情况，采用不同的形式进行考核。

1. 按照绩效评估的时间分类，可分为日常评估和定期评估

（1）日常评估

日常评估是指被评估者的出勤情况、产量和质量实绩、平时的工作行为等所做的经常性评估。这种评估的考核条款一般以岗位职责的内容为准，如果岗位职责内容过杂，可以仅选取重要项目评估。它具有评估工作过程的性质。

（2）定期评估

定期评估是指按照一定的固定周期所进行的评估，如年度评估、季度评估等。

2. 按照绩效评估结果的表现形式分类，可分为定性评估和定量评估

（1）定性评估

定性评估的结果表现为对某位员工评估的文字描述，或对员工之间评估高低的相对次序以优秀、良好、合格、较差、差等形式表示。

（2）定量评估

定量评估的结果表现为以分值或系数等数量形式表示。

3. 按照绩效评估的评估主体分类，可分为上级评估、自我评估、同级评估和下级评估

（1）上级评估

上级评估是指评估人是被评估人的管理者，多数情况下是被评估人的直接上级。上级评估适合于考评“重要工作”和“日常工作”部分。

（2）自我评估

自我评估是指评估人根据自己的主观认识，对自己进行的评估。它往往与客观的评估结果有所差别。通过此种评估，可以了解被评估人的真实想法，为评估沟通做了准备。另外，在自我评估结果中，考评人可能还会发现一些自己忽略的事情，这有利于更客观地进行评估。

（3）同级评估

同级评估是指员工之间相互考评的评估方式。此种方法适合于主观性评价，使员

工之间能够比较真实地了解相互地工作态度，并且由多人同时评价，往往能更加准确地反映客观情况，防止主观性误差。同级评估在人数较多的情况下比较适用，在评估时最好不署名，在公布结果时不公布互评细节，这样可以减少员工之间的相互猜疑。

（4）下级评估

下级评估是指评估人是被评估人的下级，多数情况下是被评估人的直接下级。本评估一般采用匿名的方式进行。下级评估可以激发员工的认同感，增强责任心。而对于管理者，这种评估方式可以促使其不断提高管理水平，修正管理风格，发现存在的问题。

二、绩效评估的内容

虽然不同组织绩效评估的内容各不相同，但总体包括德、能、勤、绩四个方面。

“德”是指一个人的政治思想素质、品德、责任心、使命感与进取精神等。它是一个人的灵魂，决定着一个人的行为方向、行为方式。主要考核员工的政治思想表现与职业道德。

“能”是指一个人拥有的业务知识、分析能力、组织与协调能力、决策能力、沟通能力、工作经验等。不同的工作岗位对“能”的要求不同。主要考核员工所从事的岗位工作胜任程度、专业理论水平。

“勤”是指一个人勤奋敬业的精神，主要考核员工的工作积极性、责任感、奉献精神、出勤率。

“绩”是指一个人承担岗位工作的成果。包括员工任务的完成程度、工作质量、数量及效率等。主要考核员工的工作业绩与效果。

以上四个方面的绩效评估虽然内容很全面，但操作较复杂。概括起来，绩效评估的主要内容包括工作业绩、工作态度和工作能力三个方面。

1. 工作业绩

工作业绩是指一名员工在其工作岗位的职责范围内，完成工作任务的数量、质量、工作效率。在组织中岗位、责任不同的人，其工作业绩的评估重点也应有所侧重。它是对组织员工贡献程度的衡量，直接体现出员工在组织中的价值大小。工作业绩的评估是对员工绩效评估的核心。

2. 工作态度

工作态度是指一名员工对工作所持有的评价与行为倾向，包括工作的认真度、责任度、努力程度等。由于这些因素较为抽象，因此通常只能通过主观性评价来评估。一个积极的工作态度，能提高工作效率，取得良好的工作绩效。

3. 工作能力

工作能力是指一名员工在从事本职工作时，其自身能力的适应程度，包括知识水平、专业技能、独立工作的能力、分析解决问题的能力、判断力和表现力等。

员工的工作能力与工作业绩呈密切的正相关关系。评估能力不是评估能力的绝对值，根本点在于评估能力提高的速度和幅度的相对值。通过评估，能使员工在原有的基础上快速、大幅度地提高工作能力。

【实例 7–6】 月华公司绩效考核方案（部分内容）

1. 绩效考核的目的

（1）绩效考核为人员职务升降提供依据。通过全面严格的考核，对素质和能力已超过所在职位的要求的人员，应晋升其职位；对素质和能力不能胜任现职要求的，降低其职位；对用非所长的，则予以调整。

（2）绩效考核为浮动工资及奖金的发放提供依据。通过考核准确衡量员工工作的“质”和“量”，借以确定浮动工资和奖金的发放标准。

（3）绩效考核是对员工进行激励的手段。通过考核，奖优罚劣，对员工起到鞭策、促进作用。

2. 绩效考核的基本原则

（1）客观、公正、科学、简便的原则。

（2）阶段性和连续性相结合的原则，对员工各个考核周期的评价指标数据积累要综合分析，以求得出全面和准确的结论。

3. 绩效考核周期

（1）中层干部绩效考核周期为半年考核和年度考核。

（2）员工绩效考核周期为月考核、季考核、年度考核。

4. 绩效考核内容

（1）中层以上干部考核内容

①领导能力

②部属培育

③士气

④目标达成

⑤责任感

⑥自我启发

（2）员工的绩效考核内容

①德：政策水平、敬业精神、职业道德

②能：专业水平、业务能力、组织能力

③勤：责任心、工作态度、出勤

④绩：工作质和量、效率、创新成果等。

5. 绩效考核的执行

（1）集团成立绩效考核委员会，对绩效考核工作进行组织、部署，委员会构成另行通知。

（2）中层干部的考核由其上级主管领导和人力资源部执行。

（3）员工的考核由其直接上级、主管领导和人力资源部执行。

三、绩效评估的程序

绩效评估是一项非常重要的管理工作，要做出正确的绩效评估，必须遵循正确的评估程序。一般来说，绩效评估的程序包括以下内容，如图 7–2 所示。

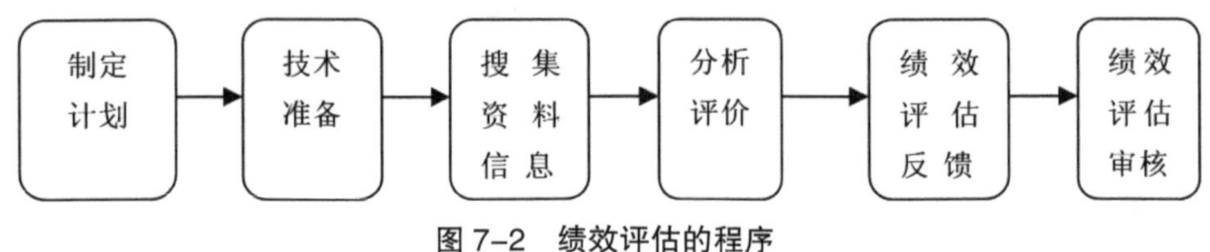

图 7–2　绩效评估的程序

1. 制定计划

为了保证绩效评估的顺利进行，必须事先制定计划。首先要确定评估的目的和对象，然后选择考评内容、考评时间和方法。

2. 技术准备

绩效评估是一项技术性很强的工作。具体包括评估标准的准备、确定评估数据的来源、选择评估的方法、培训评估人员等。

3. 搜集资料信息

在确定评价信息的来源之前，应该首先明确绩效评估的考核对象及考核的用途，从而搜集相对应的资料信息。

4. 分析评价

这一阶段的主要任务是对员工的工作业绩、工作态度、工作能力等做出综合性的评价。分析评价是一个由定性到定量再到定性的过程。

5. 绩效评估反馈

绩效评估反馈就是将绩效评估的意见反馈给被评估者。一般有面谈反馈和非正式形式的反馈。

6. 绩效评估审核

绩效评估的审核主要集中在五个环节：审核评估者、审核评估程序、审核评估方法、审核评估文件和审核评估结果等。

四、绩效评估的方法

员工的工作成果由绩效评估结果体现，绩效的评估需要一定的方法。绩效评估的具体方法有如下几种：

1. 排序法

排序法是指根据被评估员工的工作绩效进行比较，来确定每一员工的相对等级或名次。等级或名次可从优至劣或由劣到优排列。比较的标准可根据员工绩效的某一方面（如出勤率、事故率、优质品率等）确定，一般情况下是根据员工的总体工作绩效进行综合比较。此种方法一般由员工的直属上司执行。排序法分为简单排序法和交替排序法。

（1）简单排序法

简单排序法是指管理者把本部门的所有员工从绩效最高者到绩效最低者进行排序。

（2）交替排序法

交替排序法是指管理者从被评估的员工中找出工作绩效最好的员工列为第一名，并将其名字从名单上划去。然后从剩下的名单中找出工作绩效最差的员工排为最后一名，也把其名字从名单中划去。随后，管理者在剩下的员工中再找出一名工作绩效最好的员工将其排为第二名，找出一名最差的员工列为倒数第二名，依次类推，直到将所有的员工排序完。

优点：操作简单，比较容易识别员工绩效的好与差。如按照要素细分进行评估，可清晰地看到每一个员工在某方面的不足。此种方法适合于人数较少的组织。

缺点：如果需要评估的人数较多时，排序工作就比较繁琐。尤其是按照要素进行细分时，严格的名次容易对员工造成心理压力。

2. 两两比较法

两两比较法是指在某一绩效的标准基础上，把每一个员工同其他员工相比较，记录每一个员工与他人比较时被认为“好”的次数，根据次数的高低给员工排序。

优点：每一个员工与其他员工绩效的比较更加客观。

缺点：如果需要评估的人数较多时，工作量就会很大，评估中出现循环现象时，无法自圆其说。

请用两两比较法填写表 7-3，并将最终工作数量考评的结果由高至低排序。

表 7-3 两两比较法对工作数量和工作质量的评估

就“工作数量”所做的比较					
对比对象	被评估员工的姓名				
	甲	乙	丙	丁	戊
甲	/	－	＋	－	＋
乙		/	＋	＋	＋
丙			/	－	＋
丁				/	＋
戊					/
得分					

评估结果见表 7-4。

表 7-4 两两比较法对工作数量和工作质量的评估结果

就“工作数量”所做的比较					
对比对象	被评估员工的姓名				
	甲	乙	丙	丁	戊
甲		－	＋	－	＋
乙	＋		＋	＋	＋
丙	－	－		－	＋
丁	＋	－	＋		＋
戊	－	－	－	－	
得分	2	0	3	1	4

工作数量评估由高至低排序的结果是戊、丙、甲、丁、乙。

3. 等级分配法

等级分配法也称强制分配法。是将员工的绩效分成若干等级，并在各等级设定固定的比例分配，然后将每个员工分配到不同的绩效等级。具体见表 7-5 所示。

表 7-5 员工绩效分布评估表

等级 / 员工姓名	优秀（10%）	良好（30%）	合格（40%）	较差（10%）	差（10%）
A	√				
B		√			
C		√			
D		√			
E			√		
F			√		
G			√		
H			√		
I				√	
J					√

优点：适用于评估对象多、工作绩效难以通过数量来衡量的工作；由于每一个等级强制一个百分比，能够避免评估中宽大化、中心化、严格化倾向；不需要设计复杂的表格，使用成本比较低，运用方便。

缺点：虽然各等级的百分比可以根据绩效情况来确定，但各等级之间差异的内涵不清楚，会使评估的结果具有主观性；如果一个部门的员工都很优秀，强制划分等级，就可能会带来很多弊端。

【实例 7–7】　　蓝天公司的末位淘汰与激励

蓝天公司对于考核分数有着硬性的规定。得 9 分、10 分的人不能超过 10%；得 2 分的人不能低于 5%，这部分人要进行改进；得 1 分的人不能小于 5%，但不能为 0，这部分人肯定要被淘汰。实际上，被淘汰的人大部分与公司的管理理念和文化有严重的冲突。蓝天公司认为，保持适当的人员流动，会给团队带来活力，也保持一定的“危机指数”。

对于高绩效者，蓝天公司给予充分的鼓励。经过逐年积累，公司奖项达到 25 项之多，获奖比例在 10% 左右。从公司五花八门的奖项中可以看出，蓝天公司希望从各个方面激励员工的积极性。

4. 要素评定法

要素评定法是指根据绩效评估的目的设立多个评估要素，再把各个要素分成若干等级，并给每一个评估要素一个权重，最后把各项得分加权汇总，就得出每个人的绩效成绩。例如，评估一个员工工作绩效时，一般制定的评估要素有知识技能、责任心、控制能力、组织能力、沟通能力、应变能力等。对每个要素设立评分标准，最后把各要素得分加权汇总，就得出了每个员工的绩效成绩。表 7–6 是一张空白要素评价表。

表 7–6　要素评估表

被评估者姓名：			评估日期：		
评估者姓名：			评估期限：		
评估等级 评估因素及权数	差	较差	一般	较好	好
知识技能（20）	1	2	3	4	5
责任心（20）	1	2	3	4	5
控制能力（15）	1	2	3	4	5
组织能力（15）	1	2	3	4	5
沟通能力（20）	1	2	3	4	5
应变能力（10）	1	2	3	4	5

例如评估的结果是：甲员工的上述各要素的得分分别为 3 分、2 分、4 分、2 分、4

分、5分，则甲的绩效得分为320分（3×20+2×20+4×15+2×15+4×20+5×10）；乙员工的上述各要素的得分分别为5分、4分、4分、3分、3分、2分，则乙的绩效得分为365分（5×20+4×20+4×15+3×15+3×20+2×10）。乙员工的绩效比甲员工的绩效好。

优点：依照绩效评估要素和标准确定等级，相对规范，比较容易操作，故应用非常普遍；由于考虑多种绩效因素，所以通过评估可以发现被评估者在哪方面做得好或不足，便于扬长避短。

缺点：各要素的权数不宜设置，且很难符合实际，故区分度难以拉开；主管和同事碍于情面，常常将被评估者评定为较高的等级，造成评估结果没有明显差别。

5. 目标管理法

目标管理法是指由管理人员和员工共同协商制定工作目标，在工作中实行自我控制，定期检查完成目标的进展情况，并努力完成工作目标的一种管理方法。

优点：有利于改进组织结构的职责分工；可以调动员工的主动性、积极性和创造性；促进意见交流和相互了解，改善人际关系。

缺点：组织内的许多目标难以定量化、具体化，目标难以制定；目标管理法没有在不同部门、不同员工之间设立统一目标，因此难以对员工和不同部门之间的工作绩效横向比较，不能为以后的晋升决策提供依据。

6. 关键事件法

关键事件法又称关键事件技术，是指通过确定关键的工作任务以获得工作上的成功。关键事件法是分析人员、管理人员、本岗位人员，将工作过程中的“关键事件”详细地加以记录，并在大量收集信息后，对岗位的特征和要求进行分析研究的一种方法。关键事件是指使工作成功或失败的行为特征或事件（如成功与失败、赢利与亏损、高效与低产等）。

优点：对员工关键事件的行为观察客观准确；能够及时反映优劣，有利于提高员工的绩效。

缺点：评估者需要花费大量的时间记录关键事件，记录耗时耗力；由于对关键事件的定义不明确，导致对关键事件的把握和分析可能存在某些偏差。

【实例7–8】　　关键事件的处理

某塑化公司生产的胶带全部出现了质量问题，发送出去的货物都被退货。

负责分管生产的副总张先生看到被退回来的一箱一箱的不合格产品，皱了皱眉头，依然开着车子走了，他想等明天上班再说。负责分管技术的总工黄先生立即拆开一箱被退回的货进行研究寻找原因。黄先生一直工作到晚上 10 时，终于找出原因所在。第二天上班时，他迅速地指导工人解决了问题，恢复了公司的信誉。此事被总经理柯先生看在眼里，他做了以下两张关键事件记录表，见表 7–7 ，7–8 ：

表 7–7　关键事件记录表 A

行为者 张 ××	行为发生时间 2014.6.20
地点	观察者 柯 ××
事件发生过程及现象：	
5 月 15 日发送给 A 公司的胶带被退回，A 公司称胶带不合格，退货的负责人愤愤离去。	
张先生未对该事件做任何表示，开车离开了公司。	
行为者的行为结果：	
未能及时处理事件。	
分析与解释：	
张先生可能想在明天上班再来解决退货事件，但这可能带来窝工和公司经济、信用的损失。	
张先生责任心不够强。	
	记录者 柯 ××
	记录时间 2014.6.20

表 7–8　关键事件记录表 B

行为者 黄 ××	行为发生时间 2014.6.20
地点 公司的某车间	观察者 柯 ××
事件发生过程及现象：	
5 月 15 日发送给 A 公司的胶带被退回，A 公司胶带不合格，退货的负责人愤愤离去。	
黄先生拆开其中一箱胶带，立即研究和分析，工作至当晚 10 时，找出产品不合格的原因。次日，黄先生指导员工纠正错误，维护了公司的信誉，并使公司的经济损失降至最小。	

分析与解释：

黄先生考虑到自己的责任，同时预计到明天的工作安排与今晚的原因排查有关，责任心和工作计划强。

记录者 柯 ××

记录时间 2014.6.20

7.360 度绩效评估法

360 度绩效评估法也称全方位评估法。它是指从不同的角度获取组织成员工作行为表现的观察资料，然后对获取的资料进行分析评估的一种方法。包括来自上级、同事、下属和员工自己的评估。

优点：方法简便，可操作性强；由于是比较全面的评价，评估结果比较公正；可以看出不同的评估者对同一被评估者的看法。360 度考核法实际上是员工参与管理的方式，在一定程度上增加了他们的自主性和对工作的控制，员工的积极性会更高，对组织会更忠诚，提高了员工的工作满意度。

缺点：由于是多方面评估，所以工作量比较大；参与面广，每个个体会带有主观性；评估时会出现某些小团体的行为，使绩效评估失去公正性。

【课堂案例讨论】　　　　如何用好 360 度绩效评估法

ABC 公司是一家在全国各一级城市均有分公司的集团性国有企业，总部设在北京，且有多个职能部门。年终，ABC 公司对中层管理人员（部门级负责人）进行绩效考评，考评方案的主要内容如下：

1. 考评目的。根据考评结果，对公司管理人员进行奖罚、调整和聘免等。

2. 考评内容。主要涉及德、能、勤、绩、廉五个方面，考评结果分优秀、称职、基本称职、不称职 4 个档次。

3. 考评方法。从全公司范围内的上级、同级、下级三个角度进行匿名打分评价，具体的评价者及评价权重见下表 7–9：

表 7–9　各级评价者的评价权重

评价类别	上级评价	同级评价		下级评价	
评价者	公司领导	区域公司负责人	分公司负责人	本部门员工	其他部门员工
权重	40%	20%	15%	15%	10%

4. 考评实施。人力资源部召集所有参加绩效评估的考评人员，将考评表发给大家；考评人员填写完考评表后，将其投入考评箱。

但是，公司领导在面对考评结果时却遇到了麻烦，因为有些员工反映这种考评很不公平，理由概括起来为以下两点：

第一，打分评价的方式本身就具有很强的主观性，据此得出的统计结果只能主观反映被评价者的人际关系情况，不能对工作能力、工作行为、工作绩效等进行全面、客观地反映。

第二，考评得分低的不一定全是工作能力、工作业绩低的员工，因为公司机关工作氛围比较差，人际关系较复杂，那些坚持原则工作的员工更容易得罪人，考评得分也可能比较低。考评得分比较高的不一定全是工作能力、工作业绩高的员工，做事圆滑的员工，考评得分也可能比较高。

讨论内容：

1. 从绩效管理的角度来看，员工提出“不公平”问题的关键点是什么？

2. 出现这种不公平现象的原因有哪几方面？

任务 5：企业薪酬管理

薪酬是指员工向其所在单位提供所需要的劳动而获得的各种形式的补偿，是单位支付给员工的劳动报酬。薪酬分为经济性薪酬和非经济性薪酬两大类。

经济性薪酬是指单位按照一定的标准以货币形式向员工支付的薪酬和不直接以货币形式发放，但可以给员工带来生活上的便利和减少额外开资的薪酬。如固定工资、月度奖金、年度奖金、现金补贴、保险福利、带薪休假、利润分享、持股等。非经济性薪酬是指无法用货币等手段来衡量，但会给员工带来心理愉悦效用的一些因素。如工作认可、挑战性工作、工作环境、工作氛围、发展、晋升机会、能力提高、职业安全等。

一、工资制度

在薪酬管理中，根据薪酬支付的依据不同，可由岗位工资、职务工资、技能工资、绩效工资、工龄工资、薪级工资等构成。通常一个组织可选择一个或两个为主要支付形式，其他为辅助支付形式。

1. 岗位工资制

岗位工资制是指依据任职者在组织中的岗位确定工资等级和工资标准的一种工资制度。

岗位工资制的理念是：由于不同的岗位创造不同的价值，因此不同的岗位应支付不同的工资报酬。同时组织应将合适的人放在合适的岗位上，使人的能力素质与岗位要求相匹配。岗位工资制鼓励员工通过岗位晋升来获得更多的报酬。

岗位工资制分为岗位效益工资制、岗位薪点工资制、岗位等级工资制。但不论哪种工资制，只要称为岗位工资制，岗位工资的比重应该占到整个工资收入的 60% 以上。

2. 职务工资制

职务工资制是指根据对职务本身的价值作出评估的结果，赋予担任这一职务的从业人员与其职务价值相当的工资的一种工资制度。职务工资制表达出来的是组织的层级，比如主管、经理，以及科长、处长等。此种工资制度在国有企业、事业单位以及政府机构得到广泛的应用。

职务工资制是根据职务级别定酬，某些人可能没有从事什么岗位工作，但只要到了那个级别就可以享受相应的工资待遇，这是对内部公平的最大挑战。

3. 技能工资制

技能工资制是指依据员工所具备的技能而向员工支付工资的体系。工资报酬水平的高低根据员工具备的与工作有关的技能和能力的高低来确定，技能等级不同，薪酬支付的标准就不同。

技能通常包括深度技能、广度技能和垂直技能三类。深度技能指从事岗位工作有关的知识和技能，深度技能表现在能力的纵向结构上，它强调员工在某项能力上不断提高，鼓励员工成为专家。广度技能指从事相关岗位工作有关的知识和技能，广度技能表现在能力的横向结构上，它提倡员工掌握更多的技能，鼓励员工成为通才。垂直技能指员工进行自我管理，掌握与工作有关的计划、领导、团队合作等技能，垂直技能鼓励员工成为更高层次的管理者。

4. 能力工资制

能力工资制是指依据员工所具备的能力向员工支付工资的体系。能力是指一种胜任力和胜任特征，是员工具备的能够达成某种特定绩效或者是表现出某种有利于绩效达成的行为能力。

个人绩效行为的能力通常由知识、技能、自我认知、品质和动机五大要素构成。知识是指个人在某一特定领域拥有的信息；技能是指运用知识完成某项具体工作的能力；自我认知是指个人关于自己的身份、人格以及个人价值的自我感知；品质是指个性、身体特征对环境和各种信息所表现出来的的行为特征；动机是指在一个特定领域的想法和偏好，它们能够引导和决定一个人的外在行动。

5. 绩效工资制

绩效工资制是指以个人业绩为付酬依据的薪酬制度。绩效工资制的核心在于建立公平合理的绩效评估系统，此种工资制度可以应用于任何领域，适用范围广。

业绩评估要选择一些有代表性的业绩要素，这些要素能够全面、客观地反映被评估者的业绩，也利于评估者作出公正的评价。常用的业绩评估要素有：与工作有关的知识、能力和技能；工作热情、责任感、工作态度和敬业精神；工作质量及其关注意识；工作数量等。

6. 工龄工资制

工龄工资制又称年功工资。是指组织按照员工的工作年数，即员工的工作经验和劳动贡献的积累给予的经济补偿。工龄工资是组织分配制度的一个重要组成部分，虽然金额不是很高，但工龄工资的作用非常重要。

由于员工工龄的增加，体现出了员工的工作年限不同，积累贡献不同，收益也就有了合理的差别。此种工资制度的优点是：有利于提高员工的积极性；减少员工的流动率；缓解新老职工的工资矛盾，增强组织的整体凝聚力。

7. 薪级工资制

薪级工资制是指能够体现组织人员工作表现和资历的薪酬制度。薪级工资标准由相应的“薪级”确定，对专业技术人员和管理人员设置65个薪级，对工人设置40个薪级，每个薪级对应一个工资标准，薪级需要由“不同级别的岗位上的具体任职年限”和“套改年限”两个信息确定。

由于薪级工资是根据任职者工龄、任本岗位年限以及岗位等级确定，其实质是对岗位工资进行修正，对经验丰富者给予更多的报酬。

二、薪酬结构

薪酬结构是指薪酬的组成部分，是统一对组织内部的不同职位或者是技能所得到的薪酬进行的各种安排。良好的薪酬结构有助于组织的发展。虽然不同的组织有不同的薪酬结构，但其构成大致有如下几部分：

1. 基本工资

基本工资是指根据员工工作的性质支付的基本劳动报酬。具有固定性、基准性等特点。基本工资可分为基础工资、工龄工资、职位工资、技能工资等。按我国劳动法规定，每个地区都有基本工资的最低标准。

2. 加班费

加班费是指支付给员工超出正常工作时间之外的劳动报酬。按我国劳动法的规定，用人单位安排劳动者延长工作时间，应当按照下列标准支付劳动者延长工作时间的工资报酬：

①工作日安排劳动者延长工作时间的，支付不低于劳动者本人日或者小时正常工作时间工资的百分之一百五十的工资报酬。

②休息日安排劳动者工作又不能安排补休的，支付不低于劳动者本人日或者小时正常工作时间工资的百分之二百的工资报酬。

③法定休假日安排劳动者工作的，支付不低于劳动者本人日或者小时正常工作时间工资的百分之三百的工资报酬。

3. 奖金

奖金是指组织支付给员工超额劳动部分或劳动绩效突出部分所支付的奖励性薪酬，是为了鼓励员工提高工作效率和工作质量的一种货币奖励。与基本工资相比，奖金具有非常规性、浮动性和非普遍性等特点。常见的奖金有：经常性工作奖、年终奖和一次性特殊贡献奖等。

4. 津贴

津贴是指组织为了补偿员工特殊或额外的劳动消耗和从事特种作业而付给员工的报酬。常见的津贴有：夜班津贴、降温费、特种作业补贴、出差补助、住房补贴、伙食补贴等。

5. 福利

福利是指通过建立集体生活设施、提供劳务和实行补贴制度等方式，解决员工在物质和精神上的需求。

员工福利从构成上来说可分成两类：法定福利和员工福利。

①法定福利是国家或地方政府为保障员工利益而强制各类组织执行的报酬部分，如社会保险。

②员工福利是建立在组织自愿基础之上的。如交通补助、财产险、带薪休假、免费午餐、班车、冬季采暖补助等。

◇课堂小思考：薪酬设计在于“对内具有公平性，对外具有竞争力”，你认为正确吗？

相关链接

各类人员岗位工资标准表

专业技术人员		管理人员		工人	
岗位等级	岗位工资	岗位等级	岗位工资	岗位等级	岗位工资
一（教授一级）	2800	一（正部级）	2750	技术工一级（高级技师）	830
二（教授二级）	1900	二（副部级）	2130	技术工二级（技师）	690
三（教授三级）	1630	三（正厅局级）	1640	技术工三级（高级工）	615
四（教授四级）	1420	四（副厅局级）	1305	技术工四级（中级工）	575
五（副教授一级）	1180	五（正处级）	1045	技术工五级（初级工）	545
六（副教授二级）	1040	六（副处级）	850	普通工	540
七（副教授三级）	930	七（正科级）	720		
八（讲师一级）	780	八（副科级）	640		
九（讲师二级）	730	九（科员）	590		
十（讲师三级）	680	十（办事员）	550		
十一（助教一级）	620				
十二（助教二级）	590				
十三（技术员）	550				

理论思考

1. 工作岗位说明书的内容
2. 人员选聘的途径
3. 人员培训的内容
4. 绩效评估的方法
5. 薪酬结构

实训任务

制定评估方案

实训目标

1. 增强对绩效评估的感性认识。
2. 掌握绩效评估的实施要领。

实训内容与方法

1. 根据本班的实际情况，为班级的奖学金发放设计一套合适的方案。
2. 每名学生制定一份方案。
3. 选出部分同学在全班进行交流与评价。

实训要求

1. 从德、智、体三方面进行方案的设计。
2. 明确方案的目的、内容、程序与方法。
3. 方案作为一次作业。

实训检测

1. 根据方案的完整性、规范性、实用性等进行评分。
2. 由部分学生对交流学生的方案进行评估。
3. 教师进行最后点评，确定成绩。

项目八　企业组织管理

项目任务　设计组织结构

知识目标：

1. 了解组织的含义
2. 掌握组织设计的程序
3. 理解并掌握几种主要的组织结构形式

能力目标：

1. 熟悉组织的基本功能，培养管理者的组织能力
2. 能够判断各种组织结构的形式
3. 能够根据组织结构设计的原则设计组织结构

案例导入

巴恩斯医院

10 月的某一天，产科护士长黛安娜给巴恩斯医院的院长戴维斯博士打来电话，要求立即做出一项新的人事安排。从黛安娜的急切声音中，院长感觉到一定发生了什么事，因此要她立即到办公室来。5 分钟后，黛安娜递给了院长一封辞职信。

“戴维斯博士，我再也干不下去了，”她开始申述，“我在产科当护士长已经四个月了，我简直干不下去了。我怎么能干得了这工作呢？我有两个上司，每个人都有不同的要求，都要求优先处理。要知道，我只是一个凡人。我已经尽最大的努力适应这种工作，但看来这是不可能的。让我来举个例子吧。请相信我，这是一件平平常常的事。像这样的事情，每天都在发生。”

“昨天早上 7：45，我来到办公室就发现桌上留了张纸条，是杰克逊（医院的主任护士）给我的。她告诉我，她上午 10 点钟需要一份床位利用情况报告，供她下午在向董事会作汇报时用。我知道，这样一份报告至少要花一个半小时才能写出来。30 分钟

以后，乔伊斯（黛安娜的直接主管，基层护士监督员）走进来质问我为什么我的两位护士不在班上。我告诉她雷诺兹医生（外科主任）从我这要走了她们两位，说是急诊外科手术正缺人手，需要借用一下。我告诉她，我也反对过，但雷诺兹坚持说只能这么办。你猜，乔伊斯说什么？她叫我立即让这些护士回到产科部。她还说，一个小时以后，她会回来检查我是否把这事办好了！我跟你说，这样的事情每天都发生好几次的。一家医院就只能这样运作吗？”

思考题：

1. 这家医院的职权配置合理吗？
2. 从组织结构设计理论的角度分析，这家医院的组织结构中存在什么问题？

企业要想有效地实现组织的目标，就必须对组织工作和人员做出分工，让每个员工明确自己从事的工作，明确个人在组织中的工作关系和隶属关系，明确权力和义务，从而保证每个人有效地完成任务，使组织中保持一种和谐的关系。只有在组织内部进行权、责、利的划分，完成组织结构的设计工作，才能使组织形成一个职位层次关系的系统。

任务 1：认识企业组织

企业组织是指为了达到某些特定目标，在分工合作基础上构成的人的集合。组织作为人的集合，不是简单的毫无关联的个人的加总，它是人们为了实现一定目标，有意识地协同劳动而产生的群体。

一、组织的含义

理解企业组织的含义，可以从以下几点着手：

1. 组织是一个人为的系统

“人为”的系统是以人为主体组成的具有特定功能的整体。由于是人为的系统，系统的功能差异较大，相同要素组成的系统可能因结构的不同而直接影响系统的功能。

2. 组织必须有特定目标

目标是组织存在的前提。任何组织都是为特定目标而存在的。组织目标反映了组织的性质和其存在的价值。

3. 组织必须有分工与协作

组织的本质在于协作。正是人们聚集在一起，协同完成某项活动才产生了组织。

组织功能的产生是人类协作劳动的结果。

4. 组织必须有不同层次的权利与责任制度

责权关系的统一，能使组织内部形成反映自身内部有机联系的不同管理层次。这种联系是在分工协作的基础上形成的，是实现合理分工协作的保障，也是实现企业目标的保障。组织规模越大，权责关系的处理越显得重要。

在企业管理中，组织被看作是反映一些职位和一些个人之间关系的网络式结构。从以上内容可以看出，在企业管理中，组织的含义可以从静态与动态两个方面来理解。

静态方面，组织是指组织结构，即反映人、职位、任务以及它们之间的特定关系的网络。这一网络可以把分工的范围、程度、相互之间协调配合关系、各自的任务和职责等用部门和层次的方式确定下来，成为组织的框架体系。

动态方面，组织是指建立与变革组织结构，以完成组织目标的过程。通过组织机构的建立与变革，将生产经营活动的各个要素、各个环节，从时间上、空间上科学地组织起来，使每个成员都能接受领导、协调行动，形成整体功能。

二、正式组织与非正式组织

组织的类型多种多样，正式组织与非正式组织是其中一种划分方法。

正式组织是由管理者通过正式的筹划而建立起来的，有明确的目标、任务、结构、职能以及由此形成的成员间的责权关系，并借助组织结构图和职务说明书等文件予以明确规定的。

正式组织具有三个基本特征：

1. 目的性

正式组织是为了实现组织目标而有意识建立的，因此，正式组织要采取什么样的结构形态，从本质上说应该服从于实现组织目标、落实战略计划的需要。这种目的性决定了组织工作通常是在计划工作之后进行的。

2. 正规性

正式组织中所有成员的职责范围和相互关系，通常都在书面文件中加以明文的、正式的规定，以确保行为的合法性和可靠性。

3. 稳定性

正式组织一经建立，通常会维持一段时间相对不变，只有在内外环境条件发生了较大变化而使原有组织形式显露出不适应时，才提出进行组织重组和变革的要求。

非正式组织是指建立在某种共同利益基础上的一种没有明文规定的群体。

非正式组织形成的原因很多，如工作关系、兴趣爱好、血缘关系等。非正式组织常出于某种情感的要求而采取共同的行动。非正式组织不一定具有明确的共同目标，但有着共同的利益、观点、习惯或准则。具有自发性、内聚性和不稳定性的基本特征。

非正式组织与正式组织相互交错地同时并存于一个单位、机构或组织之中，这是一种不可避免的现象。有些场合下，利用非正式组织能够取得意想不到的益处，而有些情况下非正式组织则有可能会对正式组织的活动产生不利影响。

非正式组织对正式组织的积极作用主要表现在：它可以满足成员心理上的需求和鼓舞成员的士气，创造一种特殊的人际关系氛围，促进正式组织的稳定；弥补成员之间在能力和成就方面的差异，促进工作任务的顺利完成；此外，还可以用来作为改善正式组织信息沟通的工具。

非正式组织对正式组织的消极作用主要表现在：它可能在有些时候会和正式组织构成冲突，影响组织成员间的团结和协作，妨碍组织目标的实现。因此，正式组织的领导者应善于因势利导，最大限度地发挥非正式组织的积极作用，克服其消极作用。

【实例 8-1】　　无处不在的非正式组织

比尔·史密斯在工程学校毕业之后，到一家大型机械厂的实验室工作。在实验室里，比尔的任务是管理四名负责检验生产样品的技术员。比尔一方面是他们的监督者和管理者，另一方面又受到这个集团本身的制约。比尔很快就发现自己管理的那几个人都在设法保护别人，所以实验室的脏活也就很难确定由谁负责。正是这个团体大大限制了比尔作用的发挥，技术员每天都只完成同样的实验工作量，根本不考虑比尔催促他们加快检验速度的要求。尽管比尔是上级指定的实验室主管，但是经过多次观察发现，实验室的技术员有问题的时候并不找他，而是经过走廊去找另外一个部门的老技术人员。比尔还注意到，其中三名技术员经常一起到咖啡间吃午饭，第四位技术员经常同自己的朋友到临近实验室用餐，比尔自己也通常与其他实验室的管理人员一同进餐。午餐时，比尔逐渐明白了其中的种种蹊跷，很快认识到实验室发生的情况，说明非正式组织活动在起作用。

◇课堂小思考：医院、学校和公司，都是组织的具体形式吗？

任务2：确定组织结构的影响因素

组织结构是指组织内部各构成部分及各部分之间确立的相互关系形式。从实现组织目标的过程来看，组织结构是组织将它的工作划分为具体的任务，并且在这些任务当中实现合作的方式。组织结构不仅静态地描述了组织的框架体系，而且动态地描述了这个框架体系是如何在分工与合作的过程中把个体和群体结合起来去完成任务的。

组织结构是组织的“框架”，而“框架”的合理完善，很大程度上决定了组织目标能否顺利实现。对组织结构精心设计的同时还要考虑组织结构的影响因素。组织结构的影响因素有以下几个方面：

一、管理层次与管理幅度

1. 管理层次

管理层次又称组织层次，是指组织内部从最高一级管理等级到最低一级管理等级的组织层级。组织有多少个管理等级，就有多少级管理层次。

组织结构设计的内容之一是划分管理层次，解决组织的纵向结构问题。这样管理层次就必然成为影响组织结构的因素之一。随着生产的发展、科技的进步和经济的增长，组织的规模越来越大，管理者与被管理者的关系随之复杂化。为处理这些错综复杂的关系，管理者需要花费大量的时间与精力。而每个管理者的能力、精力与时间都是有限的，主管人员为有效地领导下属，必须考虑能有效地管理直接下属的人数问题。当直接管理的下属人数超过某个限度时，就必须增加一个管理层次，通过委派工作给下一级主管人员而减轻上层主管人员的负担。如此下去，就形成了有层次的组织结构。

2. 管理幅度

管理幅度又称管理宽度，是指主管人员有效地监督、管理其直接下属的人数。对于管理幅度的研究源远流长。我们常说的部门划分主要解决的就是组织的横向结构问题，其目的在于确定组织中各项任务的分配与责任的归属，以求分工合理、职责分明，有效地达到组织的目标。

管理层次与管理幅度成反比。这样管理层次与管理幅度就形成了两种层次：扁平结构和直式结构。扁平结构有利于拉近上下级之间的关系，信息纵向流动快，管理费用低，被管理者有较大的自由性和创造性，因而有满足感，同时也有利于选择和培训下属人员。但不能严密地监督下级，上下级协调较差；同级间相互沟通联络困难。直式结构具有管理严密、分工细致明确、上下级易于协调的特点，但层次增多带来的问题也越多：管理人员之间的协调工作急剧增加，互相扯皮的事不断；管理费用增加；

上下级的意见沟通和交流受阻；上层对下层的控制变得困难；管理严密影响了下级人员的积极性与创造性。一般地，为了达到有效管理，应尽可能地减少管理层次。

二、组织战略

组织战略是实现组织目标的各种行动方案、方针和方向选择的总称。组织战略具有以下几个特性：

1. 全局性

组织战略是组织发展的蓝图，它是以组织全局为研究对象，来确定组织的战略目标，制约组织的经营管理的一切活动。

2. 长远性

组织战略的着眼点是组织的未来，是从组织的长远利益出发，通过判断和选择，对未来发展做出正确的决策。

3. 指导性

组织战略规定了组织在一定时期内基本的发展目标，并为实现战略目标规定了路线和途径，引导并激励员工为此而努力工作。

4. 竞争性

组织战略制定的目的就是克敌制胜，通过适合组织的、正确的战略决策和实施，赢得市场，提高经营效益。

5. 风险性

组织战略是通过当前信息的分析，对未来所作的预测性决策。由于环境的多变性和复杂性以及组织自身条件的变化，使得组织战略具有不确定性因素和风险性。

在组织结构与组织战略的关系上，一方面，组织战略的制定必须考虑企业组织结构的现实，另一方面，一旦组织战略形成，组织结构应做出相应的调整，以适应组织战略实施的要求。组织战略选择的不同，会在两个层次上影响组织的结构：不同的组织战略要求开展不同的业务活动，这会影响管理职务的设计；组织战略重点的改变会引起组织的工作重点及各部门与职务在组织中重要程度的改变，因此要求对各管理职务及部门之间关系作相应的调整。

三、职权划分

职权划分是组织结构设计的内容之一，主要解决组织结构的职权问题。职权是经由一定的正式程序赋予某一职位的一种权力。同职权共存的是职责，职责是某项职位应该完成的某项任务的责任。在组织结构内要遵循责权一致的原则。责权一致原理是指在组织结构设计中，职位的职权和职责越是对等一致，组织结构就越是有效。

作为主管人员，在组织中占据一定的职位，从而拥有一定职务、一定职权，必然要负一定责任，即职务、职责和职权三者是相等的。随着组织层次的增高，若要建立职务、职权和职责的关系和责任范围便愈益困难。由于活动日趋广泛和复杂，事情因果距离就越远，权与责更难明确。为坚持权责对等，避免滥用职权和克服领导人弱点的最佳方法在于提高个人素质，尤其是必须具备高度的道德素质。

另外，还要做到集权与分权相结合。集权与分权相结合原理是指对组织结构中的职权的集权与分权的关系处理得越是适中，就越是有利于组织的有效运行。集权管理是社会化大生产保持统一性与协调性的内在需要。但集权又有其致命的弱点：弹性差，适应性弱，特别是在社会化大生产的复杂性和多样性面前，无弹性的集权甚至可以造成组织的窒息。因此，必须实行局部管理权力的分散。所以，在一个组织内部，如果权责混乱，高度集权或任意放权都会导致组织涣散和组织结构的松散。当组织具有一定规模的时候，必须要有适当分权，增加管理人员，高层主管将权力下放。

【实例 8-2】　　王洪的集权式管理

王洪和几个人创办了一家公司。这家公司在 10 年内把营业额从 5000 万美元提高到 70000 万美元，一跃成为零售史上发展最快的公司之一。这家公司平均每 7 个星期增设一家大的商店。很快扩充到了 25 家商店。从一开始，这家公司的管理就是集权式的。总部操纵着所有的经营活动和其他各项政策，商店经理和其他管理人员只被赋予少得可怜的权力。创办人经常四处巡视，直接管理相当大数量的商店，直到这一数量超出了他力所能及的范围。这家公司的规模越来越大，他所面临的问题也变得越来越复杂。当公司的商店还没有超过 12 家时，王洪和总部的高级管理人员还能够亲临现场给各商店作指导。但是，随着公司的扩大，面对面的控制等一系列问题变得难乎其难了。后来，这家公司在经营上的问题日趋严重，公司不得不减少新店的增设，把注意力转向现有的商店。最后王洪仍然无法拯救公司，最终被其他公司收购。

四、技术

技术是指组织将输入转化为输出的知识、工具、技能和活动。任何组织都需要通过技术将投入转换为产品，技术不仅影响组织活动的效果和效率，而且还影响组织结构的设定，因而组织结构就要随着技术的变化而变化。不同行业组织的技术对组织结构的影响是不同的，具体表现如下：

1. 信息行业的技术

信息行业的技术通常是以计算机和互联网为基础的技术。信息技术的应用要求相关组织随时掌握市场的动态，并根据市场变化情况调整组织运营。所以信息行业的组织适合采用高效率、灵活性强、分权式的组织结构。

2. 服务行业的技术

服务行业的技术具有直接接触顾客、产出非实物性、不可储存性和生产与消费同时性的特点，所以服务行业的组织需要有灵活性的、能够授权的组织结构。如果服务标准已经有了明确的规定，员工能够自觉遵守，选择集权式的组织结构更加有效果。

3. 生产行业的技术

生产行业的技术可以分为小批量生产、全自动生产和大批量生产。三种不同的生产技术对组织结构也有不同的要求：小批量生产是根据消费者需求定制，全自动生产几乎全部依靠机器生产，两种生产技术适合宽松、灵活、分权式的组织结构；大批量生产几乎依靠自动化流水线生产，技术要求复杂，而且需要管理人员跟踪管理，适合管理幅度大、集权式的组织结构。

◇ **课堂小测试：**

某企业有员工64人，管理幅度为8人，该公司的管理人员（ ），管理层次（ ）。

A. 8人 1层　　B. 8人 2层

C. 7人 3层　　D. 9人 3层

任务3：制定组织结构设计原则

一、组织结构的设计原则

组织结构的设计是指对组织开展工作、实现目标所必须的各种资源进行整合和优化，确立组织在某一阶段最合理的管理模式，实现组织资源价值的最大化。组织结构在设计的过程中，必须遵循以下原则：

1. 任务与目标原则

组织结构的设计必须以组织任务和目标为出发点，体现为组织的任务和目标服务的宗旨，这是最基本的原则。体现组织结构设计的优劣，要以是否有利于实现组织任务、目标为最终的标准。当组织的任务和目标发生重大变化时，组织结构必须作相应的调整和变革，以适应任务和目标的需要。

2. 分工与协作原则

分工是按照管理的专业化和工作效率的要求，把组织的任务和目标分成各个层次、各个部门，明确与其相适应的工作手段和方法，分工有利于提高管理工作的质量与效率。只有分工，任务还是难以完成，在合理分工的基础上，各个部门还必须加强协作与配合，才能保证组织目标的实现。分工与协作是相辅相成的，只有分工没有协作，分工就失去了意义。

3. 管理幅度合理原则

为了保证管理工作的有效性，组织中的每一个部门、每一位领导者都要有合理的管理幅度。管理幅度太大，则无暇顾及；管理幅度太小，则可能没有完全发挥作用。所以，在组织结构设计的时候，要制定合理的管理幅度。

4. 集权与分权原则

组织结构设计时，集权和分权要控制在合适的水平上，既不能影响工作效率，又不能影响工作积极性。集权有利于保证组织的统一领导，有利于人力、财力、物力的合理分配。分权是调动下级积极性、主动性的必要条件。集权与分权是相辅相成的，是矛盾的统一。组织在确定上下级管理权力分工时，主要考虑的因素有：组织规模的大小、技术的特点、工作的性质、管理水平等。

5. 协调原则

在组织中，协调包括两个方面的内容：第一，组织内部关系的协调，它要求及时调整和改善组织内部各部门、各岗位之间的关系，排除各种矛盾，保证组织结构上下左右有条不紊地运行，使整个组织能够步调一致地实现组织目标；第二，组织任务分配的协调，它要求各部门、各岗位任务的分配应平衡，避免忙闲不均。

二、组织结构的设计程序

组织结构的设计是一项复杂的系统工程，因而必须服从科学的程序。这个程序一般包括以下几个步骤：

1. 确定组织目标

组织目标是进行组织设计的基本出发点。任何组织都是实现其一定目标的工具，没有明确的目标，组织就失去了存在的意义。因此，管理组织设计的第一步，就是要在综合分析组织外部环境和内部条件的基础上，合理确定组织的总目标及各种具体的派生目标。

2. 确定业务内容

根据组织目标的要求，确定为实现组织目标所必须进行的业务管理工作项目，并按其性质适当分类，如市场研究、经营决策、产品开发、质量管理、营销管理、人员配备等。明确各类活动的范围和大概工作量，进行业务流程的总体设计，使总体业务流程优化。

3. 确定组织结构

根据组织规模、生产技术特点、地域分布、市场环境、职工素质及各类管理业务工作量的大小，参考同类其他组织设计的经验和教训，确定应采取什么样的管理组织形式，需要设计哪些单位和部门，并把性质相同或相近的管理业务工作分归适当的单位和部门负责，形成层次化、部门化的结构。

4. 配备职务人员

根据各单位和部门所分管的业务工作的性质和对职务人员素质的要求，挑选和配备称职的职务人员及行政负责人，并明确其职务和职称。

5. 规定职责权限

根据组织目标的要求，明确规定各单位和部门及其负责人对管理业务工作应负的责任以及评价工作成绩的标准。同时，还要根据搞好业务工作的实际需要，授予各单位和部门及其负责人相应的职权。

6. 联成一体

这是组织设计的最后一步，即通过明确规定各单位、各部门之间的相互关系，以及它们之间在信息沟通和相互协调方面的原则和方法，把各组织实体上下左右联结起来，形成一个能够协调运行，有效地实现组织目标的组织管理系统。

◇课堂小思考："一个和尚挑水喝，两个和尚抬水喝，三个和尚没水喝"。请从组织的设计原则角度思考是什么原因造成了"三个和尚没水喝"。

任务4：编制组织结构图

企业组织结构形式，从传统管理到现代管理，有多种模式。传统的组织结构模式主要有直线制、职能制、直线职能制。现代组织结构模式主要有事业部制、矩阵制、网络结构等。虽然组织结构的模式多种多样，但其中最主要的是直线职能制和事业部制两种，其他的结构模式都与此两种密切相关。了解各种组织结构的模式，选择适宜的组织结构形式是非常重要的。

一、直线制组织结构

直线制是组织发展初期的一种简单的组织结构模式。它的特点是：组织中的各级管理者都按垂直系统对下级进行管理，没有专门的职能管理部门。命令的传送只有一条直线渠道。是一种集权式的组织结构模式，如图 8–1 所示。

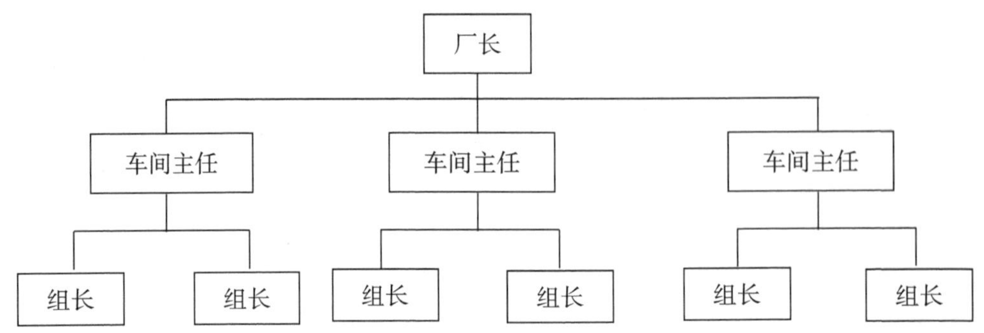

图 8–1　直线制组织结构图

优点：组织结构形式结构简单，权责分明，指挥统一，工作效率高。

缺点：组织结构没有专业管理分工，对管理者水平要求高。

适用范围：适用于产品单一、工艺技术比较简单、业务规模比较小的企业，或企业初建阶段。

二、职能制组织结构

职能制是按照专业分工设置管理职能部门，各部门在其业务范围内有权向下级发布命令和下达指示，下级既服从上级领导者的指挥，也可听从几个职能部门的指挥。如图 8–2 所示。

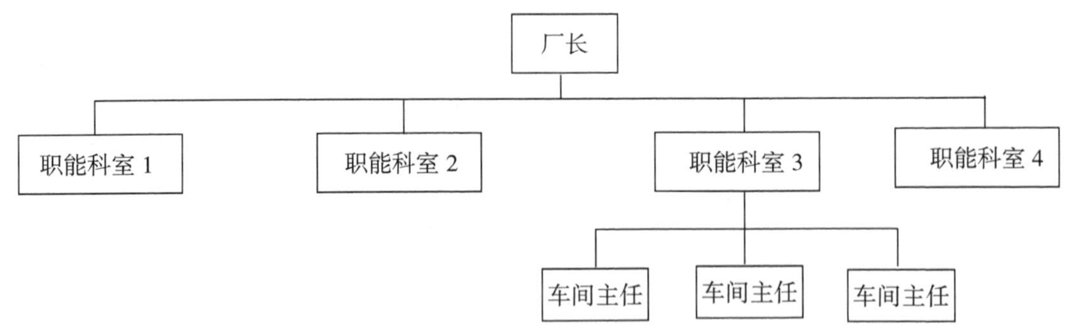

图 8–2　职能制组织结构图

优点：适应企业生产技术发展和经营管理复杂化的要求，能够发挥职能机构的专业管理作用，减轻直线领导者的工作负担。

缺点：妨碍了企业生产经营活动的集中统一指挥，形成多头领导，命令不统一，下属无所适从，不利于责任制的建立，有碍于工作效率的提高。

适用范围：适用于中小型的、产品品种比较单一、生产技术发展变化较慢、外部环境比较稳定的企业。

三、直线职能制组织结构

直线职能制又称 U 型结构。它是以直线制为基础，在领导者之下设置相应的职能部门，分别从事专业管理，作为该级领导者的参谋部，是企业管理机构的基本组织形式。职能部门拟定的计划、方案，以及有关指令，由领导者批准下达。职能部门对下级领导者和下属职能部门无权直接下达命令或进行指挥，只起业务指导作用。如图 8–3 所示。

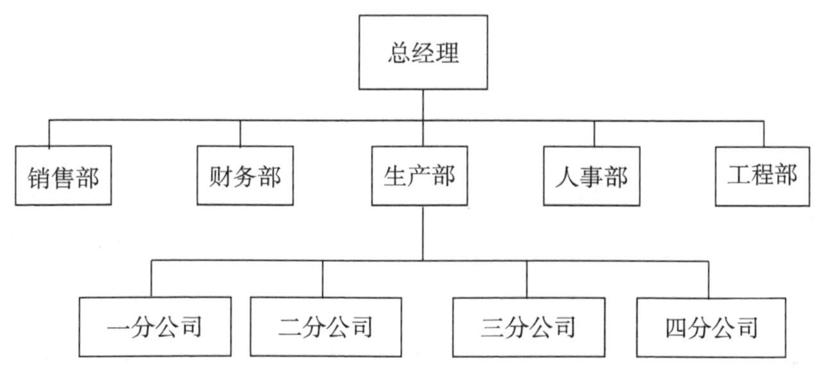

图 8–3　直线职能制组织结构图

优点：既保证了组织的统一管理，又充分发挥了专业管理部门的作用，有利于企业集中有限的资源，优化管理者的决策。

缺点：缺乏信息的横向沟通、协调工作量大、办事效率低，职能部门和指挥部门之间易产生矛盾，权力过于集中。

适用范围：适用于企业规模不太大，产品不太复杂，工艺稳定，市场销售情况容易掌握的中小企业。

四、事业部制组织结构

事业部制又称 M 型结构。它是在总公司的领导下，设立多个事业部，各事业部都有各自独立的产品和市场，实行独立核算。事业部内部在经营管理上拥有自主和独立性，它具有集中决策，分散经营的特点，即总公司集中决策，事业部独立经营，是一种分权式的组织结构。事业部下设自己的职能部门，如生产、销售、开发、财务等。事业部在大多数情况下，可以按地区、产品来划分。目前已成为大型企业、跨国公司普遍采用的一种组织结构。如图 8–4 所示。

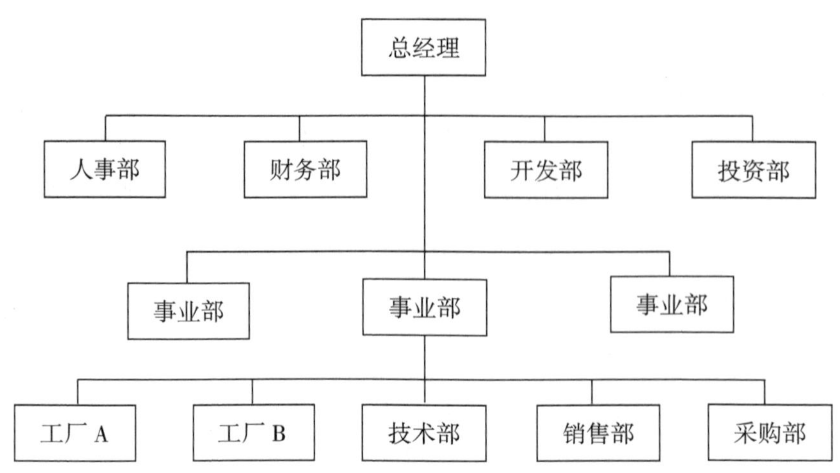

图 8–4　事业部制组织结构图

优点：对产品生产和销售实行统一管理，独立性强，便于灵活地根据市场动向做出相应的决策，取得竞争的主动权；有助于调动部门和职工的主动性，提高部门领导的工作效率，促进各事业部的利益与整个公司利益之间的协调一致。

缺点：由于事业部之间的竞争，影响先进技术和科学管理方法的交流；各事业部设置职能部门，造成管理机构重叠，管理人员浪费，增加了管理费用。

适用范围：适用于规模庞大，品种繁多，技术复杂的大型企业。

五、矩阵制组织结构

矩阵制是把按职能划分的部门和按产品（或项目）划分的小组结合起来组成一个矩阵，使同一名管理人员既同原职能部门保持组织与业务上的联系，又参加项目小组的工作。为了保证完成一定的管理目标，每个项目小组的成员受双重领导，一方面受项目小组领导，另一方面受原属职能部门的领导。此种形式适用于一些需要集中多方面专业人员集体攻关的项目或企业。如图 8–5 所示。

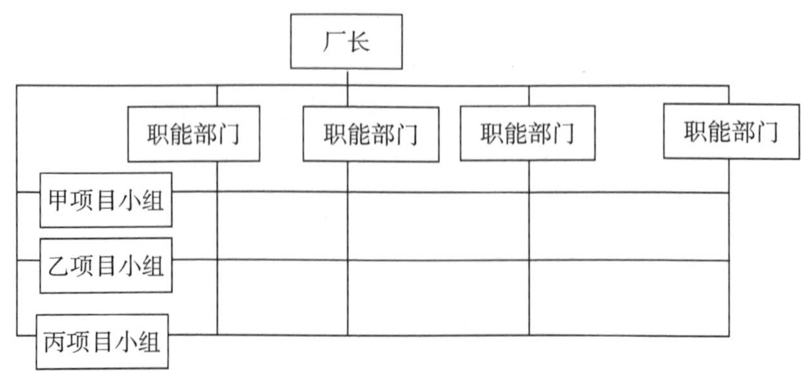

图 8–5　矩阵制组织结构图

优点：使企业管理中的纵向、横向联系紧密，使各部门能够比较灵活地执行任务，提高工作效率。不同部门的专业人员组织在一起，有助于激发人们和积极性和创造性，培养和发挥专业人员的工作能力，提高技术水平和管理水平。

缺点：由于项目组是临时性的组织，容易使人员产生短期行为。小组成员的双重领导问题会造成工作中的矛盾。

适用范围：适用于小批量、高技术产品、大型工程项目，新产品开发、创新任务较多、生产经营复杂、以科技开发为主的企业。

六、网络组织结构

网络组织是一种小型的核心组织，其结构趋向扁平。它与其他组织结构不同，没有直线结构，只有从事协调和控制的职能管理部门，它是通过与其他组织签订合同，从外部买入各种业务和服务来完成其本身的业务。它通过契约建立了一种关系组织，保持了组织的极大灵活性，使组织对动荡的环境有较强的适应能力。网络型组织适用于环境动荡、产品批量化、品种复杂化的现代社会，多见于商业组织。如图 8–6 所示。

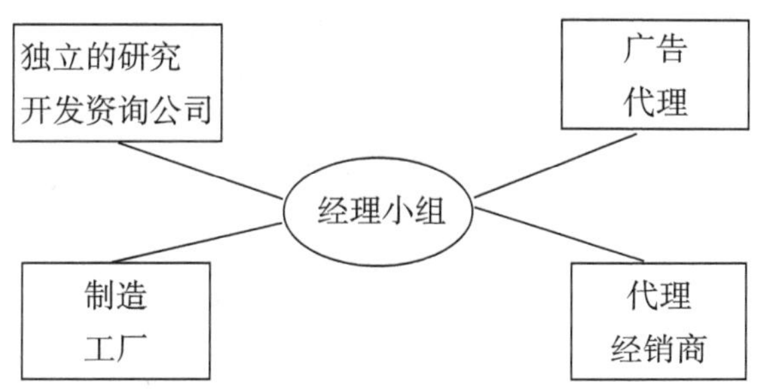

图 8–6　网络组织结构图

优点：运营成本低，灵活性强，由于组织中的大多数活动都实现了外包，而这些活动多数是靠电子商务来协调处理的，组织结构扁平化，效率高。

缺点：外协单位的工作质量难以控制，创新产品的设计容易被他人窃取。

适用范围：适用于市场变化快、竞争激烈的行业或抓住市场机会刚起步的小企业。

相关链接

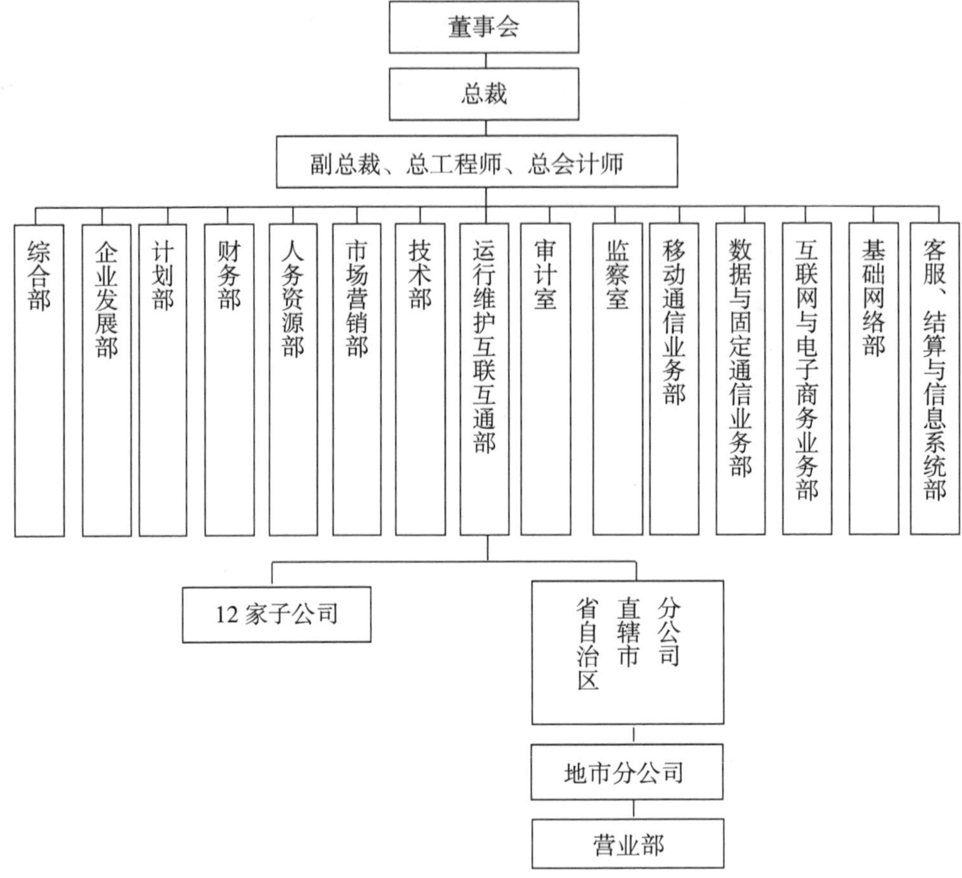

中国联通组织结构图

理论思考

1. 正式组织与非正式组织
2. 影响组织结构设计的因素
3. 组织结构设计的原则
4. 组织结构的类型

实训任务

设计组织结构图

实训目标

在教师的帮助下，了解你所在的系和学院，明确你所在的系、学院分别采取的是什么样的组织结构。

实训内容与方法

1. 根据你对所在的系和学院的了解，绘制你所在的系和学院的组织结构图。

2. 每名学生分别设计你所在的系和学院的组织结构图。

3. 选出部分同学在全班进行交流。

实训要求

1. 比较你所在系的组织结构图和学院的组织结构图有何区别。

2. 应用组织结构相关理论进行分析，你所在的系和学院采用的组织结构有哪些不合理的地方，并提出改进意见。

3. 分析报告作为一次作业。

实训检测

教师针对学生所交的分析报告，确定每位学生的成绩并提出建议。

项目九　企业财务管理

项目任务　企业财务活动管理

知识目标：

1. 了解企业的筹资方式
2. 掌握资金成本的计算方法
3. 了解企业投资的程序
4. 熟悉现金流量的内容
5. 操作项目投资的决策指标

能力目标：

1. 能够根据企业实际情况选择筹资方式
2. 能够建立财务风险防范意识

案例导入

建华公司的财务活动

王华是建华公司的资金主管，主要负责资金预算的编制和实施、流动资金计划的制订、公司内外资金的调拨等资金管理工作，需要处理公司生产经营过程中的资金使用和管理，并对公司的投资、融资、并购等经营活动提出建议。

本年度公司计划投资购置一套新的生产设备，预计投资1000万元，但公司目前资金比较紧张，需要开拓筹资渠道才能实现该套生产设备的投资。公司决策层要求王华根据公司资金管理情况规划安排该套生产设备的筹资与投资计划，以确保公司筹集到足够投资和日常生产经营的需要，同时保证生产设备投资的顺利实施，从而提高企业的生产能力。

思考题：

1. 作为公司的资金主管，王华面临的主要问题有哪几个方面？

2. 王华应该怎样安排公司的财务活动？

财务活动伴随着企业资金运动而存在和发生，离开企业资金运动过程，财务活动将不复存在。在资金运动过程中，企业资金的筹集、投放、使用、收回和分配等经济活动不断发生，形成了企业财务活动。企业财务活动通常包括筹资活动、投资活动、营运活动和分配活动等经济活动。

任务 1：企业筹资管理

企业筹资是指企业通过不同渠道，采取各种方式，按照一定程序，筹措企业设立、生产经营等所需资金的财务活动。资金是企业筹办和从事生产经营活动的物质基础，是企业财务活动管理的一项重要内容。企业筹资的目的主要是满足企业设立、生产经营、偿还债务和资本结构调整的需要。

一、企业筹资的方式

企业在筹资时，可以采取权益筹资和债务筹资两种方式。

1. 权益筹资

权益筹资是指企业筹集权益资本，其筹资方式主要有吸收直接投资、发行股票和留存收益等。

（1）吸收直接投资

吸收直接投资是指企业吸收投资者直接投入资金的一种筹资方式。吸收直接投资的投资者包括国家、法人、个人和外商等。吸收直接投资是非股份制企业筹集权益资本的基本方式。

①吸收直接投资的程序。吸收直接投资的程序是指通过吸收直接投资进行筹资的工作步骤。吸收直接投资的程序一般包括确定筹资数量、选择投资单位、签订投资协议和取得直接投资等过程，如图 9-1 所示。

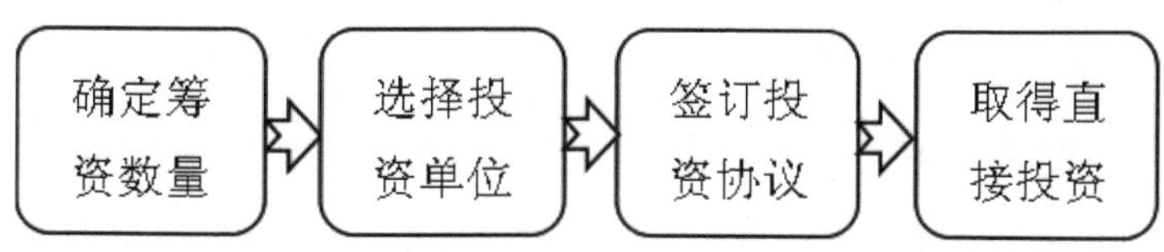

图 9-1

A. 确定筹资数量。确定筹资数量包括确定筹资的总数量和其中吸收直接投资的数量。企业应根据创办企业的规模大小和生产经营所需资金的数量来确定筹资的总数量和吸收直接投资的数量，确保筹资数量以及吸收直接投资的数量与企业资金的需要量相适应。

B. 选择投资单位。选择投资单位就是根据企业生产经营的需要选择吸收直接投资的投资者。企业应充分调查投资者的资信、财力和投资意向，努力推介企业自身的经营能力、财务状况和投资预期，在满足双向需求的前提下选择合适的投资单位。

C. 签订投资协议。签订投资协议就是通过签订书面协议确定出资数额、出资方式和出资时间，以及双方的利润分享和亏损分担等。企业吸收直接投资，无论是新建还是增资，都需要签订投资协议或合同，以便明确双方的权利和责任。

D. 取得直接投资。取得直接投资就是在签订投资协议的基础上企业按规定或计划取得直接投资。现金出资方式企业应按投资协议规定的划款期限、每期数额及划款方式，足额取得现金投资；实物、无形资产或土地使用权出资方式应根据实际情况合理进行估价，及时办理产权转移手续。

②吸收直接投资的优缺点。吸收直接投资的优缺点见表 9–1。

表 9–1　吸收直接投资的优缺点

优　点	缺　点
能提高企业资信和借款能力	资本成本较高
能尽快形成生产能力	不利于产权交易
容易进行信息沟通	不利于企业治理
筹资费用较低	---------
能降低财务风险	---------
筹资手续比较简便	---------

（2）发行股票

股票是股份有限公司为筹集权益资本而发行的证明股票持有人拥有公司股份的有价证券。股票只能由股份有限公司发行，它代表股东对发行公司净资产的所有权。

①股票的分类。股票可以根据不同的分类标准分为不同的类型，具体分类如下。

A. 按股东权利和义务分类，可分为普通股票和优先股票。普通股票是指股东享有平等的权利义务，股利随公司利润变动；优先股票是指优先分配股利和剩余财产，股东无表决权和参与权。

B. 按票面是否记名分类，可分为记名股票和无记名股票。记名股票是指票面记载股东姓名或将名称记入公司股东名册；无记名股票是指票面不登记股东姓名，公司只记载股票编号、数量、日期。

C. 按是否标明面值分类，可分为有面值股票和无面值股票。有面值股票是指票面标明金额，按面值总额确定股本总额比例或股份数；无面值股票是指票面不标明金额，票面记载股本总额比例或股份数。

D. 按投资者分类，可分为国家股、法人股、个人股和外商股。国家股是指有权代表国家的部门或机构以国有资产投资形成的股份。法人股是指企业依法以其可支配的财产投资形成的股份。个人股是指社会个人或本公司职工以个人合法财产投资形成的股份。外商股是指外国的企业或者个人依照中国法律投资形成的股份。

E. 按发行对象和上市地点分类，可分为 A 股、B 股、H 股和 N 股。A 股以人民币标明面值，在我国境内发行、上市交易；B 股以人民币标明面值，在我国境内以外币认购和交易；H 股注册地在内地、在中国香港上市；N 股注册地在内地、在纽约上市。

②股票的优缺点。股票筹资的优缺点见表 9–2。

表 9–2　股票筹资的优缺点

优　点	缺　点
无固定股利负担	资本成本较高
无固定到期日	追加发行会分散公司的控制权
筹资风险较小	追加发行可能引发股价下跌
能增强公司的偿债和举债能力	

（3）留存收益

留存收益是指企业从历年实现的利润中提取或留存于企业的内部积累。留存收益是公司在经营过程中所创造的，但由于公司经营发展的需要或由于法定的原因等，没有分配给所有者而留存在公司的盈利。

①留存收益筹资的途径。留存收益来源于企业的生产经营活动所实现的净利润，包括企业的盈余公积金和未分配利润两个部分。其中盈余公积金是有特定用途的累积盈余，未分配利润是没有指定用途的累积盈余。

盈余公积金是指企业按照规定从净利润中提取的积累资金，包括法定公积金、任意公积金等。法定公积金按照净利润（减弥补以前年度亏损）的一定比例提取，且累计额已达注册资本的规定比例时可以不再提取。股份制企业按照股东大会的决议提取任意盈余公积金，其他企业也可根据需要提取任意盈余公积金。盈余公积金用于弥补公司的亏损、扩大公司生产经营或者转为增加公司资本，但不得用于以后年度的对外利润分配。

未分配利润是指企业实现的净利润经过弥补亏损、提取盈余公积金和向投资者分配利润后留存在企业的、历年结存的利润。未分配利润是企业所有者权益的组成部分。

②留存收益筹资的优缺点。留存收益筹资的优缺点见表 9–3。

表 9-3　留存收益筹资的优缺点

优　点	缺　点
不会发生筹资费用	筹资数额有限
能维持公司的控制权分布	资金使用受制约

◇课堂小思考：留存收益筹资是企业权益筹资的重要方式之一，留存收益筹资有哪些途径？留存收益筹资有哪些优缺点？

2. 债务筹资

债务筹资是指企业筹资债务资本，其筹资方式主要有银行借款、发行债券、融资租赁和商业信用等。

（1）银行借款

银行借款是指企业向银行或其他非银行金融机构借入的、需还本付息的款项。银行借款主要用于企业构建固定资产和满足日常生产经营流动资金周转的需要。

①银行借款的种类。银行借款可以根据不同的分类标准分为不同的类型，具体内容如下。

A. 按借款的期限分类，可分为长期借款和短期借款。长期借款是指借款期限在 1 年以上的借款。短期借款是指借款期限在 1 年以内的借款。

B. 按提供借款的机构分类，可分为政策性贷款、商业银行贷款和其他金融机构贷款。政策性贷款是指执行国家政策性贷款业务的银行提供的贷款。商业银行贷款是指商业银行提供的贷款。其他金融机构贷款是指银行以外的其他金融机构提供的贷款。

C. 按有无担保分类，可分为信用贷款和担保贷款。信用贷款是指以借款人或担保人的信用而获得的贷款。担保贷款是指由借款人或第三方依法提供担保而获得的贷款。

D. 按取得贷款的用途分类，可分为基本建设贷款、专项贷款和流动资金贷款。基本建设贷款是指企业用于新建、改建等基本建设的贷款。专项贷款是指企业具有专门用途的贷款。流动资金贷款是指企业用于满足日常生产经营流动资金需求的贷款。

②银行借款的程序。银行借款的程序是指企业向银行或其他金融机构取得借款的工作步骤。银行借款的程序一般包括提出申请、银行审批、签订合同和取得借款等步骤，如图 9-2 所示。

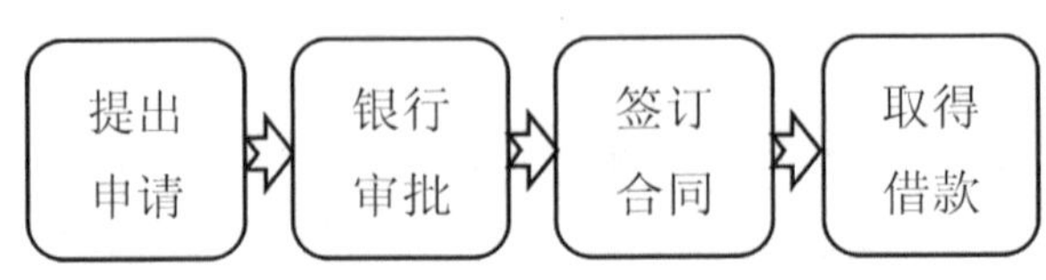

图 9-2

A. 提出申请。银行借款由企业向银行提出申请，填写银行借款申请书。银行借款申请书的内容一般包括申请借款企业的基本信息、财务状况、借款金额、借款用途、偿还能力和偿还方式等。

B. 银行审批。银行接到企业的银行借款申请书后，要对企业借款申请进行审核，并根据审核结果和审批权限做出是否提供借款的决定。银行审核的内容主要有企业的财务状况、信用情况、赢利水平、偿债能力、发展前景，以及借款投资项目的可行性、抵押和担保情况等。

C. 签订合同。银行借款申请通过银行审核获得批准后，银行与借款企业需要签订借款合同。银行借款合同的内容一般包括基本条款和其他一些保护性条款等。基本条款主要有借款种类、借款用途、借款金额、借款利率、借款期限、还款资金来源及还款方式、保证条款、违约责任等。

D. 取得借款。企业与银行签订借款合同后，银行应按合同规定的日期向借款企业发放借款，企业在核定的借款指标范围内，按照用款计划一次或分次将借款转入企业存款账户。

③银行借款筹资的优缺点。银行借款筹资的优缺点见表 9–4。

表 9–4　银行借款的优缺点

优　点	缺　点
资本成本较低	限制条款较多
筹资比较及时	筹资数额有限
筹资弹性较大	筹资风险较高
能发挥财务杠杆作用	

（2）发行债券

债券是指发行人依照法定程序发行的、约定在一定期限向债券持有人还本付息的有价证券。债券的发行主体主要有政府、金融机构和企业，并根据发行主体的不同分为政府债券、金融债券和企业债券。发行企业债券是企业直接向社会筹集资金的重要方式，所筹集的资金形成企业的债务筹资。根据《公司法》的规定，具有发行企业债券资格的有股份有限公司、国有独立公司和两个以上国有公司或国有投资主体设立的有限责任公司。

①发行债券的程序。企业发行债券的程序是指企业通过发行债券筹集资金的步骤。企业发行债券的程序一般包括做出发行决议、提出发行申请、公布募集办法、委托机构发售和交付并收缴款等，如图 9–3 所示。

图 9-3

A. 做出发行决议。企业发行债券需要由企业最高决策机构做出发行决议。股份有限公司由董事会提出发行方案，股东大会做出发行决议；国有独资公司和两个以上国有公司或国有投资主体设立的有限责任公司由国家授权投资的机构或国家授权的机构做出发行决议。

B. 提出发行申请。企业发行债券必须向国务院证券管理部门提出发行申请，并提交公司登记证明、公司章程、公司债券募集办法、资产评估报告和验资报告等文件。

C. 公布募集办法。企业发行债券申请在获得批准后，应制定并公布企业债券募集办法。募集办法中应载明债券总额和票面金额、债券利率、还本付息期限与方式、债券发行的起止日期、债券的承销商，以及公司名称、公司净资产、公司已发行尚未到期的债券总额等。

D. 委托机构发售。企业公募发行债券需要委托证券经营机构等承销机构进行销售发行。承销机构发售债券有代销和包销两种承销方式。代销是由承销机构在约定期限内代为发售、到期余额退回给委托企业的承销方式；包销是由承销机构购入全部拟发行债券、到期余额由承销机构认购的承销方式。

E. 交付并收缴款。企业公募发行债券由投资者直接向承销机构付款购买，承销机构代为收取债券款并交付债券，然后由承销机构向发行企业交付债券款。

②债券的发行价格

债券发行价格是指债券原始投资者购入债券时应支付的市场价格。债券发行价格是债券发行时使用的价格，亦即原始投资者购买债券时使用的价格。

债券发行价格通常有等价、折价和溢价三种。等价是指以债券的票面金额为发行价格。折价是指以低于债券票面金额的价格为发行价格。溢价是指以高于债券票面金额的价格为发行价格。一般来说，当债券票面利率高于市场利率时，溢价发行债券；当债券票面利率低于市场利率时，折价发行债券；当债券票面利率与市场利率一致时，等价发行债券。

在按期付息，到期一次还本，且不考虑发行费的情况下，债券发行价格等于按市场利率计算的票面利息额现值与票面金额现值之和，其计算公式为：

$$P=\sum_{t=1}^{n}\frac{(M\times r)}{(1+i)^{t}}+\frac{M}{(1+i)^{n}}$$

式中，P 为债券发行价格；

M 为债券票面金额；

r 为债券票面利率；

i 为市场利率；

t 为债券计息期数（t=1，2，3，…n-1，n）；

由于按期付息债券的利息是等额年金形式，因而各期债券利息额的现值之和为年金现值；票面金额是复利现值。因此，上述债券发行价格的计算公式可以表示为：

$$P=M\times r\times(P/A,i,n)+M\times(P/F,i,n)$$

例 9-1：假设建华公司发行每年年末付息的债券，公司确定的债券面值为 1000 元，利息率为 8%，期限为 10 年。该债券在正式发行时，若市场利率上升为 10%，则发行价格应为多少？若市场利率下降为 6%，则发行价格为多少？

若市场利率上升为 10%，则发行价格为：

P=1000×8%×（P/A，10%，10）+1000×（P/F，10%，10）

=80×6.1446+1000×0.3855=877.07（元）

若市场利率下降为 6%，则发行价格为：

P=1000×8%×（P/A，6%，10）+1000×（P/F，6%，10）

=80×7.3601+1000×0. 5584=1147.21（元）

③债券筹资的优缺点。债券筹资的优缺点见表 9-5。

表 9-5　债券筹资的优缺点

优　点	缺　点
一次筹资数额较大	资本成本较高
募集资金的使用条件较少	发行条件和手续要求较多
避免因增发新股引起的股权分散问题	财务风险较高
能提高企业的社会声誉	

（3）融资租赁

租赁是指通过签订合同的方式，由出租方向承租方提供财产占有和使用权，承租方向出租方支付租金的一种交易行为。租赁分为经营租赁和融资租赁。

经营租赁又称营业租赁，是指出租方向承租方提供短期设备的使用权及设备维修、保养等服务的一种租赁形式。融资租赁又称财务租赁，是指由出租方按承租方的要求融资购买设备，并按合同规定的较长期限内提供给承租方使用的一种租赁形式。

①融资租赁的形式。融资租赁的形式有直接租赁、售后回租、杠杆租赁，以及经营性租赁、委托租赁、转租赁、联合租赁、分成租赁、促销租赁等形式。其中，直接租赁、售后回租和杠杆租赁是最基本的形式。

A. 直接租赁。直接租赁是指由承租方直接向出租方提出租赁申请，出租方按照承租方的要求选购设备后出租给承租方的租赁形式。直接租赁是通常意义上的融资租赁，它是融资租赁的典型形式。

B. 售后回租。售后回租是指由承租方将自有设备出售给出租方，再从出租方将设备租回使用的租赁形式。售后回租使承租方因向出租方出售设备而实现了融资，同时按期支付租金并保留了设备的使用权。

C. 杠杆租赁。杠杆租赁是指由出租方提供部分设备购置资金，带动其他出资方出借另外部分的设备购置资金，再由出租方出租给承租方的租赁形式。杠杆租赁的财务杠杆作用体现在出租方通过部分设备购置资金带动了其他出资方共同出资。在杠杆租赁中出租方一般提供设备购置资金的 20%~40%，其他出资方出借 60%~80%。杠杆租赁一般适用于飞机、油田等租赁金额较大的租赁项目。

②融资租赁的程序。融资租赁的程序是指融资租赁筹资的步骤。融资租赁的程序一般包括选择租赁公司、签订订购协议、签订租赁合同、办理交货验收、定期支付租金和期满处理设备等，如图 9–4 所示。

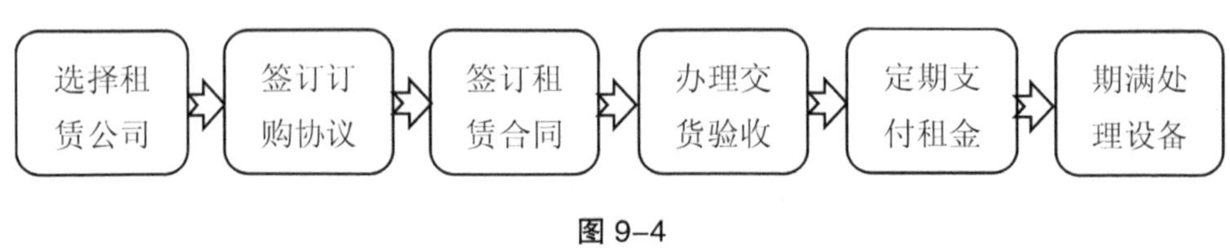

图 9–4

A. 选择租赁公司。选择租赁公司就是企业在决定采取融资租赁获取设备时，通过调查分析各租赁公司的资信情况、融资条件和租赁费率等，选择比较适合的租赁公司。然后向选中的租赁公司办理租赁申请手续，说明所需设备的具体要求，并提供企业的有关财务信息。

B. 签订订购协议。签订订购协议就是由承租企业和租赁公司一方或双方与选定的设备供应商进行技术和商务谈判，并与设备供应商签订购置设备的协议。

C. 签订租赁合同。签订租赁合同就是由承租企业与租赁公司签订有关设备的租赁合同。租赁合同是租赁业务的重要法律文件，其内容分为一般条款和特殊条款两部分。

D. 办理交货验收。办理交货验收就是由设备供应商将设备发运给承租企业，承租企业办理验收手续，验收合格后签发交货及验收证书交租赁公司。

E. 定期支付租金。定期支付租金就是由承租企业按租赁合同的规定，定期足额向租赁公司支付租金。

F. 期满处理设备。期满处理设备就是由承租企业在租赁期满时，按租赁合同的规定对融资租赁的设备进行处理。租赁期满处理设备的方式主要有三种：一是留购，即低价转让给承租企业；二是退租，即由租赁公司收回；三是续租，即延长租赁期限。

③融资租赁筹资的优缺点。融资租赁筹资的优缺点见表 9-6。

表 9-6 融资租赁筹资的优缺点

优 点	缺 点
一次筹资数额较大	资本成本较高
募集资金的使用条件较少	筹资条件和手续要求较多
避免因增发新股引起的股权分散问题	财务风险较高
能提高企业的社会声誉	

（4）商业信用

商业信用是指商品交易中延期付款或预收货款而形成的借贷关系。商业信用筹资是企业因延期付款或预收货款而造成的货款与货物在时间和空间上的分离，表现为货到后付款和款到后付货。

①商业信用的形式。商业信用是企业之间的一种直接信用行为，其形式主要有赊销商品、商业汇票和预收货款等。

A. 赊销商品。赊销商品是指在商品交易中以信用为基础，按照购货合同，销货方允许购货方取货后在规定日期付款或分期付款。赊销商品是在商品交易中形成的最典型和最常见的商业信用形式。赊销商品使商品交易中的销货方与购货方形成债权债务关系，购货方通过赊销商品延期付款而筹集债务资本。

B. 商业汇票。商业汇票是指由付款人或承兑申请人签发，由承兑人承兑，并于到期日向收款人或被背书人支付款项的一种票据。商业汇票是反映债权债务关系的期票，也是反映应付账款和应收账款的书面证明。商业汇票是在商品交易中表明延期付款的一种凭证，购货方可以将商业汇票作为短期债务筹资的一种方式。

C. 预收货款。预收货款是在商品交易中销货方按照购货合同在发出商品之前向购货方预先收取部分或全部货款的信用行为。预收货款相当于销货方向购货方先借一笔款项，然后用商品归还，对销货方来说，也是一种短期债务筹资方式。

②商业信用的折扣成本。商业信用的折扣成本是指在商品交易中购货方因放弃现金折扣而产生的机会成本。商业信用折扣成本的计算公式为：

$$商业信用折扣成本=\frac{现金折扣率}{1-现金折扣率}\times\frac{360}{信用期-折扣期}\times100\%$$

例 9-2：假设建华公司向其供货商购入一批货物，该供货商给出的信用条件为“3/20，n/60”，如果江南公司放弃现金折扣，则商业信用的折扣成本是多少？如果在折扣期内有一项投资的报酬率为 20%，则建华公司是否应享受该项现金折扣？

$$商业信用折扣成本=\frac{3\%}{1-3\%}\times\frac{360}{60-20}\times100\%=27.84\%$$

由于 20% < 27.84%，即放弃现金折扣进行投资能获得 20% 报酬率，而放弃现金折扣的资本成本为 27.84%，因此，建华公司不应放弃该项购货业务的现金折扣。

③商业信用筹资的优缺点。商业信用筹资的优缺点见表 9-7。

表 9-7 商业信用筹资的优缺点

优 点	缺 点
属于自然筹资，筹资方便	占用期限较短
限制条件较少	放弃现金折扣资本成本较高
筹资成本较低	有一定财务风险

二、资金成本

资金成本是指企业为筹集和使用资金而发生的代价。资金成本包括资金筹资费用和资金使用费用两部分。资金筹集费用是指为取得资金的所有权或使用权而发生的支出，包括银行借款的手续费，发行股票、债券需支付的广告宣传费、印刷费、代理发行费等。资金使用费用是指在资金使用过程中向资金所有权人支付的费用，包括银行借款利息、债券的利息、股票的股利等。筹资阶段支付的筹集费用在资金占用期间不再发生，但抵减了筹资总额，从而加大了占用期间的实际资金成本。

对资金成本的衡量有两种形式：一种是绝对数，另一种是相对数。绝对数是以企业在取得资金时支付的筹集费用和占用资金期间支付的利息、分配利润表示的。绝对数的大小受企业筹资规模的影响，有时难以依据绝对数比较和衡量企业在资金使用方面的实际代价。采用相对数表示资金成本大小，可以消除筹资规模差异所导致的不可比性，客观地反映企业筹集和使用资金的实际成本。一般用资金成本率表示资金成本，通常资金成本率的计算期间为一年，计算公式为：

$$资金成本率=\frac{年资金使用费用}{筹资总额-筹集费用}\times100\%$$

例 9-3：假设建华公司向银行取得 400 万元的的长期借款。年利息率为 8%，期限为 6 年，每年付息一次，到期一次还本。假定筹资费用率为 0.3%，所得税率为 25%，则该长期借款的资金成本率为多少？

$$资金成本率=\frac{4000000\times 8\%\times(1-25\%)}{4000000\times(1-0.3)}\times 100\% =6.02\%$$

三、筹资风险

1. 筹资风险的含义

筹资风险是指企业因筹集借入资金而导致的丧失偿债能力和减少企业利润的可能性。筹集资金可以满足企业生产经营的需要，但同时却可能带来风险。影响筹资风险的主要因素有：

①经营风险。由于企业经营上的不确定性，可能引起经营上的失败，进而导致筹资风险的出现。

②资本结构的比例。不同的筹资渠道与方式，形成不同的资本结构，则会产生程度不同的筹资风险。

2. 资本结构与筹资风险的回避

企业筹集的资金可归结为所有者权益和负债两大类，形成了企业的自有资本和借入资本。自有资本和借入资本之间的比例关系，称为资本结构。

企业的筹资风险主要来源于企业投资收益率与借入资本利息率的不确定性。当企业投资收益率高于借入资本利息率时，企业使用一部分借入资本，可以提高自有资本利润率；当企业投资收益率低于借入资本利息率时，企业使用借入资本，反而会使自有资本利润降低，甚至发生亏损。这就给企业负债经营带来了风险。要有效回避筹资风险，除加强经营、努力争取经营上的成功外，最重要的措施是选择最佳筹资渠道，合理安排企业的资本结构。

【实例 9–1】 **借鸡生蛋**

美国有一个世界闻名的船王叫丹尼尔·劳维洛。他是靠用别人的钱来赚自己的钱而成为亿万富翁的。

劳维洛 9 岁那年，用 25 美金买下了一条 26 英尺长的柴油机机动船，将它修好，第一年租给了别人，赚了 50 美元，但 30 年过去了，劳维洛仍然一贫如洗。后来，他突然醒悟了：可以向别人“借钱生钱”。他找到了大通银行，说自己有一条可以航行的老油船租给了石油公司，可用这条船及其租金收入作担保拿贷款，他说银行得到的担保不仅来自他本人，还来自资产雄厚且讲信用的石油公司。银行给他贷了款，他用贷款购买了一条老货船，把它改装成一条油船租了出去，然后又以同样方法向银行贷款……这样，若干年后，他的船只越来越多。

后来，劳维洛的贷款手段越来越高明。他组织人设计和造船，在安放龙骨前，便找来运输公司租八字还没有一撇的船；随后，他拿着与运输公司签订的租船合同并以“未来的”租金收入做担保到银行贷款。等这条船下了水开始航运时，劳维洛的租金收入便开始付给银行。几年后，当这笔钱连本带息全部偿还之后，这条船就是劳维洛的了。如此这般，若干年后，劳维洛没花一分钱，便成了一条条轮船的主人。再后来，第二次世界大战后，他把事业扩展到日本，日本政府对他特别优待，他用老办法借贷，事业更加兴旺。最终他的船队成了世界上最大的私人船队之一，令人瞩目。

任务 2：企业投资管理

企业投资是指企业投放一定数量的资金以取得预期收益的经济行为。它包括用于厂房、机器设备等长期资产的新建、改建、扩建或购置的投资，包括购买政府债券、金融债券、企业债券和公司股票的投资，还包括采用联营方式等将企业资产向外单位的投资。

一、企业投资的程序

企业投资的程序主要包括以下步骤：

1. 投资项目的提出

投资项目的提出需要在把握良好的投资机会的情况下，根据企业的发展战略、中长期投资计划和投资环境的变化来确定。

2. 评价投资项目的可行性

在评价投资项目的环境、市场、技术和生产可行的基础上，对财务可行性作出总体评价。投资项目的可行性分析一般需要提供项目投资可行性分析报告。

3. 投资项目的决策

在财务可行性评价的基础上，对可供选择的多个投资项目进行决策。投资项目需要综合技术人员、财务人员、市场研究人员等专业人士的评价结果进行决策。其中，财务人员的评价主要通过计算投资方案的现金流量和根据现金流量计算的投资决策指标来进行。

4. 投资项目的执行

投资项目的执行是指投资项目的具体实施。投资项目的实施需要根据项目投资计划筹集所需的资金，并按计划使用所筹资金。各部门要密切配合，保证投资方案的顺利实施。

5. 投资项目的反馈

对投资项目实行动态反馈，一旦出现新的情况，要随时对项目做出新的评价，如果发生重大变化，应对投资是否中途停止作出决策，以避免重大损失。

二、现金流量

现金流量是指项目投资引起的现金流出和现金流入增加的数量。现金在此不仅包括货币资金，而且包括项目投资所需的非货币资产的变现价值。现金流量是评价投资项目是否可行时必须计算的一个基础性指标。现金流量的内容包括现金流出量、现金流入量和现金净流量，见表 9–8。

表 9–8　现金流量的内容

现金流出量	（1）建设投资
	（2）流动资金投资
	（3）经营成本
	（4）各项税款
	（5）其他现金流出量
现金流入量	（1）营业收入
	（2）回收固定资产余值
	（3）回收流动资金投资
现金净流量	现金流入量 – 现金流出量

1. 现金流出量

现金流出量是指项目投资所引起的企业现金支出的增加额。现金流出量主要包括建设投资、流动资金投资、经营成本、各项税款和其他现金流出量等。

（1）建设投资

建设投资是建设期发生的主要现金流出量，包括固定资产投资、无形资产投资和开办费投资等。其中，固定资产投资是建设投资的主要部分，它随着建设进程的进行而一次或分次投入。

（2）流动资金投资

流动资金投资是为保证建设投资形成生产能力而追加的投资，主要是保证生产正常进行所必需的存货储备占用的资金等。流动资金投资属于垫支性质的投资，当项目投资终结时，一般会全部收回，并形成现金流入量的内容。

（3）经营成本

经营成本又称付现成本，是指项目投资经营期内为保证生产经营活动的正常进行而需要动用现实货币资金支付的成本。经营成本主要是会引起现金流量变化的成本费用，如以现金支付的购货成本等。经营成本是项目经营期内的主要现金流出量。经营成本需要现金支付，与之对应的非付现成本是指不需要现金支付的成本，一般包括固定资产的折旧、无形资产的摊销额、开办费的摊销额以及经营期发生的借款利息支出等。

（4）各项税款

各项税款是项目投产后依法缴纳的、单独列示的各项税费，如营业税、所得税等。

（5）其他现金流出量

其他现金流出量是除上述建设投资、流动资金投资、经营成本和各项税款以外的现金流出量，如项目所需投入的非货币资产的变现价值等。

2. 现金流入量

现金流入量是指项目投资所引起的企业现金收入的增加额。现金流入量主要包括营业收入、回收固定资产余值、回收流动资金投资等。

（1）营业收入

营业收入是项目投产后每年实现的经营收入，如销售收入、业务收入等。营业收入是项目经营期内的主要现金流入量。

（2）回收固定资产余值

回收固定资产余值是项目终结时的固定资产净残值。项目投资终结时，固定资产经过清理会形成残值出售收入等现金收入，同时发生清理人员报酬等清理费用，现金收入扣除清理费用的净额即为回收固定资产余值。

（3）回收流动资金投资

回收垫支流动资金是项目终结时将原来的流动资金投资收回形成的现金流入量。

3. 现金净流量

现金净流量又称净现金流量，是指一定时期内（一般为1年）现金流入量减去现金流出量的差额。项目计算期各年现金净流量的计算公式为：

现金净流量 = 现金流入量 − 现金流出量

显然，当现金流入量大于现金流出量时，现金净流量为正值；反之，当现金流入量小于现金流出量时，现金净流量为负值。

三、项目投资的决策指标

项目投资的决策指标是指用于衡量和比较投资项目可行性并据以进行方案决策的一系列量化指标。项目决策指标按照是否考虑资金时间价值，分为非折现的决策指标和折现的决策指标。

1. 非折现的决策指标

非折现的决策指标又称静态指标，是指在计算过程中不考虑资金时间价值因素的决策指标。非折现的决策指标主要包括投资利润率、静态投资回收期等。

（1）投资利润率

投资利润率是指正常生产年度利润或平均利润与项目投资额的比率。投资利润率的计算公式为：

$$\text{投资利润率}（ROI）=\frac{\text{年利润}}{\text{项目投资额}}\times 100\%$$

公式中的年利润一般为正常生产年度利润或年平均利润，年平均利润为经营期全部利润按年平均的利润额。

例 9–4：建华公司的一项购置设备投资为 1000 万元，设备按直线计提折旧，使用期限为 4 年，无残值。现有 A、B 两个投资方案：A 方案每年的利润均为 150 万元，B 方案 4 年的利润分别为 100 万元、140 万元、180 万元和 220 万元，两个方案的投资利润率分别为多少？应选择哪个方案？

$$ROI_{A\text{方案}}=\frac{150}{1\,000}\times 100\%=15\%$$

$$ROI_{B\text{方案}}=\frac{(100+140+180+220)/4}{1\,000}\times 100\%=\frac{160}{1\,000}\times 100\%=16\%$$

由计算结果表明，A 和 B 方案的投资利润率分别为 15% 和 16%，按投资利润率进行投资选择，B 方案投资利润率大于 A 方案，因此，应选择 B 方案。

投资利润率是一个正指标，用投资利润率指标评价决策的标准时，投资利润率越高，说明项目投资的收益越高。当只有一个投资方案进行决策时，投资利润率大于或等于期望投资利润率的方案为可行方案，低于无风险投资利润率的方案为不可行方案。当多个投资方案进行比较决策时，投资利润率越高越好，在多个可行方案中选择投资利润率较高的方案。

（2）静态投资回收期

静态投资回收期简称回收期，是指项目现金净流量抵偿原始投资所需的时间。一般来讲，回收期越短，投资方案的风险就越小。

①当每年的现金净流量相等时，计算公式为：

$$PP=\frac{NCF_0}{NCF_t}$$

式中，PP 为静态投资回收期；

NCF_0 为建设期初原始投资额；

NCF_t 为经营期每年现金净流量。

②当每年的现金净流量不相等时，计算公式为：

$$PP = m + \frac{\left|\sum_{t=1}^{m} NCF_t\right|}{NCF_{m+1}}$$

式中，PP 为静态投资回收期；

m 为累计现金净流量中最后为负值项对应的年数；

$\sum_{t=1}^{m} NCF_t$ 为第 m 年的累计现金净流量；

NCF_{m+1} 为第 m+1 年的现金净流量。

例 9–5：例 9–4 中，A 和 B 两个投资方案的现金流量资料如表 9–9 所示。两个方案的静态投资回收期分别为多少？应选择哪个方案？

表 9–9　现金净流量表

单位：万元

项目计算期	A 方案 现金净流量	B 方案 现金净流量
0	- 1000	- 1000
1	400	380
2	400	400
3	400	420
4	400	440
合计	600	640

A 方案每年的现金净流量相等，静态投资回收期为：

$$PP_{A方案} = \frac{1000}{400} = 2.5(年)$$

B 方案每年的现金净流量不相等，需要计算累计现金净流量，见表 9–10。

表 9–10　累计现金净流量计算表

年度	每年现金净流量	累计现金净流量
0	- 1 000	- 1 000
1	380	- 620
2	400	- 220
3	420	200
4	440	640

静态投资回收期为：

$$PP_{B方案} = 2 + \frac{|-220|}{420} = 2.52(年)$$

计算结果表明，A 方案的投资回收期为 2.5 年，B 方案的投资回收期为 2.52 年，A 方案的投资回收期小于 B 方案，因此，应选择 A 方案。

非折现的决策指标计算简单、容易掌握。但这类指标的计算均没有考虑资金的时间价值。投资利润率没有考虑折旧的回收，没有完整反映现金的净流量，所以有较大的局限性。因此，这类指标一般只适用于方案的初选。

◇课堂小思考：在例 9-4、9-5 中，为什么用投资利润法和静态投资回收期法决策的结果不同？

2. 折现的决策指标

折现的决策指标又称动态指标，是指在计算过程中考虑和利用资金时间价值因素的决策指标。折现的决策指标主要包括净现值、净现值率、现值指数和内含报酬率等。

（1）净现值

净现值是指各年现金净流量的现值的代数和。净现值的计算过程是按选定的折现率，计算项目计算期内的各年现金净流量的现值，然后再求各年现金净流量的现值的代数和。计算净现值所用的折现率可以采用项目投资的资本成本、投资的机会成本、行业平均投资报酬率和企业所要求的最低报酬率等，也可以在不同阶段采用不同的折现率。净现值的一般计算公式为：

$$NPV = \sum_{t=0}^{n}[NCF_t \times (P/F, i, t)]$$

式中，NPV 为净现值；

NPV_t 为项目计算期各年的现金净流量；

n 为项目计算期；

（P/F，i，n）为复利现值系数。

（2）净现值率

净现值率是项目投资的净现值与原始投资现值之比。净现值是绝对数指标，净现值率是相对数指标。

（3）现值指数

现值指数又称获利指数，是指项目经营期各年现金净流量的现值之和与原始投资额现值之比。现值指数的计算需要预先按选定的折现率计算经营期各年现金净流量的现值之和和原始投资额的现值。

（4）内含报酬率

内含报酬率又称内部收益率，是指投资项目的净现值等于零的折现率。即当净现值 *NPV* =0 时对应的折现率 的数值，记作 *IRR*。内含报酬率的计算是先令净现值 *NPV* =0，然后求能使净现值为零的折现率。

常见的内含报酬率计算一般分为两种情况：一是经营期现金净流量相等，二是经营期现金净流量不等。

任务 3：财务指标分析

财务指标是指根据财务报表数据计算的反映企业财务状况和经营成果的各种比值。财务指标可以用来对企业偿债能力、营运能力、赢利能力进行分析。

一、偿债能力分析

偿债能力是指企业用资产偿还到期债务的能力。偿债能力反映企业对到期债务的承受能力或保证程度，它是企业财务状况和经营能力的重要标志。

1. 流动比率

流动比率是指流动资产与流动负债的比率。流动比率说明企业每 1 元流动负债有多少流动资产作为偿还保证，其计算公式为：

$$流动比率=\frac{流动资产}{流动负债}$$

一般情况下，流动比率越高，表明企业短期偿债能力越强，债权人的债权越有保证。但流动比率过高，则表明企业流动资产占用较多，会影响资金的使用效率。同时，流动比率过低，则表明企业难以如期偿还短期债务。因此，一般认为流动比率保持在 2 时比较合适，此时表明企业财务状况稳定，短期债务有偿还保障。

2. 资产负债率

资产负债率又称负债比率，是指企业负债总额与资产总额的比率。资产负债率是企业负债总额占资产总额的比重，属于结构比率。其计算公式为：

$$资产负债率=\frac{负债总额}{资产总额}\times100\%$$

资产负债率用来反映企业全部资产对全部负债的偿还能力。资产负债率越低，表明企业的偿债能力越强，债权人的权益越有保证。但资产负债率过低，则表明企业没有充分利用财务杠杆效应而适当负债经营。资产负债率过高，则表明企业债务负担过重，偿债能力不足，企业将面临较大的偿债风险。因此，一般认为资产负债率保持在60%左右较为合适，当资产负债率超过100%时，表明企业资不抵债而濒临破产。

二、营运能力分析

营运能力是指企业运用资产进行经营活动的能力。营运能力反映企业资产的管理运用能力和利用效率，一般以资产周转速度作为衡量指标。周转速度越快，资产的使用效率越高，资产营运能力越强；反之，营运能力越差。资产周转速度分为周转次数和周转天数两种形式。

周转次数是指企业资产在一定时期内循环的次数。其计算公式为：

$$周转次数=\frac{资产周转额}{资产平均余额}$$

周转次数是反映周转速度的正指标，一定时期内周转次数越多，周转速度越快；反之，周转速度越慢。

周转天数是指企业资产周转一次所需用的时间。其计算公式为：

$$周转天数=\frac{计算期天数}{周转次数}=\frac{资产平均余额\times计算期天数}{资产周转额}$$

周转天数是反映周转速度的逆指标，周转一次的周转天数越少，周转速度越快；反之，周转速度越慢。

三、赢利能力分析

赢利能力是指企业获取利润的能力。赢利能力表现为企业收益数额的大小和水平的高低。

1. 营业利润率指标

营业利润率指标是指企业一定时期的利润指标与营业收入的比率。营业利润率指标的一般计算公式为：

$$营业利润率指标=\frac{利润指标}{营业收入}\times100\%$$

营业利润率指标反映企业经营成果与营业收入之间的比率关系，表明企业经营业务的活力。营业利润率指标越高，表明企业经营业务的赢利能力越强；反之，表明企业经营业务的赢利能力越弱。

2. 资产利润率

资产利润率指标是指企业一定时期的利润指标与总资产平均余额的比率。资产利润率的一般计算公式为：

$$资产利润率指标=\frac{利润指标}{总资产平均余额}\times 100\%$$

其中，总资产平均余额的计算公式为：

$$总资产平均余额=\frac{总资产期初余额+总资产期末余额}{2}$$

资产利润率指标反映企业全部资产的利用效率和利用资产取得的综合效益，表明企业利用资产的赢利能力。资产利润率越高，表明企业资产的赢利能力越强；反之，则表明企业资产的赢利能力越弱。

3. 净资产收益率

净资产收益率是指企业一定时期的净利润与平均净资产的比率。净资产收益率是评价企业自有资本及其积累赢利能力的最具综合性与代表性的财务指标，其计算公式为：

$$净资产收益率=\frac{净利润}{平均净资产}\times 100\%$$

其中，净资产就是企业的所有者权益总额或股东权益总额，其计算公式为：

$$平均净资产=\frac{期初净资产+期末净资产}{2}$$

净资产收益率反映企业资本运营的综合效益和企业资本的赢利能力。净资产收益率越高，表明企业资本运营效益越好，企业资本的赢利能力越强；反之，则表明企业资本运营效益越差，企业资本的赢利能力越弱。

【课堂案例分析】建华公司财务指标分析

建华公司 2014 年度资产负债表

编制单位：建华公司　　　　2014 年 12 月 31 日　　　　单位：万元

资　产	年初余额	年末余额	负债及股东权益	年初余额	年末余额
流动资产：			流动负债：		
货币资金	4 000	4 500	短期借款	10 000	11 500
交易性金融资产	5 000	2 500	应付账款	5 000	40 000
应收账款	6 000	6 500	预收账款	1 500	2 000
预付账款	200	350	其他应付款	500	500
存货	20 000	26 000	流动负债合计	17 000	20 000
其他流动资产	300	400	非流动负债：		
流动资产合计	35 500	40 250	长期借款	10 000	12 500
非流动资产：			非流动负债合计	10 000	12 500
持有至到期投资	2 000	2 000	负债合计	27 000	32 500
固定资产	60 000	70 000	股东权益：		
无形资产	2 500	2 750	股本	60 000	60 000
非流动资产合计	64 500	74 750	盈余公积	8 000	8 000
			未分配利润	5 000	14 500
			股东权益合计	73 000	82 500
资产合计	100 000	115 000	负债及股东权益总计	100 000	115 000

分析：

根据建华公司的资产负债表分别计算该公司 2013、2014 年的流动比率和资产负债率，并对该公司的偿债能力进行分析。

相关链接

现金股利与股票股利的区别

现金股利与股票股利的区别表现为股利支付方式不同、适用条件不同、对投资者的影响不同、对企业的影响不同和对资本市场的影响不同等。

1．股利支付方式不同

现金股利是企业以现金资产来支付股东股利的股利支付方式，是企业进行股利分配最常用的形式；股票股利是企业用无偿增发新股的方式代替货币资金，按股东股份的比例分发给股东作为股息的股利支付方式。

2．适用条件不同

现金股利只有在企业有足够多的累计盈余以保证再投资的资金需求，并有足够的现金用于股利支付的情况下才适宜发放；股票股利是在符合股利分配条件的情况下，即企业不管是否实际收到现金，只要账上有赢利，就可以发放。

3．对投资者的影响不同

现金股利最容易被投资者所接受。现金股利的发放可以消除股东对未来收入不确定性的疑虑，增强他们对企业的信心，更加支持企业的发展与壮大；股票股利并不直接增加股东财富，但是利用税法对现金股利与股票股利的不同征收方式，可以达到避税和提高流通股股东实际收益的目的。

4．对企业的影响不同

现金股利将减少企业的实物资产，直接影响企业内部资产的结构，致使长期资产与流动资产的比重发生变化；股票股利可使股东分享企业赢利而无须分配现金，使企业留存大量现金，便于进行再投资。现金股利会引起权益资本总额的减少，但不会引起权益资本结构的变化；股票股利不会影响权益资本总额的变化，但可能会引起权益资本结构的变化。

5．对资本市场的影响不同

现金股利会使企业减少内部融资，而不得不进入资本市场寻求外部融资，企业更可能按照投资者利益进行决策；股票股利会使企业利用内部融资的低成本优势，同时债权人也希望企业将现金留存，以增强后续发展和赢利能力，从而获得债务偿还的良好保证。

理论思考

1. 权益筹资
2. 融资租赁
3. 资金成本
4. 现金净流量
5. 静态投资回收期

实训任务

企业财务分析

实训目标

1. 增强学生对企业财务的感性认识。
2. 培养学生运用财务指标分析的能力。

实训内容与方法

1. 以小组为单位，选择一个经营状况一般的企业，了解企业的财务状况。

2. 运用所学的财务指标进行企业偿债能力、营运能力和赢利能力分析。

3. 以小组为单位在班级进行交流。

实训要求

1. 重点了解企业的筹资和投资情况。

2. 正确计算财务分析指标。

3. 通过分析找出企业存在的问题，并提出建议。

实训检测

1. 每小组上交一份简要的分析报告。

2. 教师对各组的分析报告打分，并选出有代表性的分析报告在班级进行交流。

项目十　企业管理创新

项目任务　培养企业管理创新能力

知识目标：

1. 掌握企业管理创新的含义
2. 熟悉企业管理创新的过程
3. 掌握企业管理创新的模式
4. 了解企业国际化管理的内涵
5. 掌握企业国际化管理的模式

能力目标：

1. 培养企业管理创新的能力
2. 培养企业国际化管理的理念

案例导入

联想的“大船结构”管理模式

联想的决策者认识到，没有一支组织严密、战斗力很强的队伍，企业就成不了气候，也就无从谈起进军海外市场。在这样的背景下，他们提出了“大船结构”管理模式，使之产生1+1>2的总体效益。

“大船结构”模式的主要特点是“集中指挥，分工协作”，具体包括四层意思：

集中指挥，统一协调。公司以开发、生产、经营三大系统为主体，围绕这三大主体，公司设置了一个决策系统，一个供货渠道，一个财务部门，实行人员统一调动、资金统一管理。根据市场竞争规律，企业内部实行目标管理和指令性工作方式，统一思想，统一号令，接近于半军事化管理。

“船舱”实行经济承包合同制。从1988年起，公司按工作性质划分了各专业部，比如业务部下设汉卡、微机、网络、小型机、CAD工控、软件、资料等专业部，实行

“船舱式”管理，任务明确，流水作业，有利于提高工作质量和效率，有利于实现按劳分配，调动职工积极性，体现企业主人翁地位。

逐步实现制度化管理。从1998年起，公司开始完善各种企业管理制度，比如财务制度、职工培训制度、干部聘任制度、库房管理制度等，着力进行规范化企业管理。实行制度管理，使各“船舱”衔接起来，既要提高各自的工作效率，又要顾及整体目标和利益。制度化管理使企业不但有了强大的动力机制，同时也建立起一套企业约束机制，保证企业高速正常动转。

实行集体领导。董事会下设总经理（总裁）室，总经理室四名成员，两个在香港，两个在国内，实行海内外统一指挥。公司高度重视领导班子的团结和带头作用。由于领导班子成员有共同的理想，共同的思想基础，又配合默契，使总经理室一班人成为公司的坚强核心，在职工面前具有很强的号召力，并保证了企业决策的正确性，避免在竞争中产生失误。

思考题：

1. 联想的“大船结构”是一种什么模式？
2. 联想“大船结构”的主要特点是什么？
3. 联想的管理创新创造了哪些成功的经验？

企业管理创新是企业发展的内在要求，如何实现企业管理创新，构建符合社会主义市场经济要求的管理体制和运行机制，关系到企业今后的生存和可持续发展，建立现代企业制度，实施科学发展，管理创新势在必行。

任务1：建立企业管理创新模式

一、企业管理创新概述

企业管理创新是指企业把新的管理方法、新的管理手段和新的管理模式等管理要素或要素组合引入企业管理系统以更有效地实现组织目标的创新活动。企业管理创新，最重要的是在组织高层管理层面有完善的计划与实施步骤和对可能出现的阻力的清醒认识。

1. 企业管理创新的有利因素

在企业管理创新中，有三个因素将有利于企业的管理创新，即企业的组织结构、文化和人力资源。

（1）从组织结构因素看，有机式组织结构能够根据需要迅速作出调整，对管理创新具有正面影响；拥有富足的资源，能为创新提供重要保证；组织之间的密切沟通有利于克服创新的潜在阻力。

（2）从文化因素来看，充满创新精神的组织文化通常有如下特征：接受模棱两可，容忍不切实际，外部控制少，接受风险，容忍冲突，注重结果甚于手段，强调开放系统。

（3）从人力资源因素来看，有创新能力的组织积极地对员工开展培训，使其保持知识和观念的更新；给员工提供较高的工作保障，减少他们担心因犯错误而遭解雇的顾虑；鼓励员工成为创新能手，一旦员工产生新的思想，组织会主动热情地帮助他把思想深化、提供支持并克服阻力。

2. 企业管理创新的特征

（1）紧迫性

由于宏观生存环境和市场竞争的变化，企业对管理创新的要求更加紧迫，因为不变革企业就难以生存。如果企业在创新管理上没有空前的紧迫感，就只能永远跟在别人后面跑，直至被淘汰出局

（2）决定性

知识经济时代，人的智慧资本和企业的无形资产在产品和服务中的比重越来越大。在市场竞争中，只有不断创新的企业和附加值高的产品才能在竞争中取胜，创新决定一个企业的生死存亡。

（3）广泛性

过去的创新主要体现在技术创新和产品创新的领域，而现在企业的创新几乎涵盖企业的一切经营管理活动，例如营销活动、企业组织、企业文化等。这些领域的创新是当今企业价值创新系统中最为关键的薄弱环节，有时企业仅靠改变一下模式、改进一个流程和改变一种想法，就可以在竞争中取胜。

【实例 10-1】　　薇姿的药房营销模式

把化妆品卖到药房，是薇姿的成功首创。薇姿是世界最大的化妆品集团——欧莱雅公司旗下的名牌之一。自 1998 年 7 月进入中国市场以来，以药店营销模式，在短短的 2 年里，已入驻北京、上海、广州、深圳、南京、昆明、成都、重庆、武汉等十几个大中城市，目前已发展到 300 多家大型药房，统一以薇姿护肤专柜进行销售。其独特的渠道形式，惊人的发展速度，以及出奇的市场业绩，引起了业内人士的极大关

注。微姿开创了“全世界只在药房销售”的营销模式，而且建立了自己专业护肤的品牌形象。

薇姿品牌的特点之一：回避竞争。护肤品市场一向是风起云涌、硝烟弥漫，高、中、低档各类品牌不胜枚举，而且绝大多数聚集在百货商店内"厮杀"。薇姿选择进入药房销售，恰恰回避了在商场与各类品牌的正面冲突，这无疑起到了减少竞争压力的作用，同时也大大降低了消费者的购买时间和精力成本。药房在我国向消费者传递的是“健康、放心”的信息，专业大药房更是如此。

薇姿品牌的特点之二：卖点独特和顾客群鲜明。薇姿，沿名法国中部著名的温泉疗养圣地——薇姿市，薇姿市素以温泉闻名。薇姿正是利用这一点大造卖点。在它的广告语及产品说明书上，总是不断突出薇姿温泉的独特功效：预防兼治疗皮肤病的天然药物。它还打出“薇姿温泉水”这一“王牌”：“薇姿是所有温泉源头中矿物质含量最高的，被誉为“肤之泉”。通过这样的广告诉求，薇姿使自己的产品牢牢地印上了“质地纯净、营养丰富、品质天然”的特征。薇姿自进入我国市场以来，所采用的广告形式主要是杂志、报刊宣传，它所选定的杂志多是读者为白领或有一定经济实力的女性，如《女友》《时尚》等，这样，薇姿通过广告阅读者，确定了自己的顾客群——白领或拥有较强经济实力的女性，她们更讲究产品的质量和档次。

薇姿品牌的特点之三：完美服务形象。薇姿一直以服务的专业化自居，会先为顾客进行免费的皮肤测试，而后给出一些建议。薇姿选在药房经销，宣传它的销售人员均为药剂师。

（4）不确定性

经营环境和市场的不确定因素，给企业的管理创新活动也带来了更高的要求。企业要突破传统思维方式，积极拓展开放式经营，大胆进行破坏性创新，同时，企业还要加强对管理创新活动的风险评估和管理，尽可能减少意外的风险和损失。

（5）多层次性

过去企业的创新活动主要是在技术平台上对新产品、新技术、新工艺的开发和应用，而现在除了运用技术平台之外，更重要的是学会在信息平台、网络平台、市场平台、服务平台、观念平台上进行创新。如何整合这些新的创新平台，实现企业创新资源的有效配置和运用，是新形势下增强企业创新能力的新课题。

3. 企业管理创新的途径

一般认为，企业管理创新是指对企业生产要素和管理职能在质与量上实现新的组合，以提高管理整体效能。管理创新可以通过以下几个途径实现。

（1）思维创新是企业管理创新的灵魂

企业管理思维模式的创新就是企业为了取得整体优化效益，打破陈规陋习，克服旧思想束缚，树立全新的管理思路。它深刻地影响企业的行为和效益，是企业管理创新的灵魂。

（2）技术创新是企业管理创新的基础

企业技术创新是指企业进行技术研制与开发，合理实施技术改造，发挥技术优势的创新活动，目的是为了追求利润最大化。技术变迁决定企业的发展方向，技术创新是企业赢得市场份额的主要途径，就企业本身来说，必须有自己的技术创新能力。现代企业的技术创新要形成行之有效的内部运行机制和良好的外部支持环境。

（3）组织机构创新是企业管理创新的关键

组织机构是企业运行赖以支撑的构架，科学的机构设置是以管理理论为基础，与企业的实际管理要求相关。企业组织创新是通过调整优化管理要素等资源的配置，提高现有管理要素的效能来实现的。由于科学技术的迅猛发展和市场的瞬息万变，使企业的运转结构大大加快，传统的组织结构难以适应时代的要求，因此，必须调整和创新组织结构。扁平化、柔性化、虚拟化是组织结构调整的目标。

（4）制度创新是企业管理创新的保证

制度创新是为了实现管理目标，将企业的生产方式、经营方式、分配方式、经营观念等规范化设计的创新活动。制度创新是把思维创新、技术创新和组织机构创新制度化、规范化，同时又具有引导思维创新、技术创新和组织机构创新的功效，它是管理创新的最高层次，是管理创新实现的根本保证。更新旧的经营管理理念，实现管理组织现代化，广泛采取现代技术和方法，是行之有效的科学管理制度。

4. 企业管理创新的作用

企业管理创新在企业发展中具有多方面的作用，具体表现如下：

（1）提高企业经济效益

企业管理创新的目标是提高企业有限资源的配置效率。企业管理创新可以使资金周转速度加快，资源消耗减少，劳动生产率提高，最终提高企业的经济效益。提高企业经济效益分为提高目前的经济效益和未来的经济效益，管理创新的要素，有的可以提高目前经济效益，例如生产组织优化创新等；有的可以提高未来经济效益，例如战略创新等。无论提高哪一个经济效益，都是在增强企业的实力，从而有助于企业下一轮的发展。

（2）强化企业核心竞争力

企业管理创新是强化企业核心竞争能力的重要手段。企业核心竞争能力的产生、维持和拓展，是一个系统的组织过程，它涉及技术、管理、制度等多方面的因素，而不是某一种因素简单作用的结果。管理可以将技术转变为企业快速适应变化的能力。由于技术日益复杂，市场竞争越来越激烈，要求管理要不断创新。

（3）推动企业管理有序化

企业管理创新的结果是为企业提供更有效的管理方式、方法和手段，使其机构和职能保持稳定，不仅使层级制本身稳定下来，也使企业发展的支撑架构稳定下来，这将有效地帮助企业长远发展。

（4）延长企业的生命周期

企业的发展一般要经历出生、发展、成长、成熟、衰退几个阶段。在信息技术突飞猛进的新时代，许多企业甚至没有步入发展期就遭到了市场的淘汰，企业必须提高自己的管理创新意识，时刻关注市场的变化，不断推出符合企业发展的新的管理理念，使企业的生命力得以延续与提升。

二、企业管理创新的过程

企业管理创新是一个循序渐进的过程，它需要经历企业管理创新需求的分析、企业管理创新目标的确定、企业管理创新模式的设计、企业管理创新模式的实施以及企业管理创新模式的评估五个阶段，如图 10–1 所示。

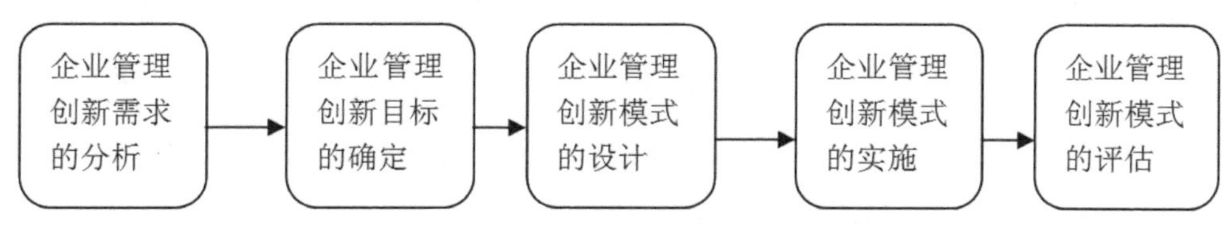

图 10–1　企业管理创新的过程

1. 企业管理创新需求的分析

任何企业的管理创新都是有一定原因的。了解企业管理创新的动因，确定企业管理创新的需求，是推进企业管理创新的基础和前提。一般而言，企业管理创新的原因有以下三个方面：一是企业面临的发展环境，例如市场、法律和政策环境等发生了显著的变化，迫使企业进行技术创新；二是企业的发展战略需要进行调整引发的管理创新；三是企业现有的管理模式不能满足需求，带动企业的管理创新。

2. 企业管理创新目标的确定

一般来说，企业管理创新的需求是多样的，并不是任何一项管理创新都能满足需要。管理创新需要稳步推进，同时还要考虑综合因素，确定未来一段时间管理创新的目标。企业确定未来的管理创新目标，首先要充分考虑管理创新的原因和需求，明确各项管理创新的轻重，从需求出发确定管理创新的重点；其次，要充分考虑企业管理的现状及管理创新的条件，已经积累的经验和承受能力；第三，要考虑能够运用的科学管理理论、方法和技术，如果缺少理论和技术的支撑，管理创新目标就很难实现。

3. 企业管理创新模式的设计

明确了管理创新的目标后，需要设计新的管理模式。一般来说，新的管理模式设计主要有两种：一种是系统化的改造法，即在理解现有的管理模式基础上，根据管理创新目标，通过在现有的管理模式基础上的系统化改造形成新的管理模式；另一种是全新的设计法，从根本上重新考虑管理创新目标的要求，从零开始设计新的管理模式。

4. 企业管理创新模式的实施

新的管理模式设计好后，就要开始实施。由于推行新的管理模式，往往会直接影响一些人的切身利益，会给组织创新带来一些阻力。为了保障新的管理模式顺利实施，在推行新的管理模式之前，一定要对管理创新的优势进行广泛宣传，尽可能地取得利益相关方的大力支持，对实施中受到影响的人员，必须做出合理的安排和补偿，减少对新的管理模式的阻力。只有精心准备和有效组织新的管理模式的实施，才能产生预期的效果。

5. 企业管理创新模式的评估

新的管理模式实施后，还需要对其实施效果进行评价，分析新的管理模式实施后实现的新目标及完成的程度。评估的重点是管理模式的实施对企业的工作效率、经济效益和核心竞争力产生的影响。在此基础上，根据评估的结果，调整和优化管理创新的目标和新的管理模式，不断提升管理模式的运用成效，最终形成能够满足企业管理创新需求的新的管理模式。

三、企业管理创新模式

企业管理创新模式是指在现有标准基础上，实现创新所达成的全部管理理念与管理行为，包括保证、提高、创新、认证质量的全部管理要素，管理结构、管理程序、管理标准与管理规范等。

1. 企业管理创新模式的要素

为了实现企业创新管理的目标，企业管理创新模式应该包括以下六个要素。

（1）职能相称

首先要求组织职能与组织目标要相称，即依据组织目标确定组织职能，依据组织职能确定机构设置，依据岗位职责确定职位设置，确保机构职责明确，机构、职位与人员职能相称。其次要求人员素质与其职位相称，即依据岗位职责确定人员素质条件，保证人员的质量与数量满足职位要求。职能相称是实现组织目标的基础，做不到这一点，一切良好的愿望都只能是空想。

（2）观念适宜

观念支配行动，观念决定行为，没有创新的观念，就不会有创新的工作、创新的生产与创新的管理。具体要求如下。

①目标观念。组织成员应知道组织、部门的目标，制定自己的目标，并知道怎样去实现目标。

②竞争观念。组织成员应具有争先、争优、争光、争气的观念并有行动体现。

③质量观念。组织成员应具有追求用户满意的质量观念并有行动体现。

④创新观念。组织成员应具有理念、技能、工作、成果创新的观念并有行动体现。

⑤服务观念。组织成员应具有为他人服务的观念并有行动体现。

（3）条件保障

一切事情都需要有其条件做保障。具体包括人才资源条件、财力资源条件、物资设备条件、信息资源条件、时间空间条件、环境条件、关系条件、技术手段与市场需求的保障等。这些条件一个都不能缺少。

（4）目标正确

正确地确定执行工作及成果目标。明确管理目的、管理状态、管理结果；明确管理标准、工作标准、成果标准；明确所要管理的要素与管理程序；明确所要管理的对象及其特点和要求；明确用什么对策、方法、技术、手段去管理。

（5）机制有效

企业管理的关键在于运行什么样的机制，这就要求依据管理任务制定管理制度，运用管理机制，做到管理行为正确、有效。机制通常包括：责权机制、制约机制、监督机制、反馈机制、激励机制。

（6）过程完整

一个完整的工作过程应该包括以下步骤：认定基础，确定目的；制定计划；实施计划；反馈改进；测评验收。要根据工作性质确定工作单元与工作管理周期。工作单元与管理周期要一致：生产工作以生产工序为管理周期，教育工作以教育活动为管理周期，临时工作以工作任务为管理周期，管理工作以管理阶段为管理周期。

【实例 10-2】　　湖南衡钢集团应用天工 ERP 系统

湖南衡阳钢管(集团)有限公司始建于1958年，改革开放以后，企业飞速发展，从一家地方小厂变成了一家大型工业企业。现厂区占地160万平方米，员工6200人，其中各类专业技术人员1300人，总资产超过30亿元，具备年产40万吨管、30万吨钢的生产能力，年销售收入超15亿元，年创利润近亿元。拥有5条钢管生产线和一套全水平连铸圆坯生产系统，是全国第二大专业化钢管生产企业、中南地区最大的钢管生产基地、我国最大的小口径钢管生产厂家。

公司领导意识超前，在企业管理方面不断创新，还有一种难得的危机意识。他们深知企业进一步的发展和管理的提升有赖于先进的管理思想、方法和手段。管理流程重组(BRP)，建立完善的现代企业制度，充分利用信息技术，引入体现现代企业管理思想的 ERP 系统是最佳的选择。

1. 管理流程重组(BRP)

根据衡钢实际情况，引入管理咨询，分析和诊断管理现状，找出集团公司管理的症结和不合理、不增值的流程，结合 ERP 的管理思想和管理理念，对管理模式进行彻底性、革命性的变革。通过业务流程重组规范和优化了集团公司的业务流程，建立了面向业务流程的扁平化组织机构和面向电子商务及信息流、资金流、物流集中动态为特征的管理体系，制订了公司管理白皮书，建立了现代企业制度体系，进一步深化了企业改革改制。

2. 企业资源计划(ERP)

根据业务流程重组对信息系统的需求、企业的实际情况以及国内外软件应用效果比较，衡钢企业资源计划(ERP)软件采用“外购”ORACLE　ERP 产品与“定做”其他辅助模块相结合的方式来实现。对于制造企业，分销、采购、库存、财务、制造、质量是主要业务流程，根据业务流程重组需求及企业的业务特点，衡钢采用了成熟的国际先进 ERP 软件。

根据现阶段国有大型企业及冶金行业的实际情况，衡钢和天工远科信息技术股份有限公司联合开发人力资源、设备管理、计量管理、科技管理、安全管理、环保管理、档案管理、党群管理等八大辅助模块。

3. 企业管理创新模式的结构

企业管理创新模式要素确定之后，决定质量的关键就在于结构。企业管理创新模式结构的特点是在决策之后，不仅要有执行一条线，同时还要有监督认证制约一条线。

以保证管理目标的实现。具体认证包括以下几个方面。

（1）职能认证

①组织职能的认证。要依据组织目标认证组织职能，依据组织职能认证机构设置，依据岗位职责认证职位设置，依据组织绩效认证组织效能。

②人员素质认证。要依据岗位职责认证人员素质条件，依据人员工作绩效认证人员的胜任度。

（2）观念认证

通过检测工作人员输出相关目标信息认证其目标观念。通过检验工作人员的竞争表现认证其竞争观念。通过检测工作人员输出质量信息，检验其工作与成果质量，认证其质量观念。通过检测工作人员输出创新信息，检验其创新成果，认证其创新观念。通过检测工作人员输出服务信息，检验其服务表现与成果，认证其服务观念。

（3）条件认证

通过检查相关文件、资料及实际状况，认证其相关条件与质量。如通过检查相关文件、资料及实际状况，认证其生产条件与质量，通过检查相关文件、资料及实际状况，认证其管理条件与质量等。

（4）目标认证

通过检查管理目标文件，检测管理人员对管理目标的输出信息，检验其管理目标状态与管理成果，认证其管理目标质量。通过检测工作人员对质量目标的输出信息，检验相关工作与成果质量，认证其目标管理质量。

（5）机制认证

依据管理制度考核执行效果。依据执行效果认证管理效能。依据管理效能认证管理机制质量。通过检查相关文件、制度、资料及实际运行情况，认证其机制管理质量。

（6）过程认证

通过检查基础测评资料与设定目标，认证其工作基础与目标。通过检查相关工作计划，认证其计划质量。通过检查相关工作记载与成果，认证其计划执行质量。通过检查质量反馈改进记载，认证其反馈改进质量。通过检查验收测评资料，认证其成果与产品质量。通过对各个管理步骤的认证，评定其过程质量。

4. 企业管理创新模式的新理念

随着社会经济的快速发展，常规的企业管理模式将被新的企业管理创新模式所替代，企业管理创新是管理的主旋律，企业应该在不断发展中完善，密切关注当前管理发展的动态，改进企业管理模式。

（1）知识是最重要的资源

世界经济已从农业经济、工业经济发展到了知识经济时代，社会的发展使得知识已成为最重要的资源，知识在创造社会财富中起着举足轻重的作用，知识已成了创造物质的重要工具。

（2）企业再造是一场管理的革命

20 世纪 90 年代以来，西方发达国家兴起了一场企业再造革命，被喻为是从“毛毛虫变蝴蝶”的革命，也被认为是继全面质量管理的第二次管理革命，企业再造有两个方面和传统的管理模式不同：一是从传统的自上而下的管理模式变成信息过程的增值管理模式；二是企业再造不是在传统的管理模式基础上的渐进式改造，而是强调从根本上着手。

（3）学习型组织是未来企业的模式

学习型企业组织是彼得·圣吉在《第五项修炼》中首先提出的，他认为要达到学习型组织需要有这几个方面扎实的基础：系统思维、自我超越、改变心智模式、建立共同愿望和团队学习。

（4）组织结构的倒置

传统的组织结构是金字塔式的，最上面的是企业的总裁，然后是中间层，最后是基层。指挥链从上到下，决策来自最上层，下面是执行层。但是，接触市场最多的是基层。在多变的时代，顾客的个性化日益突出，就要求将上述金字塔式结构倒置，应为：顾客——一线工作人员——管理人员。现在决策由一线工作人员作出，而上层领导变为支持服务。

（5）跨文化管理

企业竞争的全球化必然带来管理活动的国际化。管理活动受人们的价值观、伦理道德、行为准则、社会习俗的全面影响，当其与不同的文化相结合时，就形成了不同的管理文化和管理风格。中国企业应该如何建立既具有中国文化特色，又吸纳人类一切先进文化成果的管理文化模式，是一个迫切需要深入研究的问题。

5. 企业管理创新模式

在企业管理创新的实践中，应积极吸取国内外企业管理创新的成功经验，结合企业自身的实际，努力探索，建立适合本企业发展的管理模式。

（1）战略管理

随着我国国内市场与国际市场的逐渐接轨，国内企业必须从全球角度来统筹考虑、合理配置资源，建立一套真正适合本企业的跨国经营的战略管理体系，逐步形成国际竞争优势。

（2）虚拟经营

企业的资源是有限的，为了获得最大的竞争优势，企业应该只保留其最关键的功能，而将其他功能虚拟化，使企业价值上升，从而更好地增强企业的市场竞争力。

（3）扁平化组织

实现组织结构向扁平化组织模式转化，减少中间层次，可以加强组织的灵活性和创造性，加快信息传递速度，从而使企业更好地适应信息社会。

（4）CIMS 管理

CIMS 管理是一种利用信息技术、计算机科学技术、网络技术和现代管理技术改变传统的制造业，形成市场反应灵敏、产品质量好，成本低和服务好的局面，从而有效提高企业市场竞争力的企业整体优化战略。

（5）柔性管理

柔性管理是指对企业外部因素变化具有响应能力和对企业内部因素变化具有应对能力。其特点是适应性强、灵活性高、系统性强、刚柔相济，且富有力度和弹性。柔性管理应建立在严格的制度化管理基础上，应有一整套严格完整的制度规范体系。

（6）危机管理

危机管理是指企业为应付各种危机所进行的规划决策、动态调整、员工训练等活动的过程，其目的是消除或降低危机给企业所带来的风险。

【实例 10-3】　肯德基冰块事件的危机管理

2013 年 7 月 20 日，央视报道称，记者分别从麦当劳、肯德基、真功夫的门店购买食用冰块，并抽取马桶水箱水样品一同送往检测，检测结果显示 3 家快餐店的菌落总数均超标，其中肯德基食用冰块菌落总数高于国家标准 19 倍，高于马桶水箱水 12 倍，这一事件迅速以“肯德基冰块脏过马桶水”的形式为全国消费者所知，对肯德基在广大消费者心中的形象产生了巨大的负面影响。面对这一突发危机，肯德基方面的应对措施如下：

1. 品控人员第一时间到餐厅进行检查，称并未发现异样。

2. 次日凌晨，肯德基官方微博便做出了回应和道歉，是涉事的三个品牌中最快做出回应的，且当时的回应措辞已经得到大量网友认可。

3. 2013 年 7 月 25 日，肯德基方面就冰块事件再次做出回应，认为央视的检测结果是“偶发性的污染”造成的。对于为什么会有这样的污染，现在时过境迁，已经无从考证。央视新闻官方微博转发了这条消息，引发网友强烈关注，很多网友对于肯德基此次回应的态度表示失望。

4. 2013 年 7 月 28 日，肯德基举行“雷霆行动”新闻发布会，通报了半年以来对食品安全管理升级行动的落实情况，表达了对肯德基相关食品安全的信心。

5. 网络上不少论坛对此事展开讨论时，不少消费者都被引导相信“马桶水是自来水，本来就很干净”“愿意吃肯德基冰块，不会去喝马桶水”“央视报道过于夸大”等观点，其中，肯德基的危机公关无疑起到了积极作用。整个事件发生过程中，该门店冰块的销售从未中断。

肯德基（中国）公司具有较高的危机管理水平，在这一事件中，其有效的危机管理将危机控制在了较小范围内，有效减少了企业的损失，很大程度上挽回了公司形象。

◇课堂小思考：怎样理解学习型组织是未来企业的模式?

任务 2：企业国际化管理

企业国际化是指一个企业的生产经营活动不局限于一个国家，而是面向世界经济舞台的一种客观现象和发展过程。其主要目的是通过国际市场去组合生产要素，实现产品销售，以获取最大利润。对于单个企业来说，企业国际化是指企业的生产国际化、销售国际化和管理国际化。对于所有企业来说，企业国际化是指企业的内含国际化和外延国际化。企业的内含国际化是指企业通过技术、人才、服务等非物质性的生产要素而实现的企业国际化。企业的外延国际化是指企业通过资金、设备、厂房等物质性的生产要素而实现的企业国际化。

一、企业国际化过程

从国内企业发展为国际企业，这个过程是渐进发展的，从国际活动对企业管理活动的重要程度来看，企业国际化过程一般分成四个阶段。

1. 间接或被动的进出口阶段

企业国际化的第一个阶段是间接或被动的进出口过程。在这个阶段，企业没有直接与外商建立联系，而是利用其他公司的中介服务与国外建立间接或被动的商务关系。没有国际商务经验或没有进出口经营权的企业通过中间商获得订单。因为这一阶段的企业国际业务不充分，没有设立专门的进出口部门，进出口业务完全掌握在中间商手里，所以企业的本质仍然是国内企业。

2. 直接或主动的进出口阶段

企业国际化的第二阶段是直接或主动进出口阶段。在这个阶段，企业积极主动开拓国际市场，在国际市场上寻求供应商或客户，直接从事进出口活动。企业内部专门设置国际部或进出口部门，并定期外派商务人员实地考察了解市场和客户，但是一般还没有在海外建立永久的分支机构。

3. 设立海外分支机构阶段

企业国际化的第三阶段是设立海外分支机构。在这个阶段，企业逐渐开始在海外直接投资，在海外设立分支机构，兴办企业，直接在各个东道国购买原材料、从事生产制造经营活动或提供服务。

4. 成熟的多国导向型阶段

企业国际化经营的最高阶段是成熟的多国导向型阶段。在这个阶段，企业国际贸易和投资业务的比重远远超过国内业务，企业重心向国际业务转移，企业发展成为具有强烈国际业务的多国公司和跨国公司。企业面向全球市场、建立全球组织结构。企业以全球观点进行管理，将国内市场看作是国际市场的一部分。

企业国际化各阶段的特征如表 10–1 所示。

表 10–1　企业国际化各阶段的特征

内容	第一阶段	第二阶段	第三阶段	第四阶段
与国际市场的联系	间接、被动	直接、主动	直接、积极	直接、积极
国际经营的地点	国内	国内	国内与国外	国内与国外
公司经营方针	国内	国内	先考虑国内	国际
国际经营的种类	商品、劳务贸易	商品、劳务贸易	贸易、合同、国外投资	贸易、合同、国外投资
公司的组织结构	传统的国内结构	进出口部	国际部	全球性结构

二、企业国际化的特征

在企业的国际化过程中，各个企业的国际化进程是不同的，但从相对比较长的时间来看，企业国际化成长过程所经历的阶段是清晰的。不同的阶段，企业国际化经营的程度不一样，决策的目标和组织结构也不同。一般来说，企业在国际化过程中，具备渐进性、动态性和战略性的特征。

1. 渐进性

企业在国际化的过程中，一般经历了通过中间商获取国际订单出口产品、积极主动开拓国外市场进行出口活动、设立海外分支机构和在国外投资建厂等阶段。因此，从企业的国际化经营过程来看，企业国际化具有较强的渐进性。在企业国际化的初期，由于企业国际化的相关知识缺乏，在选择目标市场的时候首先进入容易了解的邻近国家，最大限度地降低投资风险，为未来进入较远的国际市场积累经验。因此，从企业国际化发展过程的路径来看，也是一个渐进的过程。

2. 动态性

企业的国际化过程是一个发展演进的动态变化过程。企业在国际化的过程中，通常由最初的从事商品进出口贸易活动发展到对外直接投资组建跨国公司。跨国公司在实现产品国际化后，会相继进入研发国际化、财务国际化、管理国际化、生产国际化、销售国际化、服务国际化和人才国际化等领域。因此，企业的国际化是一个包含内容越来越广的动态变化过程。

3. 战略性

全球战略是指在企业国际化过程中，逐步实现全球范围内的资源最优配置，以期达到长期的总体效益最优化。这种长远的谋略可以替代仅从一个国家或地区的目标出发而确定的局部性战略，以更广阔的视野看待企业的生产、贸易、投资的组织，及技术的开发和转移，带动和促进产品在更广阔的国际市场上销售，更迅速、更准确地掌握世界市场的动态。

三、企业国际化的内容

企业国际化包括管理国际化、生产国际化、销售国际化、融资国际化、服务国际化和人才国际化六个方面。

1. 管理国际化

管理国际化是指企业的管理具有国际视角，符合国际惯例和发展趋势，能在世界范围内有效配置资源。

2. 生产国际化

生产国际化是指企业在世界范围内进行采购、运输和生产，利用海外资源提高生产绩效。

3. 销售国际化

销售国际化是指企业通过国内外的销售网络，根据不同地区和产品，有选择地进行销售活动，使企业利润最大化。

4. 融资国际化

融资国际化是指企业有能力在世界范围内寻找成本低、风险小的融资机会。

5. 服务国际化

服务国际化是指企业能根据实际范围内不同的地区提供从售前到售后并且符合当地文化习俗、法律规章的服务。

6. 人才国际化

人才国际化是指企业拥有的人才不仅要熟悉国际贸易、国际金融、国际投资等领域相关知识，而且懂经营、会管理。

【实例 10–4】 TCL 的国际化营销战略

TCL 集团股份有限公司创办于 1981 年，总部位于中国南部的广东省惠州市。自 20 世纪 90 年代以来，TCL 连续 12 年以年均 42.65% 的速度增长，是中国增长最快的工业制造企业之一。目前 TCL 集团主要从事彩电、手机、电话机、个人电脑、空调、冰箱、洗衣机、开关、插座、照明灯具等产品的研发、生产、销售和服务业务，其中彩电、手机、电话机、个人电脑等产品在国内市场具有领先优势。

TCL 集团在国内拥有覆盖广泛的自有销售系统，同时国际化也是 TCL 集团区别于其他国有家电集团的重要特征。目前，TCL 集团已经在世界十多个国家和地区建立了销售公司和国务代表处，在越南和印度设立彩电制造基地，在东南亚拥有比较稳定的市场。此外，俄罗斯、中东、南非等地也是 TCL 集团的主要出口区域。2002 年 4 月 9 日，TCL 与松下电器株式会社社长中村邦夫就家电领域的合作签订意向协议，双方将于今后一年中定期探讨在家电领域的技术研发、生产制造、渠道分销、元器件采购等方面多元合作的课题；三个月后，TCL 移动通信有限公司与爱立信在北京钓鱼台签署战略合作协议，TCL 的手机产品开发和生产将使用爱立信移动平台公司的 2.5G 手机技术平台。2003 年 11 月 4 日，TCL 集团在广州召开新闻发布会，宣布与汤姆逊集团有限公司订立了一份具有法律约束力的备忘录，成立“TCL——汤姆逊彩电公司”。新公司将双方的彩电和 DVD 业务尽数纳入其中，合并后的年产值将达到 30 亿欧元，TCL 集团绝对控股（持股达 67%）。此前，全球彩电业龙头老大——韩国三星，其 2002 年彩电产量超过 1300 万台，而以目前 TCL 与汤姆逊的年销量计算，TCL——汤姆逊公司年总销售量将达 1800 万台，领先三星 500 万台。

TCL 高层承认，集团还缺少一套成熟的海外市场规划，整个 TCL 海外事业部市场发展规划，对全球性区域海外市场的发展，从战略到战术到目标，仍然还不完善。具体到分公司管理、报关等环节，TCL 的系统互动还不够，效率与目标的达成率偏低。从品牌上来说，还存在着多元化品牌经营和如何把握好自有品牌经营和 OEM 之间的平衡的挑战。2002 年的施耐德与 2003 年收购的高威德，再加上 TCL 的自有品牌机由施耐德延伸的 DUAL 品牌，TCL 当前的海外业务经营中已经有了四个品牌，如何将这些品牌精确定位并把各个品牌的效能充分发挥出来是 TCL 急需解决的问题。和所有刚进行国际化的企业相似，TCL也面临着国际化经营人才短缺的困难。在东南亚，除总经理、财务经理外的高层人才，TCL已经基本实现了中层管理人才本土化。但是要建立一支高素质的国际化经营人才队伍，TCL仍然缺乏这样的机制和文化。

四、企业国际化的模式

企业国际化由于受到经营方式、国际环境、自身战略目标和实力的影响，企业会采取不同的国际化经营模式。企业进入国际市场可以选择出口进入、合同进入、投资进入、国际战略联盟等模式，选择最恰当的模式进入国际市场对公司能否完成国际化目标具有非常重要的意义。

1. 出口进入模式

出口进入模式是指将在本国生产和加工的产品输往国际市场的方式，采用该种方式时，生产地点不变，劳动力和资本也不进入国际市场，它是企业国际化经营的重要方式之一，主要包括间接出口和直接出口。

（1）间接出口。间接出口是指通过本国或外国的中间商代理本企业的出口业务，从而使其产品或服务进入国际市场。间接出口具有投资少、风险小的优点，是进入国际市场初期积累经验的有效方法。但是，间接出口通常无法直接获取跨国经营的经验，对产品进入国际市场的过程无法控制，不利于企业深入了解国际市场环境，不方便与国外用户保持联系。

（2）直接出口。直接出口是指企业凭借自己的实力在国际市场上建立自己的营销网络，直接经营业务。直接出口有利于掌握国际市场的行情，与国外客户建立密切的联系，掌握产品流通领域的主动权，缩短国外市场的流通环节，增强竞争力。但是，与间接出口相比，投资和风险都比较大。

2. 合同进入模式

合同进入模式是指企业与目标国的法人通过签订协议，将自己的无形资产使用权授予目标市场国，允许其制造、经营本企业产品和劳务，或提供设备、服务和技术支持等，以进入国际市场，取得目标国企业的某种控制权，从而获得收益。合同进入模式和出口进入模式的区别在于，它已不是单纯地出口有形产品，而是以知识和技能的转移为主要形式，具体包括许可证贸易、国际特许经营、合同经营三种形式。

（1）许可证贸易

许可证贸易是国际经营中的一种简单模式。它是指通过与国外一方签订许可证协议，允许对方使用本企业的专利、商标、产品配方等进行生产，然后向对方收取许可费。例如，遍布全球的麦当劳、肯德基、必胜客等均属于此种类型。

一般情况下，企业与独立的外国企业签订许可证作为一种进入模式渗入外国市场，运用这种方式进入国际市场风险小，可以绕过进口壁垒，但对海外市场不能进行有效控制，未来扩展的弹性也较小。

（2）国际特许经营

国际特许经营是指特许经营权拥有者以合同约定的形式，允许被特许经营者有偿使用其名称、商标、专有技术、产品及运作管理经验等。国际特许经营与许可证贸易的不同之处在于特许方要给予被特许方以生产和管理方面的帮助。国际特许经营的优点是不需要太多的资源支出便可进入目标国，对被特许方的经营有一定的控制权。不足之处是特许方赢利有限，易于把被特许方培养成自己未来强劲的竞争对手。

（3）合同经营

合同经营是指企业以承包商、代理商、经销商、经营管理和技术人员的身份，通过承包工程、经营管理、技术咨询等形式，取得利润和产品，开辟新的国际市场。该种方式不需要股份投资，财务风险比较小。合同经营具体包括国际管理合约、国际合同制造、交钥匙合同、工程项目合同四种进入模式。

①国际管理合约是指企业以向目标国企业提供管理服务的方式介入该企业的经营活动并收取管理费的一种合同经营方式。该方式的优点是利用管理技术而不发生现金流出而获取收入；通过管理活动与目标国的企业和政府发生接触，为未来企业经营活动提供机会。该方式具有阶段性的特征，缺乏长久性。

②国际合同制造是指企业与国外生产企业签订合同，由企业向国外生产企业提供订单和生产技术，并由国外企业进行生产活动的一种合同经营方式。该方式对外投资少、风险小，但不易找到合作伙伴。

③交钥匙合同是指企业与外国企业签订合同，由企业为其建造一个完整的项目，承担从设计、施工、安装、调试到验收的全部建设内容，建设完工后，整个工程交付给外国企业而进入国际市场的一种合同经营方式。该方式有利于发挥工程承包者的整体优势，利润丰厚，其主要缺陷是在合同执行的过程中会遇到外国企业的干涉和阻力。

④工程项目合同是指企业为外国政府或企业从事道路交通、水利等工程建设，在提供机器、设备及物料的同时，还提供设计、工程、管理等多项服务的合同经营方式。在这种方式下，工程建设期间项目管理由企业负责，工程完工后，管理权交付给外国政府或企业。

3. 投资进入模式

投资进入模式是指企业直接投资进入目标国家。投资进入模式是真正意义上的跨国经营，也是跨国企业的主要经营形式，具体包括独资进入、合资进入和企业并购三种形式。

（1）独资进入

独资进入是指企业独自到目标国去投资建厂，进行产销活动。该方式可以享受企业的全部所有权和经营权，并独立承担风险与责任，获取全部利润。有利于整体战略的制定和资源配置，比出口更能深入地打入目标国市场。但新建企业耗资大、周期长、不确定性大，易受当地政策排斥。

（2）合资进入

合资进入是指企业与目标国企业联合投资，共同经营、共同分享股权及管理权，共担风险。该方式可以享受合资经营国的优惠政策，减少该国政治因素变化带来的风险。利用合资伙伴的专门技能和当地的营销网络，开拓国际市场，但不能独立掌握企业的自主经营权，对企业整体战略制定、实现有一定的制约。

（3）企业并购

企业并购是指企业兼并与企业收购。企业兼并是指在竞争中占优势的国际企业购买另一家企业的全部资产，合并组成一家企业的行为；企业收购是指一家国际企业通过公开收购另一家企业一定数量的股权而获取该企业控制权和经营权的行为。并购是进入和开拓国际市场的快捷方式，而且易于实现多元化、开展新业务，但并购很难使两个企业间的差异很快得到改善，容易导致企业经营控制不灵的风险。

4. 国际战略联盟模式

国际战略联盟是一种深层次的合作方式。它是指两个以上企业为了实现优势互补、提高竞争力以及扩大国际市场的共同目标而制定的合作协议。战略伙伴必须坚持平等互惠、共享利益，共担风险的原则。 国际战略联盟与国际合作、合资经营相比，具有组织灵活、自主经营、风险小的特点。

国际战略联盟的建立是指在分析企业的外部环境和内部条件的基础上，根据企业的战略目标，确定合作对象、合作方案及其应变措施的具体行动计划的过程。国际战略联盟的建立主要包括制定战略、评选方案、寻找盟友、设计类型和谈判签约五个阶段。

（1）制定战略

这项工作通常是指在分析环境和确定企业的长期、短期目标基础上，明确来自于竞争对手的威胁和本企业所具有的市场机会，核查本企业的资源和生产能力，评估本企业在现有环境下的优势与劣势，然后确定本企业的战略。

（2）评选方案

为了确定战略，企业需要对各种方案进行评选。企业在评选这些备选方案时，除了要深刻而全面地研究这些战略方案之外，还需要知道实施这些方案所需的资源及这些方案对本企业所产生的影响。

（3）寻找盟友

如果所制定的战略要求建立一个联盟，接下来就要寻找一个合适的合作伙伴，理想的合作者应该能对联盟起到互补的作用。这就要求企业严格考察和甄别每个潜在的合伙人，切忌匆忙选择联盟者。

（4）设计类型

建立战略联盟采取什么样的形式，应当依据企业的不同情况，考虑联盟的类型与构成方式。中、上层管理人员应参与筹划战略联盟过程，从而取得企业全体人员对联盟的支持和协助。此外，应选择适合协调工作和具有丰富经营管理经验的人员担当联盟的管理人员。

（5）谈判签约

联盟类型一旦确定，就要将加盟各方集中起来进行谈判，确定合作方的目标、期望和义务等，最后在取得一致意见的基础上制定出联盟的细则并签约实施。

【课堂分析题】 **企业国际化模式**

模式	优点	缺点	你的结论
1. 出口进入			
（1）间接出口			
（2）直接出口			
2. 合同进入			
（1）许可证贸易			
（2）国际特许经营			
（3）合同经营			
3. 投资进入			
（1）独资进入			
（2）合资进入			
（3）企业并购			
4. 国际战略联盟			

分析：

对比企业国际化四种模式的优缺点，你觉得企业国际化经营的时候应如何扬长避短？

相关链接

双头鹰管理

众所周知，鹰具有敏锐的眼光，丰富的智慧，远大的理想抱负和超凡的胆识，而双头鹰代表有周全观察事物特征、相机而动的独特本领。双头鹰管理是一种较为完美的管理。它奉行更加符合中国文化特质的管理哲学，是弹性的、人格化的，刚柔相济、多方权衡、随机应变的管理模式，它用脑和心来领导，用敏锐的眼光来管理，以自信、权变来运作，它的核心特征集中于“二权”——“权变”和“权衡”上。

双头鹰管理的特点：

1. 一头看政府，一头看市场。企业是以营利为目的的经济组织，它的具体生存环境是市场经济，因此企业必须首先双眼紧盯市场，跟着市场走，在市场中发掘自己的生存空间。但是，中国的具体国情是国家政府对市场干涉较多，政府行为对宏观经济影响很大。因此，我们不能只紧盯着市场，还须拿出眼光紧盯政府政策变化，只有这样，企业行为才能与政府行为随时保持高度一致，才能从政府的宏观调控中受益，使本企业在经济风浪中永远立于不败之地。

2. 一头看国内管理文化，一头看国外先进管理方式。中国是世界几大文明古国之一，管理文化源远流长，中国古代管理思想宝库中有许多值得我们借鉴的东西，而西方管理理论里面也有许多值得我们学习的精髓。因此，我们应该一头看中华管理文化，一头看国外先进管理理论，取长补短，古为今用，洋为中用。

理论思考

1. 企业管理创新的途径
2. 企业管理创新模式
3. 企业国际化内容
4. 企业国际化模式

实训任务

企业管理创新调研

实训目标

1. 增强学生对管理创新的感性认识。
2. 培养学生分析与选择企业管理创新模式的能力。

3. 培养学生企业国际化管理的理念。

实训内容与方法

1. 到一家管理创新成功或失败的企业进行调研，系统地搜集该企业的管理创新资料。

2. 用所学的理论分析其管理创新的模式。

3. 了解该企业国际化的经营理念和进程。

4. 对该企业的管理创新模式或国际化经营进行评价，并提出建议。

5. 写出简要的调研与分析报告，并以班级为单位进行交流。

实训要求

1. 以调研的企业为对象拟定调研提纲。

2. 做好联络组织工作，调研企业可由学校推荐或学生自己联络组织。

3. 调查可以采用企业负责人介绍或学生到现场直接访谈的方式。

4. 调研报告按照调研提纲的脉络与要求写，注意所学理论与该企业的实际紧密结合。

实训检测

1. 每名学生上交一份调研与分析报告，按要求评分。

2. 选出有代表性的调研报告在班级进行交流，教师和学生共同评估并给出修改建议。

参考文献

[1] 单凤儒，企业管理 [M]. 北京：高等教育出版社，2010.

[2] 王小兵，现代企业管理教程 [M]. 上海：上海交通大学出版社，2012.

[3] 于卫东，现代企业管理 [M]. 北京：机械工业出版社，2012.

[4] 谢伟宁，企业管理 [M]. 北京：北京交通大学出版社，2009.

[5] 葛楚华、黄君麟，现代企业管理 [M]. 北京：机械工业出版社，2013.

[6] 袁淑清、金泽龙、阮喜珍，实用管理学教程 [M]. 北京：中国人民大学出版社，2013.

[7] 袁淑清，管理学基础 [M]. 北京：北京交通大学出版社，2011.

[8] 包忠明，企业物流管理实务 [M]. 北京：中国纺织出版社，2015.

[9] 钱廷仙，现代物流管理 [M]. 南京：东南大学出版社，2003.

[10] 赵国忻、钱程，人力资源管理实务 [M]. 北京：北京大学出版社，2011.

[11] 肖飞，市场营销项目驱动教程 [M]. 北京：北京大学出版社，2012.

[12] 王方华，市场营销学 [M]. 上海：复旦大学出版社，2005.

[13] 包忠明、何彦，财务管理实务教程 [M]. 北京：北京大学出版社，2013.

[14] 张玉英，财务管理 [M]. 北京：高等教育出版社，2008.

[15] 财政部会计资格评价中心，财务管理 [M]. 北京：中国财政经济出版社，2009.